DAS ALLERGIKER-KOCHBUCH
100 Rezepte für Genießer

LONDON, NEW YORK, MELBOURNE, MÜNCHEN UND DELHI

Projektbetreuung Helen Murray
Lektorat Esther Ripley
Projektgestaltung Vicky Read
Bildredaktion Anne Fisher
DTP-Design Sonia Charbonnier
Herstellung Luca Frassinetti
Cheflektorat Penny Warren
Chefbildlektorat Marianne Markham
Programmentwicklung Mary-Clare Jerram
Leitung Grafik Peter Luff
Medizinische Beratung Dr. med. Adam Fox
Food Styling Sarah Tildesley
Hauswirtschaftliche Beratung Carolyn Humphries
Fotos Kate Whitaker
Grafik Luis Peral

Für die deutsche Ausgabe
Programmleitung Monika Schlitzer
Projektbetreuung Nicola Aschenbrenner
Herstellungsleitung Dorothee Whittaker
Herstellung Gerd Wiechcinski
Covergestaltung Maxie Zadek

Bibliografische Information Der Deutschen Bibliothek
Die Deutsche Bibliothek verzeichnet diese Publikation in der Deutschen Nationalbibliografie; detaillierte bibliografische Daten sind im Internet über http://dnb.ddb.de abrufbar.

Alle Rechte vorbehalten. Jegliche – auch auszugsweise – Verwertung, Wiedergabe, Vervielfältigung oder Speicherung, ob elektronisch, mechanisch, durch Fotokopie oder Aufzeichnung bedarf der vorherigen schriftlichen Genehmigung durch die Copyright-Inhaber.

© der deutschsprachigen Ausgabe 2008 by
Dorling Kindersley Verlag GmbH, München

Alle deutschsprachigen Rechte vorbehalten

Übersetzung Jutta Orth & Dörte Fuchs
Lektorat Anja Ashauer-Schupp
Fachlektorat Julia Weißkirchen, Deutscher Allergie- und Asthmabund e.V.
DTP Satz+Layout Fruth GmbH, München
ISBN 978-3-8310-1126-1
Printed and bound by Star Standard, Singapore

Besuchen Sie uns im Internet
www.dk.com

Hinweis Die Informationen und Ratschläge in diesem Buch sind von der Autorin und vom Verlag sorgfältig erwogen und geprüft, dennoch kann eine Garantie nicht übernommen werden. Bei Betroffenheit muss man sich immer individuell von einem Arzt und Ernährungsspezialisten beraten lassen.
Eine Haftung der Autorin bzw. des Verlags und seiner Beauftragten für Personen-, Sach- und Vermögensschäden ist ausgeschlossen.

Vorwort

Die Häufigkeit allergischer Erkrankungen hat in den letzten Jahrzehnten drastisch zugenommen. Circa zwei bis drei Prozent der Erwachsenen und vier Prozent der Kinder sind in Mitteleuropa von einer Lebensmittelallergie betroffen.

Besonders im Säuglings- und Kleinkindalter spielen Allergien auf Grundnahrungsmittel wie Hühnerei, Kuhmilch und Weizen, aber auch auf Nüsse und Erdnüsse eine große Rolle. Nach dem Verzehr können Beschwerden wie Blähungen, Durchfall, Erbrechen, Hautausschlag oder Atemnot eintreten. Die Therapie besteht aus einer individuellen Diät, die zeitlich begrenzt ist oder auch ein Leben lang eingehalten werden muss. Eine langfristige Diät sollte nur nach eindeutiger Diagnose durchgeführt werden. Für eine ausgewogene und nährstoffgesicherte Ernährung sollten Sie sich Hilfe bei einem Ernährungsspezialisten holen.

Nach der Diagnose Lebensmittelallergie werden ganz alltägliche Dinge wie eine Geburtstagsparty, ein Besuch bei Freunden oder ein Schulausflug zum Hindernis. Welche Lebensmittel dürfen noch gegessen und getrunken werden? Welche Produkte können versteckte Allergieauslöser enthalten? Wie kann ich verträgliche Alternativen zu Hause zubereiten?

Kochbücher wie dieses helfen, vielfältige und schmackhafte Rezepte im Alltag umzusetzen. Alice Sherwood hat in ihre Auswahl viele Köstlichkeiten diverser Länder aufgenommen. So können Sie die Palette Ihrer Zutaten erweitern und neue Kombinationen ausprobieren. Es warten echte Geschmackserlebnisse auf Sie!

Dem Rezeptteil geht ein Theorieteil voraus, der Sie über die einzelnen Krankheitsbilder aufklärt bzw. zeigt, welche Lebensmittel problematisch sein können. Besonders wertvoll sind Hinweise, die auf Gefahren im Außer-Haus-Verzehr oder auf Reisen aufmerksam machen, aber auch Lösungsmöglichkeiten anbieten. Abgerundet wird das Buch durch Bezugsquellen und Adressen von Patientenorganisationen bzw. Institutionen.

Julia Weißkirchen
Ernährungswissenschaftlerin
Deutscher Allergie- und Asthmabund e.V. - DAAB

5 Vorwort
8 Einleitung
11 Benutzungshinweise

Mit Allergien leben

14 Nahrungsmittelallergien
22 Positiv denken
24 Kleine Allergie-Etikette
26 Ihr allergisches Kind
29 Essen gehen
30 Besondere Gelegenheiten
31 Sorglos unterwegs
32 Internationale Küche
36 Einkaufen
40 Tabus
43 Genussvoll essen
45 Vorratshaltung
48 Zutaten ersetzen

Die Rezepte

FRÜHSTÜCK, BRUNCH & SNACKS

52 Knuspermüsli
54 Croissants
57 Amerikanische Pfannkuchen
58 Herzhafte Kartoffelpfanne
59 Mixgetränke
62 Apfel-Zimt-Muffins
63 Blaubeer-Muffins
65 Schokoladenbrötchen

BEILAGEN, VORSPEISEN & LEICHTE GERICHTE

67 Indisches Fischcurry mit Eiern
68 Tortillas
70 Tortilla-Chips
71 Kräuterdip
72 Crostini
74 Kalifornisches Temaki-Sushi
76 Pfannkuchen mit Räucherlachs
77 Mexikanische Hähnchenrollen
79 Pikante Hähnchenkeulen
80 Würstchen im Soja-Honig-Mantel
81 Gegrillte Polenta-Schnitten
83 Party-Dip
84 Speck-Zwiebel-Quiche
85 Gazpacho
86 Lauch-Kürbis-Suppe
89 Knuspriger Kalmar
90 Frische Frühlingsrollen
91 Tabbouleh
   Gurken-Wakame-Salat
92 Orientalischer Salat
94 Walisisches Kartoffelgratin
95 Ofenkartoffeln mit Knoblauch

FISCH, FLEISCH & GEFLÜGEL

96 Fischauflauf
98 Indischer Fisch in Joghurtmarinade
99 Marinierte Schwertfischsteaks
101 Marinierte Lachsfilets
102 Heilbutt in Kartoffelkruste
103 Garnelenpäckchen
105 Meeresfrüchte mit würzigen Linsen
106 Hähnchenpastete
108 Oliven-Kichererbsen-Hähnchen
109 Zitronen-Thymian-Hähnchen

Inhalt

111	Thailändisches Hähnchencurry
114	Brathähnchen in Olivenöl
115	Ente mit Äpfeln und Sellerie
116	Kalbsleber auf venezianische Art
117	Sauce Bolognese
118	Ossobuco
120	Vitello tonnato
121	Hackbraten
122	Chili con Carne
124	Vietnamesischer Rindfleischtopf
126	Chinesische Spareribs
127	Schweinebraten mit Fenchel
128	Moussaka
130	Lamm-Kartoffel-Auflauf
131	Lammcurry mit Spinat und Joghurt
132	Walisisches Honiglamm
135	Lamm-Ragout

PASTA & REIS

136	Hackfleisch-Lasagne
139	Schellfisch-Spinat-Auflauf
141	Pasta mit Rucola
142	Nudelsuppe mit Ingwer
144	Basmatireis-Pilaw
145	Risotto alla milanese

DESSERTS

146	Pflaumencrumble
149	Apfeltarte
150	Klassischer Milchreis
151	Pochierte Pfirsiche
154	Petits pots au chocolat
155	Süße Maronenterrine
156	Grüntee-Eis
158	Mango-Joghurt-Eis
159	Kokossorbet
	Rhabarbersorbet
161	Panna cotta
162	Crêpes

BROT & BACKWAREN

164	Dunkles Vollkornbrot
167	Brot mit Natron
168	Helles Bauernbrot
170	Französisches Baguette
173	Focaccia
174	Mexikanisches Maisbrot
176	Amerikanisches Maisbrot
177	Joghurt-Rosinen-Brot
179	Pizza Margherita
180	Mürbeteig
183	Shortbread
184	Rosinen-Milchbrötchen
186	Chocolate-Chip-Cookies
187	Würzige Ingwerkekse
188	Fruchtige Haferschnitten
189	Schokokekse
192	Vanilletörtchen
193	Brownies
194	Marshmallow-Crispies
195	Zitronen-Polenta-Kuchen
196	Schokoladen-Schichttorte
199	Üppiger Obstkuchen
200	Schokoladen-Cremetorte
201	Käsekuchen mit Pfirsichsaft
203	Möhrenkuchen
204	Obst-Sahne-Kuchen
207	Schokoladentrüffeln

SAUCEN, DRESSINGS & SONSTIGES

208	Béchamelsauce
209	Aïoli mit Tofu
210	Mayonnaise
	Vietnamesischer Dip
211	Pesto
	Paprika-Dip
212	Asiatischer Krautsalat
213	Raita
	Estragon-Dressing
214	Maronenfüllung
215	Gemüsesauce
216	Chantilly-Sahne
	Cashewcreme
218	Adressen & Bezugsquellen
220	Register
224	Dank

Einleitung

Es gibt viele gute Gründe, ein Kochbuch zu schreiben. Bei mir waren es die Liebe zu gutem Essen, Freude am Kochen und der Wunsch, meine Lieblingsgerichte mit Freunden und Familienangehörigen zu teilen. Vor allem jedoch wollte ich ein Kochbuch schreiben, das auch jenen Menschen mit einer Nahrungsmittelunverträglichkeit nutzt, denn mein Sohn Archie reagiert allergisch auf Eier und Nüsse. Später stellte sich heraus, dass auch einige meiner Freunde Milchprodukte und Weizen mieden, doch Archies Allergien waren der Anfang.

Ich hatte jedoch noch einen weiteren Grund, dieses Allergiker-Kochbuch zu schreiben, und zwar den simpelsten und klassischsten aller Gründe: Es ist das Buch, das ich nicht finden konnte, als ich es brauchte. Ich war auf der Suche nach einem Kochbuch mit ebenso appetitanregenden, verlockenden Rezepten und Bildern wie all die Hochglanz-Kochbücher sie hatten, die schon in meinem Regal standen; ein Buch, das sich an Menschen mit Nahrungsmittelunverträglichkeiten wendet, ohne sie wie Kranke oder verschrobene Gesundheitsapostel zu behandeln. Es sollte Gerichte geben, die man in geselliger Runde verspeisen kann, ohne zu merken, dass man gerade etwas Gluten- oder Milcheiweißfreies verzehrt.

»Essen im Freundes- und Familienkreis ist eine der größten und unschuldigsten Freuden im Leben – ein Vergnügen, das auch seelische Bedürfnisse stillt und unvergänglich ist«, schreibt Julia Child. Auf diesem Gedanken sollte mein Kochbuch basieren. Ich wollte mich auf frisch zubereitete Gerichte aus gesunden Zutaten konzentrieren, für die ich sowohl Gemüse aus meinem Garten verarbeiten konnte wie Einkäufe aus dem Supermarkt.

Wenn die Welt plötzlich Kopf steht

Wie sehr Allergien und Nahrungsmittelunverträglichkeiten das Leben beeinträchtigen und was man tun kann, um so gut wie möglich damit zu leben, lernte ich, als bei meinem ältesten Sohn Archie eine Allergie auf Eier, Nüsse und Erdnüsse festgestellt wurde. Der Gedanke, dass normalerweise völlig harmlose Lebensmittel für mein Kind den Tod bedeuten konnten und dass wir nie wieder in ein Restaurant oder zu einer Party würden gehen können, ohne unser Essen mitzunehmen, machte mir Angst.

Gewohnte Lieblingsspeisen waren plötzlich tabu, und Essenseinladungen wurden zu einem Minenfeld. Es stellte sich heraus, dass die Leute tatsächlich Angst hatten, uns einzuladen. Ich brauchte eine Weile, bis ich herausgefunden hatte, was ich wissen musste und wie ich dieses Wissen vermitteln konnte.

Bald merkte ich jedoch, dass Archie und ich keineswegs alleine waren. Ich hatte Freunde, bei

> Essen im Freundes- und Familienkreis ist eine der größten Freuden im Leben …

deren Kindern gerade eine Zöliakie diagnostiziert worden war, und Kollegen, die unter Laktoseintoleranz litten. Ich stellte fest, dass es Nachbarskinder gab, die weder Nüsse noch Erdnüsse anrühren durften, und Bekannte, die aus Gesundheitsgründen Milchprodukte oder Weizen von ihrem Speiseplan gestrichen hatten. Wir tauschten unsere Erfahrungen aus und stellten fest, dass wir ähnliche Probleme hatten. So fanden wir es alle schwierig, anderen zu erklären, worin unsere Probleme bestanden, und sie um Hilfe zu bitten.

Essen Sie alles, was Sie vertragen

Als ich meine Rezepte zu entwickeln begann und Kochbücher für Allergiker wälzte, wurde ich zunehmend argwöhnisch angesichts all der

▲ Alice vermittelt ihrem neunjährigen Sohn Archie Tipps und Techniken für allergiegerechtes Kochen.

Rezepte, die nach dem Prinzip »Eins für alle« funktionierten: Gerichte, die gleichzeitig gluten-, milcheiweiß-, ei- und nussfrei waren und oft auch noch ohne Sesam, Soja, Fisch und Meeresfrüchte auskamen. Ich vermochte nicht einzusehen, warum Menschen, die ein oder zwei Nahrungsmittel von ihrem Speiseplan streichen mussten, zugleich auf alles mögliche andere verzichten sollten. Damit entgingen ihnen nicht nur Geschmackserlebnisse, sondern mit großer Wahrscheinlichkeit auch Nährstoffe. Die gesundheitlichen Folgen dieser Philosophie – vor allem für Kinder – machten mir Sorgen.

Die »großen Vier«

Die meisten Länder haben eine Liste mit 10 bis 14 potenziellen Nahrungsmittelallergenen entwickelt, die auf den Verpackungen angegeben werden müssen. Darunter gibt es vier Hauptallergene, die »großen Vier«, die Allergikern und damit auch denen, die für sie kochen, besonders zu schaffen machen: Gluten (in vielen Getreidesorten enthalten) bzw. Weizen, Milchprodukte, Eier und Nüsse. Die Forschung hat gezeigt, dass die meisten Allergiker tatsächlich nur auf ein oder zwei Nahrungsmittel reagieren, deshalb erschien es mir sinnvoll, bei den Rezepten entsprechende Varianten zu entwickeln. Zu jedem Rezept gibt es also eine glutenfreie, eine milcheiweißfreie, eine eifreie und eine nussfreie Variante.

Wer auf Fisch oder Meeresfrüchte allergisch reagiert, sollte Gerichte mit diesen Zutaten natürlich meiden; trotzdem habe ich mich entschlossen, einige ebenso köstliche wie nährstoffreiche Fischgerichte aufzunehmen. In einigen Rezepten werden Sesam und Sellerie verwendet. Beides lässt sich jedoch gut ersetzen bzw. kann ohne Weiteres weggelassen werden. Soja taucht nur als Alternative zu Milchprodukten oder in Form von Sojasauce auf.

Menschen mit Mehrfachallergien haben es besonders schwer. Obwohl dieses Buch auf ihre Bedürfnisse nicht umfassend eingehen kann, gibt es Rezepte, die sich auch für Mehrfachallergiker eignen oder leicht entsprechend abgewandelt werden können. Über ein Viertel der hier vorgestellten Gerichte kommt gänzlich ohne die »großen Vier« aus; drei Viertel sind ei- und nussfrei, und ein großer Teil ist außerdem milcheiweiß- und glutenfrei. Manche Rezepte enthalten einen Warnhinweis (»Achtung«), in dem auf weitere potenzielle Allergene, z. B. Pinienkerne, sowie auf versteckte Fußangeln hingewiesen wird. Sie sind für Menschen ohne Detailkenntnisse gedacht, die aber für Freunde und Familienmitglieder mit einer Allergie oder Intoleranz kochen möchten.

Eine neue Art des Kochens erfordert auch neues Selbstvertrauen. Ich habe eine Liste mit Alternativen zu »verbotenen« Nahrungsmitteln zusammengestellt. Manche Hinweise sind eher allgemeiner Natur – z. B., was man statt Nüssen zum Garnieren verwenden kann –, andere wiederum müssen exakt sein: Ein Ei-Ersatz muss dieselbe Menge Flüssigkeit liefern wie ein Ei und auch eine vergleichbare Binde- und Treibwirkung besitzen.

Wenn eine Variante anders aussieht oder eine andere Vorgehensweise erfordert, als im Hauptrezept angegeben, habe ich das vermerkt. Wenn etwas nicht auf Anhieb einleuchtet – etwa, wenn

Meinem Sohn, der weder Nüsse noch Eier essen darf, zum Geburtstag einen Schokoladenkuchen zu backen und sein strahlendes Gesicht zu sehen, ist mein größter Triumph.

Meine Küche

Wir leben in London und verbringen unsere Ferien auf dem Bauernhof meiner Schwiegereltern in Wales, doch meine kulinarischen Vorlieben reichen von der französischen über die mediterrane bis zur arabischen und fernöstlichen Küche. Diese Vielfalt spiegelt sich auch in den Rezepten wider. Manche Gerichte sind von der Kochkunst meiner französischen Mutter inspiriert, andere von den unvergleichlich frischen walisischen Produkten. Zu den besonderen Freuden beim Schreiben dieses Buchs gehörte, dass ich mich in unbekannte kulinarische Traditionen vertiefen konnte und so z. B. entdeckte, dass viele thailändische und japanische Gerichte kein Milcheiweiß enthalten und mexikanische Tortillas, Chilis und Maisbrote häufig von Natur aus glutenfrei sind.

Ich lege großen Wert auf eine unverfälschte Küche. Natürlich können auch klassische Gerichte manchmal verbessert werden, aber warum sollte man an ihnen herumbasteln, nur um etwas Neues zu bringen? Von notwendigen Anpassungen an die Bedürfnisse von Allergikern abgesehen, habe ich die »Klassiker« daher so wenig wie möglich verändert.

ein Rührteig sehr flüssig scheint, sich aber wunderbar backen lässt – weise ich Sie darauf hin. Jede Rezeptvariante wurde von mir, der Hauswirtschafterin Carolyn Humphries sowie von Freunden und Familienmitgliedern ausprobiert.

Aus dem Essen ein Fest machen

Dieses Buch feiert das Essen, ob es um ein Abendessen für Gäste oder Ideen für Kindergeburtstage geht, um deftige Aufläufe oder handgerollte Sushis, sahnige Desserts oder fruchtige Sorbets. Auch Menschen mit Nahrungsmittelunverträglichkeiten möchten kochen, essen und genießen. Meinem Sohn, der weder Nüsse noch Eier essen darf und bei jeder Einladung verzichten muss, zum Geburtstag einen Schokoladenkuchen zu backen und sein strahlendes Gesicht zu sehen, ist mein größter Triumph.

Archie zeigen zu können, dass ihm eine Welt voller Köstlichkeiten offensteht, gehörte zu den lohnendsten Erfahrungen beim Schreiben dieses Buches. Gleichgültig, ob Sie meine Rezepte für sich selbst, für Ihre Kinder, für Freunde oder Familienangehörige nutzen: Ich hoffe, Sie haben so viel Spaß beim Kochen und Essen wie ich.

Benutzungshinweise

Jedes Rezept in diesem Buch enthält erprobte Varianten für die vier häufigsten Nahrungsmittelunverträglichkeiten. Wählen Sie die für Sie passende Version anhand der entsprechenden Symbole (ei-, milcheiweiß-, nuss- und glutenfrei) über jedem Rezept aus. Manche Gerichte enthalten von Natur aus keines der vier Allergene und sind daher besonders zu empfehlen, wenn Sie Gäste mit Mehrfachallergien bewirten und auf Nummer sicher gehen wollen. Natürlich können Sie auch Rezepte durch die Verwendung der entsprechenden Ersatzzutaten so abwandeln, dass sie z. B. sowohl milcheiweiß- als auch glutenfrei werden.

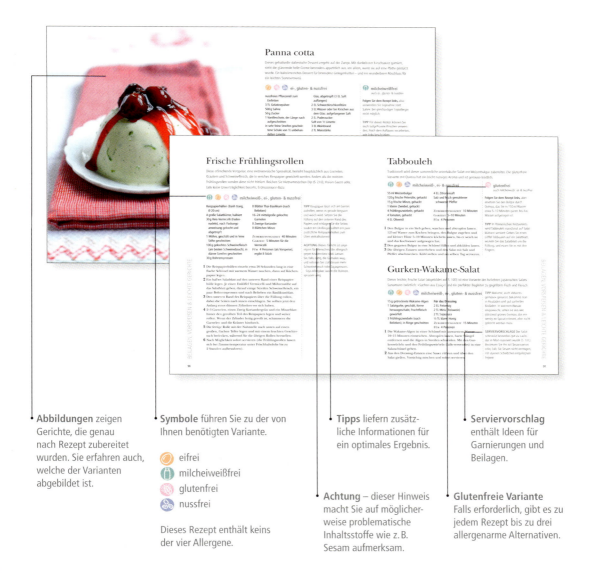

- **Abbildungen** zeigen Gerichte, die genau nach Rezept zubereitet wurden. Sie erfahren auch, welche der Varianten abgebildet ist.

- **Symbole** führen Sie zu der von Ihnen benötigten Variante.
  - eifrei
  - milcheiweißfrei
  - glutenfrei
  - nussfrei

  Dieses Rezept enthält keins der vier Allergene.

- **Tipps** liefern zusätzliche Informationen für ein optimales Ergebnis.

- **Achtung** – dieser Hinweis macht Sie auf möglicherweise problematische Inhaltsstoffe wie z. B. Sesam aufmerksam.

- **Serviervorschlag** enthält Ideen für Garnierungen und Beilagen.

- **Glutenfreie Variante** Falls erforderlich, gibt es zu jedem Rezept bis zu drei allergenarme Alternativen.

Mit Allergien leben

Nahrungsmittelallergien

Es gibt heute viel mehr Nahrungsmittelunverträglichkeiten als früher und fast ebenso viele Erklärungen für dieses Phänomen. Manche begreifen Allergien als eine »Krankheit unserer modernen Zivilisation« und führen sie auf Umweltverschmutzung und Giftstoffe zurück, andere machen verbesserte Diagnosemöglichkeiten für den Anstieg der Zahlen verantwortlich. Einigen Experten zufolge hat der hygienische und medizinische Fortschritt unser Immunsystem geschwächt. Eine andere Theorie besagt, dass unser Organismus sich langsamer weiterentwickelt als unsere Ernährungsgewohnheiten und die vielen neuartigen Nahrungsmittel nicht verkraftet.

Was auch immer die Ursache ist: Nahrungsmittelallergien und -intoleranzen sind zu einer kollektiven Erfahrung geworden und wirken sich in vielerlei Hinsicht auf das Leben der Betroffenen aus. Sie werden feststellen, dass es zahllose Informationsquellen und Ratgeber zu diesem Thema gibt und dass viele der darin enthaltenen Informationen unverständlich, widersprüchlich oder falsch sind. Ich möchte Ihnen hier einige wichtige Fakten vermitteln, damit Sie dieses Buch optimal nutzen können. Wenn Sie nicht selbst betroffen sind, aber für einen Allergiker kochen möchten, werden die folgenden Erläuterungen Ihnen helfen zu verstehen, worauf es ankommt.

▼ Partyknabbereien wie Oliven, Kapernäpfel, Reisgebäck und Chips aus Wurzelgemüse enthalten selten Allergene.

Allergie – was ist das eigentlich?

Die Begriffe »Allergie«, »Intoleranz« und »Unverträglichkeit« werden oft beliebig verwendet. Allergologen unterscheiden »echte« Allergien von Intoleranzen und Pseudoallergien. Wenn hingegen Nichtmediziner im Alltag »Ich bin allergisch gegen …« sagen, kann damit alles Mögliche von »Ich bekomme Ausschlag davon« bis zu »Ich mag es einfach nicht« gemeint sein.

»Unverträglichkeit« ist ein Oberbegriff für alle Formen von Allergien und Intoleranzen. Wer jedoch eine körperliche Reaktion auf bestimmte Nahrungsmittel abklären und behandeln lassen oder beschreiben muss, sollte sich klar und exakt ausdrücken, besonders wenn es um Kinder geht oder Lebensgefahr besteht. Wahrscheinlich werden Sie mit unterschiedlichen Menschen darüber sprechen müssen: Ärzten, Familienmitgliedern, Freunden, Lehrern, Kollegen, Restaurant- und Hotelmitarbeitern. Zunächst also ein paar grundlegende Fakten:

- **Klassische Nahrungsmittelallergien** z. B. auf Milcheiweiß, Eier und Nüsse sind durch eine Immunreaktion gekennzeichnet, die sofort oder verzögert auftreten kann.
- **Bei einer Nahrungsmittelintoleranz** ist das Immunsystem nicht beteiligt, die Symptome ähneln aber denen einer Allergie. Dadurch kann die Abgrenzung schwierig sein.
- **Zöliakie** ist eine chronische Autoimmunerkrankung, die schwere Symptome verursacht und eine spezielle Behandlung erfordert.

Klassische oder »echte« Allergien

Eine Allergie ist eine Überreaktion des Immunsystems auf eine normalerweise harmlose

Substanz. Das Immunsystem ist ein komplexer Verteidigungsmechanismus, der uns vor Bakterien, Viren, Parasiten, bestimmten Chemikalien und manchmal sogar vor Krebs schützt, indem er gefährliche Proteine (auch Antigene genannt) erkennt und spezifische Waffen (Antikörper) dagegen ausbildet. Probleme entstehen, wenn das Immunsystem eine eigentlich harmlose Substanz, z. B. ein Nahrungsmittel, als Antigen interpretiert und seine Verteidigungsmechanismen in Gang setzt. Botenstoffe werden ausgeschüttet, und es kommt zu Symptomen, deren Schweregrad von unangenehm bis lebensbedrohlich reicht.

Reaktionen und Symptome
Viele allergische Reaktionen treten innerhalb von Minuten nach Kontakt mit dem fraglichen Nahrungsmittel auf: juckende, nesselsuchtartige Ausschläge, Schwellungen im Gesicht und im Mund- und Rachenraum, Bauchkrämpfe, Übelkeit und Erbrechen sowie Atemnot. Die schwerste allergische Reaktion, der anaphylaktische Schock, (siehe rechts) tritt seltener auf und betrifft vor allem Erdnuss- und Nussallergiker.

Bevor es zu einer allergischen Reaktion kommt, muss der Körper schon früher mit dem Allergen in Kontakt gekommen sein, z. B. über die Muttermilch oder den bewussten oder unbewussten Verzehr des Allergens. Nach erfolgter »Sensibilisierung« – der Phase, in der der Organismus Antikörper gegen ein Allergen entwickelt – kann die erste allergische Reaktion bereits bei einem Kontakt mit kleinen Mengen des Allergens auftreten. Danach tritt bei jedem weiteren Kontakt eine Reaktion auf – deren Schweregrad allerdings variieren kann.

Diagnostik und Tests
Klassische Allergien können durch verschiedene Tests zuverlässig diagnostiziert werden, doch weil Überempfindlichkeitsreaktionen auf Nahrungsmittel auch andere Ursachen haben können, ist oft eine gewisse Detektivarbeit notwendig. Ihr Arzt wird Sie gründlich untersuchen, mit Ihnen über Ihre familiäre Disposition und Ihre Krankengeschichte sprechen und Sie bitten, ein Ernährungs- und Symptomtagebuch zu führen.

ANAPHYLAXIE

Der anaphylaktische Schock ist eine extreme und lebensbedrohliche allergische Reaktion, die z. B. durch Lebensmittel wie Erdnüsse, Nüsse, Fisch, Schalentiere, Milchprodukte und Eier, aber auch durch Wespen- oder Bienenstiche, Latex, Penizillin oder andere Medikamente ausgelöst werden kann.

Die Symptome treten sehr schnell und plötzlich bis zu mehrere Stunden nach Kontakt mit dem Allergen auf. Dazu gehören:

- Großflächige Hautrötungen
- Nesselsucht (Quaddeln) an beliebigen Körperstellen
- pfeifendes Atmen, Engegefühl in der Brust, Atemnot
- Beklemmungsgefühl
- Schwellungen der Lippen, Augen oder des Gesichts
- beschleunigter Herzschlag, Herzrhythmusstörungen
- Bauchschmerzen, Übelkeit, Stuhl- und Harndrang
- starker Blutdruckabfall
- Herzkreislauf- und/oder Atemstillstand

Ein anaphylaktischer Schock ist immer ein Notfall. Wenn Sie selbst betroffen sind oder Zeuge einer solchen Reaktion werden, rufen Sie sofort den Notarzt oder bitten Sie jemanden, dies für Sie zu tun. Gefährdete Personen sollten stets ein Notfall-Set mit einem Adrenalin-Autoinjektor bei sich führen und bei den ersten Anzeichen eines anaphylaktischen Schocks anwenden. Auch nach der Selbstbehandlung muss ein Krankenwagen oder Notarzt gerufen werden.

▼ Ein Notfall-Set für Anaphylaxiegefährdete sollte einen Adrenalin-Autoinjektor, ein Asthma-Spray (Beta-2-Mimetikum) sowie ein (flüssiges) Cortison und Antihistaminikum beinhalten. Das Notfall-Armband sollte ständig getragen werden.

NAHRUNGSMITTELALLERGIEN

Mit weiteren, gezielten Tests wird ermittelt, ob es sich tatsächlich um eine Allergie handelt und auf welche Nahrungsmittel und Substanzen Sie reagieren:
- **Detaillierte Erhebung** der Krankengeschichte.
- **Hauttests**: Mit diesen Testungen, bei dem Allergenlösungen auf oder in die Haut eingebracht werden, können u. a. Allergien auf bestimmte Nahrungsmittel, Pollen und Hausstaubmilben festgestellt werden.
- **IgE-Antikörperbestimmung im Blut (RAST)**: Eine Blutprobe wird im Labor auf ihren Gehalt an spezifischen IgE-Antikörpern (z. B. gegen Kuhmilch) untersucht.
- **Pflastertest**: Dabei werden die Testsubstanzen unter einem Pflaster, das 48 Stunden auf der Haut bleibt, aufgetragen, um ein allergisches Kontaktekzem und verschiedene verzögerte allergische Reaktionen auf Nahrungsmittel festzustellen. Letzteres betrifft vor allem Neurodermitiker.
- **Provokationstest**: Hierbei wird dem Patienten das verdächtige Allergen in kontrollierten Dosen unter ärztlicher Aufsicht verabreicht. Nur so kann eindeutig geklärt werden, ob das verdächtige Nahrungsmittel auch für die Beschwerden verantwortlich ist.

Weil es recht häufig vorkommt, dass Allergien gerade bei Kindern (typischerweise Milch- und Eiallergien) wieder verschwinden, sollten regelmäßig Provokationstestungen durchgeführt werden.

Umstrittene Testmethoden

Für manche stark beworbene Tests mit sogenannten Außenseiter-Methoden fehlt jeder wissenschaftliche Nachweis. Dazu gehören alle Tests, die per Post versandt (z. B. Haartests), d. h. ohne ärztliche Untersuchung oder Anamnese durchgeführt werden. Vorsicht ist auch bei zytotoxischen Bluttests, Pulstests, Tests mit Wünschelruten oder Pendeln sowie bei allen Tests angebracht, bei denen Energiefelder oder -ströme gemessen werden. Wer sich auf solche Tests verlässt, riskiert, dass eine vorhandene Allergie nicht korrekt diagnostiziert wird oder umgekehrt ganze Nahrungsmittelgruppen und damit wichtige Nährstoffe wegen einer falsch positiven »Diagnose« vom Speiseplan verschwinden – besonders bedenklich bei Kindern, die eine ausgewogene Kost benötigen, um gesund heranzuwachsen.

Wer ist gefährdet?

Wenn Asthma, Neurodermitis oder Allergien in Ihrer Familie häufiger vorkommen, haben Sie ein erhöhtes Risiko, eine Nahrungsmittelallergie zu entwickeln. Wer ein Kind hat, das unter einer Allergie leidet, sollte daher auch seine anderen Kinder genau beobachten.

Momentan gibt es nur eine Therapie: das Nahrungsmittel meiden, auf das man allergisch reagiert. Mediziner forschen jedoch an Methoden, die vererbte Neigung zu Allergien zu verhindern, z. B. durch den Verzehr probiotischer Produkte während der Schwangerschaft und Stillzeit. Erforscht werden auch Möglichkeiten der Hyposensibilisierung durch »Allergie-Impfstoffe«. Solche spezifischen Immuntherapien werden u. a. zur Therapie von Pollen- und Bienenstichallergien erfolgreich angewendet.

Kreuzreaktionen

Eine Kreuzreaktion kann immer dann auftreten, wenn bestimmte allergene Eiweißbausteine sehr ähnlich sind und der Körper sie miteinander verwechselt. Ein bekanntes Beispiel ist die Kreuzreaktion zwischen Birkenpollen und Nüssen, wobei die Pollenallergie die eigentliche Ursache der Nussallergie ist.

Wenn Sie eine Allergie haben und nicht wissen, welche Nahrungsmittel Sie ohne Bedenken essen können, sollten Sie sich an einen spezialisierten Ernährungsberater oder Allergologen wenden, der auf der Basis Ihrer Krankheitengeschichte, Ihres Ernährungs-Symptom-Tagebuchs und Allergietestungen versuchen wird herauszufinden, welche Nahrungsmittel Sie meiden sollten.

Kreuzreaktionen bei Nüssen und Samen sind weniger häufig. So vertragen die meisten Menschen, die Nüsse meiden müssen, Sesam und Pinienkerne durchaus. Auch beim Verzehr tierischer Lebensmittel treten Kreuzreaktionen eher selten auf. Menschen, die auf Eier allergisch reagieren, können Hühnerfleisch in der Regel essen.

Bei den Meeresfrüchten lösen Krustentiere (Garnelen, Krebse und Hummer) am ehesten eine Reaktion aus, aber allergische Reaktionen auf Mollusken wie Venusmuscheln und Austern werden häufiger. Gelegentlich reagieren Menschen allergisch auf beide Gruppen.

Nahrungsmittelintoleranzen

»Nahrungsmittelintoleranz« bezeichnet unerwünschte Reaktionen nach dem Verzehr von Lebensmitteln, die keine allergische Ursache haben, bei denen das Immunsystem also nicht beteiligt ist. Darunter zählen beispielsweise die Milchzucker-Unverträglichkeit sowie die Verwertungsstörung von Fruchtzucker.

Nahrungsmittelintoleranzen haben vielfältige Ursachen und führen zu unterschiedlichen Symptomen, die vorübergehend auftreten und auch wechseln können.

Typisch für Intoleranz-Reaktionen ist die Abhängigkeit von der Dosis der unverträglichen Nahrungsbestandteile. Um eine Intoleranz festzustellen, untersucht der Arzt die medizinische und familiäre Vorgeschichte und die Ernährungsgewohnheiten eines Patienten und schließt dann systematisch mögliche Ursachen aus. Charakteristischerweise fallen alle Allergietestungen negativ aus. Wenn die Symptome verschwinden, sobald Sie bestimmte Nahrungsmittelbestandteile meiden, und erneut auftreten, wenn Sie die Bestandteile wieder essen, ist die Diagnose eindeutig. Häufige Intoleranzen sind:

• **Laktoseintoleranz:** Unverträglichkeit von Milchzucker (siehe S. 19).

• **Unverträglichkeit** von Lebensmittelzusatzstoffen: Zu den problematischen Zusatzstoffen gehören zum Beispiel Tartrazin und Azofarbstoffe, Geschmacksverstärker wie Glutamate und einige Süßstoffe. Unter Verdacht stehen auch Konservierungsstoffe, z. B. Sulfite, die zur Konservierung von Trockenfrüchten benutzt werden, und Benzoate. Am einfachsten kann man solchen Substanzen aus dem Weg gehen, indem man Fertigprodukte meidet.

• **Biogene Amine** wie das Histamin, die von Natur aus in Lebensmitteln wie lang gereiftem Käse, bestimmten Fischsorten und alkoholischen Getränken enthalten sind, können allergieähnliche Reaktionen auslösen.

• **Unverträglichkeit von Fruchtzucker:** Hierbei handelt es sich um eine Verwertungsstörung, bei der Fruchtzucker nicht in ausreichendem Maße in die Blutbahn aufgenommen werden kann und somit im Dickdarm vergoren wird. Häufige Symptome sind Blähungen, Durchfall oder Verstopfung. Unabhängig davon, welche Unverträglichkeit Sie haben, Sie sollten eine individuelle Ernährungsberatung in Anspruch nehmen.

▼ Auch Süßes kann ohne problematische Zutaten wie Eier, Nüsse, Gluten oder Milchprodukte hergestellt werden.

Vier Hauptprobleme

Unter den vielen Nahrungsmitteln, die Allergien und Nahrungsmittelintoleranzen auslösen, gibt es nur einige wenige, die einer großen Zahl von Menschen Probleme bereiten, unter anderem Gluten bzw. Weizen, Milch, Nüsse und Erdnüsse sowie Eier. Auf diese vier Problemgruppen habe ich mich bei meinen Rezepten konzentriert.

Weniger häufig sind Allergien und Unverträglichkeitsreaktionen auf Soja, Fisch und Meeresfrüchte. Rezepte, die diese Lebensmittel enthalten, habe ich, mit entsprechenden Warnhinweisen versehen, trotzdem in dieses Buch aufgenommen, da die betreffenden Nahrungsmittel gesund sind, von Ei-,

Zu jedem Rezept gibt es ei-, milcheiweiß-, nuss- und glutenfreie Varianten.

Milch- und Nussallergikern und Zöliakiekranken häufig gut vertragen und gern gegessen werden und Abwechslung in den Speiseplan bringen.

Hühnereiallergie

Hühnereiallergien sind vor allem bei Kindern weit verbreitet. Folgendes sollten Sie beachten, wenn Sie für Eiallergiker kochen:
• **Sowohl die im Eiweiß** als auch die im Eigelb enthaltenen Proteine können allergische Reaktionen hervorrufen, wobei die stärksten Allergene im Eiklar enthalten sind. Dass jemand ausschließlich auf Eigelb oder auf Eiklar allergisch reagiert, ist selten.
• **Welche Mengen** nötig sind, um eine allergische Reaktion hervorzurufen, ist von Mensch zu Mensch verschieden. Wer einen anaphylaktischen Schock zu befürchten hat, wird nicht riskieren, auch nur einen Krümel Kuchen zu essen; ein anderer verträgt vielleicht ein ganzes Stück.

Was Sie tun können

Eier enthalten viel Protein und Vitamin D. Um das Protein zu ersetzen, sollten Sie zu rotem Fleisch, Geflügel, Fisch, Milch, Käse, Sojaprodukten, Vollkorngetreide, Nüssen und Samen greifen. Vitamin D kommt zwar in fettem Fisch (Lachs, Sardinen, Hering, Makrele) und in Milchprodukten vor, wird aber vor allem durch Sonnenlicht vom Körper selbst hergestellt.

Nüsse und Erdnüsse

Erdnüsse sind keine Nüsse, sondern Hülsenfrüchte. Zu den Schalenfrüchten gehören Para-, Hasel-, Macadamia-, Pecan- und Walnüsse, Cashewkerne, Pistazien und Mandeln. Dennoch vertragen auch manche Nussallergiker keine Erdnüsse.

Hier sind einige Punkte, die Sie beachten sollten:
• **Auch wenn es sein kann,** dass jemand nicht auf alle Nusssorten allergisch reagiert, sollten Sie kein Risiko eingehen. Erhitzen reduziert die Gefahr einer allergischen Reaktion nicht zwangsläufig; bei Erdnüssen führt Rösten sogar zu einer Erhöhung der Allergenität.
• **Auch schwache allergische Reaktionen** wie Kribbeln, Juckreiz oder Ausschlag dürfen nicht ignoriert werden. Bei Atem- und Schluckbeschwerden oder Ohnmacht ist sofort ein Arzt zu verständigen.
• **Manche Menschen reagieren** schon auf kleinste Spuren von Nüssen oder Erdnüssen. Bei diesen hochgradigen Allergikern ist besondere Vorsicht auch bei der Zubereitung von Speisen angebracht.
• **In schweren Fällen** kann bereits der Hautkontakt mit Nüssen oder Erdnüssen zu Rötungen oder zum Anschwellen der Lippen führen. Das Berühren von Nüssen kann das Allergen in den Mundraum befördern. Sogar in der Luft vorhandene Nussproteine können eine Reaktion auslösen.

Was Sie tun können

Obwohl Nüsse nicht zu den Grundnahrungsmitteln gehören, sind sie vor allem für Vegetarier wertvolle Proteinlieferanten. Vegetarische Nussallergiker sollten häufiger proteinreiche Hülsenfrüchte sowie Eier, Milchprodukte und Käse essen.

Milchunverträglichkeit

Es gibt im Wesentlichen zwei Ursachen für die Unverträglichkeit von Milch oder Milchprodukten:

▲ Allergenfreie Pfannkuchen (S. 57). Das Thailändische Hähnchencurry (S. 111) enthält keins der vier großen Allergene.

Laktoseintoleranz und Milcheiweißallergie. Eine Milcheiweißallergie führt zu heftigeren Reaktionen.

Milcheiweißallergie

Eine Milcheiweißallergie tritt besonders häufig bei Säuglingen auf, verschwindet aber oft bis zum sechsten Lebensjahr wieder. Wer für Milchallergiker kocht, sollte Folgendes beachten:
- **Für die allergischen Reaktionen** sind die in Milch und Milchprodukten enthaltenen Proteine verantwortlich. Diese kommen nicht nur in Kuhmilch, sondern zum Teil auch in der Milch anderer Säugetiere (z. B. Schafe, Stuten, Ziegen) vor.
- **Die Reaktionen variieren** zwischen schwach bis sehr stark. Zu den Symptomen zählen Hautausschläge, Ekzeme bzw. Ekzemverschlechterungen, Bauchkrämpfe, Blähungen, Durchfall und Erbrechen sowie Atembeschwerden.
- **Bei milderen Allergieformen** werden kleinere Mengen fetthaltiger Käse häufig vertragen, nicht aber Milch, Sahne und Joghurt. Doch auch hier gibt es Ausnahmen, bei denen z. B. Sahne als Zutat im Kaffee vertragen wird.
- **Bei schweren Milcheiweißallergien** kann eine anaphylaktische Reaktion schon nach dem Verzehr winziger Mengen Milch auftreten. Hautkontakt und das Einatmen von Milchproteinen können ebenfalls zu Reaktionen führen.

Laktoseintoleranz

Die meisten Südostasiaten, Japaner und viele Afrikaner, die sich traditionell milchfrei ernähren, können Laktose nicht verdauen. Sobald sie mit Milchprodukten in Berührung kommen, entwickeln sie Intoleranzreaktionen. Dieses Leiden ist viel häufiger als eine Milcheiweißallergie und verursacht Magen-Darm-Symptome.

Folgendes sollten Sie beachten, wenn Sie für Menschen mit Laktoseintoleranz kochen:
- **Laktose** ist natürlicherweise in der Milch von Säugetieren und Menschen. Diejenigen, die Laktose nicht vertragen, produzieren nicht genügend Laktase, ein Enzym, das den Milchzucker im Darm aufspaltet. Es kommt zu Blähungen, Magenschmerzen und Durchfall.
- **Wie viel** Laktose nötig ist, um Symptome zu verursachen, ist individuell unterschiedlich. Auch andere Erkrankungen wie chronisch entzündliche Darmerkrankungen oder Zöliakie sind häufig mit einer Laktoseintoleranz vergesellschaftet.

Was Sie tun können

Milch und Milchprodukte liefern viel Eiweiß, Vitamin B2, Fluor, Vitamin D und außerdem Kalzium, einen Mineralstoff, der für gesunde Knochen und

Zähne unerlässlich ist. Wer Milch nicht verträgt, sollte mit Kalzium angereicherte Sojamilch oder kalziumreiche Mineralwässer sowie Blattgemüse, Vollkornbrot, Hülsenfrüchte, Trockenfrüchte, Nüsse und Samen auf den Speiseplan setzen.

Gluten und Weizen

Das in Weizen und anderen Getreidearten enthaltene Klebereiweiß Gluten ist Auslöser der Autoimmunkrankheit Zöliakie/Sprue. Andere Weizenproteine können klassische Allergien verursachen, die mit einer IgE-Antikörperbildung einhergehen.

Zöliakie/Sprue

Zöliakie ist eine schwerwiegende chronische Erkrankung, die durch eine Reaktion auf Gluten verursacht wird. In Deutschland ist Schätzungen zufolge einer von 300–500 erwachsenen Menschen davon betroffen. Erbfaktoren, aber auch das Immunsystem und Umweltfaktoren spielen bei der Entstehung der Krankheit eine wichtige Rolle.

Zöliakie ist eine Autoimmunerkrankung, d. h., der Organismus produziert Antikörper, die sein eigenes Gewebe angreifen. Die Dünndarmschleimhaut entzündet sich, und ihre Zotten bilden sich zurück, sodass der Körper nicht mehr genügend Nährstoffe aus der Nahrung aufnimmt. Es können leichte bis schwere Symptome auftreten, u. a.: Magenschmerzen, Blähungen, Durchfälle und Übelkeit. Obwohl bereits eine kleine Menge Gluten problematisch sein kann und schwer Erkrankte unter heftigen Symptomen leiden können, kommt es in der Regel nicht zu schnellen oder extremen Reaktionen.

Weil die Symptome zwar stark, aber auch unspezifisch sein können (Gelenkbeschwerden, Hautveränderungen, Schwäche, Fruchtbarkeitsstörungen), kann die Diagnose ein langwieriger und frustrierender Prozess sein. Oft bleibt eine Zöliakie viele Jahre lang unerkannt und kann Langzeitschäden wie Anämie, Gewichtsverlust,

▼ Für diese köstlichen milchfreien Mixgetränke (S. 59) können Sie aus einer Vielzahl von Milch- und Joghurtersatzprodukten wählen.

Haarausfall, Osteoporose und Mangelernährung zur Folge haben. Zöliakie tritt auch häufiger in Kombination mit Diabetes mellitus Typ I oder dem Down Syndrom auf. Die einzigen zuverlässigen Diagnosemethoden sind der Laborparameter Transglutaminase IgA und die Dünndarmbiopsie.

Hier einige wichtige Informationen für alle, die für Zöliakiepatienten kochen:

- **Gluten kommt in vielen Getreidearten** einschließlich Weizen, Gerste, Roggen, Hafer, Dinkel, Triticale (eine Kreuzung aus Weizen und Roggen) und Kamut vor. Achten Sie im Supermarkt auf spezielle Produkte mit einer durchgestrichenen Ähre! Diese sind garantiert glutenfrei.
- **Schon kleine Mengen** Gluten können zu einem (Wieder-)Auftreten der Symptome führen. Zöliakiepatienten müssen sich lebenslang glutenfrei ernähren.
- **Vor allem Kinder** können Versuchungen wie Keksen und Kuchen häufig nur schwer widerstehen, deshalb ist es wichtig, glutenfreie Alternativen zu finden. Zum Glück gibt es auch glutenfreie Getreidesorten, aus denen sich z. B. Knuspermüsli, Gebäck und Couscous herstellen lassen.
- **Wenn ein Zöliakiepatient** im Haushalt lebt, muss Disziplin herrschen; angefangen von unterschiedlichen Schneidebrettern über zwei Toaster, ein separates Waffeleisen und getrennte Spültücher. Denn schon eine geringe Menge Gluten, die kontinuierlich zugeführt wird und keine erkennbaren Symptome auslöst, erhöht das Lymphomrisiko um das Dreifache.

Weizenallergie

Allergische Reaktionen auf Weizen kommen vor allem im Kindesalter vor oder sind berufsbedingt, wie z. B. das »Bäckerasthma«. Sie werden typischerweise durch die Proteine Albumin und Globulin ausgelöst.

- **Wenn Weizen gegessen** oder Weizenmehl eingeatmet wird, können leichte bis lebensbedrohliche allergische Reaktionen auftreten, die die Haut, den Magen-Darm-Trakt und die Atmung betreffen.
- **Schon winzige Mengen** Weizen können schwere allergische Reaktionen auslösen.

Was Sie tun können

Vollkornprodukte versorgen uns mit Ballaststoffen und Eisen. Wenn Sie an Zöliakie oder an einer Weizenallergie leiden, sollten Sie daher vermehrt Hülsenfrüchte, Naturreis und Reiskleie, frisches Obst und Gemüse sowie Samen, Nüsse und Trockenfrüchte essen. Gute Eisenlieferanten sind rotes Fleisch, fetter Fisch, Schalentiere und Innereien sowie grünes Gemüse. In Kombination mit Vitamin-C-haltigen Lebensmitteln wird die Eisenaufnahme gefördert.

Gesund essen

Ich hoffe, dass dieses Buch auch denjenigen unter Ihnen nützen wird, die einfach beschlossen haben, sich gesünder zu ernähren. Eine gesunde Kost sollte ausgewogen, abwechslungsreich und schmackhaft sein. Vielleicht möchten Sie auch weniger einfache Kohlenhydrate und Fett, aber mehr Vollkornprodukte essen. Weil milch- und glutenfreie Zutaten bei einer gesunden Ernährung oft eine Rolle spielen, hoffe ich, dass meine Rezepte Sie inspirieren werden, neue Geschmackserlebnisse und Zubereitungsarten auszuprobieren.

▼ Mexikanisches Maisbrot (S. 174), in der Pfanne gebacken und mit Chili con carne (S. 122) serviert, ist von Natur aus glutenfrei.

Positiv denken

Vermutlich geht es Ihnen ähnlich wie mir: Wenn sich herausstellt, dass Sie oder Ihnen nahestehende Menschen unter einer schweren Allergie leiden, ist das ein Schock. Sie wissen, dass Ihr Leben sich ändern wird, aber Sie wissen nicht, wie. Es braucht Zeit, bis man – in emotionaler wie in praktischer Hinsicht – damit fertig wird.

Umgang mit Gefühlen

Es ist zweifellos niederschmetternd, wenn man erfährt, dass man selbst oder das eigene Kind mit einer Erkrankung leben muss, die das Leben höchst kompliziert macht. Gut, manche Kinder wachsen aus einer Allergie heraus, und wer weiß, eines Tages gibt es vielleicht ein Heilmittel. Aber jetzt, in diesem Moment, bleibt Ihnen nichts anderes übrig, als sich damit zu arrangieren.

Es gibt eine Phase der Trauer, in der Sie von Heißhunger auf das Nahrungsmittel, das Sie nicht mehr essen dürfen, gequält werden. Dann taucht die Frage auf: »Warum gerade ich?«, die auch später noch ab und zu wiederkehren wird. Wenn Sie gute Freunde haben, die Ihre Wut ertragen, umso

> Auch wenn es schwerfällt, zu akzeptieren, was man nicht ändern kann: Dies ist der erste Schritt.

besser. Bei wichtigen Fragen und Problemen sollten Sie auf den Rat von Experten hören.

Machen Sie sich nicht selbst für Ihre Allergie oder die Ihres Kindes verantwortlich. Es trifft Sie keine Schuld. Konzentrieren Sie sich lieber darauf, das Beste aus der Situation zu machen.

Auch wenn es schwer fällt zu akzeptieren, was man nicht ändern kann: Dies ist der erste Schritt. Sie brauchen einen kühlen Kopf, um zu überblicken, in welche schwierigen Situationen Sie zukünftig geraten könnten. Normale Dinge wie ein Essen im Restaurant sind von nun an ein gefährlicher Hindernisparcours. Sie müssen lernen, detailliert und fachkundig über ein Thema zu sprechen, das mit Emotionen belastet ist. Wie Sie kommunizieren, ist ebenfalls wichtig. »Erklären statt klagen«, ist die Devise, und das wird viel einfacher, wenn Sie das emotionale Stadium hinter sich gelassen haben.

Sie benötigen außerdem eine gute Portion Verhandlungsgeschick. Ich fand es nie einfach, nachzufragen, und würde lieber über glühende Kohlen laufen, als im Restaurant Wein oder Essen zurückgehen zu lassen; aber inzwischen kann ich in jede Küche marschieren, nach dem Küchenchef fragen und ihm erklären, was ich brauche.

Praktische Tipps

Wie immer sollten Sie den folgenden Ratschlägen abhängig vom Schweregrad Ihrer Allergie oder Intoleranz folgen.

- **Als Erstes** sollten Sie einen Notfallplan aufstellen, falls Sie oder Ihr Kind mit einer schweren Reaktion auf ein Nahrungsmittel rechnen müssen (siehe Anaphylaxie, S. 15): Jeder sollte wissen, was zu tun ist, wo das Notfallset zu finden ist und wo Sie zu erreichen sind.
- **Nehmen Sie sich genügend Zeit,** um die notwendigen Veränderungen in Ihrem Leben sorgfältig zu planen. Schlagen Sie Hilfsangebote von Familienangehörigen und Freunden nicht aus – das ist nicht der richtige Zeitpunkt, um den Helden zu spielen.
- **Listen Sie** – z. B. mithilfe eines Ernährungstagebuchs – alle mit Essen verbundenen Situationen auf, in die Sie geraten könnten (Einladungen bei Freunden, Reisen, Restaurants etc.). Dies kann auch den Umgang mit skeptischen Verwandten und hilfsbereiten, aber schlecht informierten Freunden erleichtern und ist besonders wichtig, wenn jeder Fehler schwere Konsequenzen haben könnte.

- **Knüpfen Sie ein Netzwerk.** Besorgen Sie sich aus Büchern, Webseiten, bei Ihrem Arzt und bei Patientenorganisationen möglichst viele Informationen über Ihre Erkrankung (siehe S. 218–219). Forschen Sie in Supermärkten, Bioläden und Internetshops nach Spezialprodukten. Nehmen Sie Kontakt zu den Eigentümern und Küchenchefs der Restaurants in Ihrer Wohngegend auf, und verabreden Sie sich mit Freunden und Leidensgenossen zum gemeinsamen Kochen.
- **Sagen Sie klar und deutlich,** was Sie brauchen: einen Hamburger ohne Brötchen, die Sicherheit, dass der Löffel, mit dem Ihr Eis portioniert wird, nicht vorher in der Eiscreme mit den Nüssen steckte, oder die Verpackung eines Lebensmittels, damit Sie die Zutatenliste lesen können.
- **Bleiben Sie realistisch** in Ihren Erwartungen an andere. Die meisten Menschen sind grundsätzlich wohlwollend, aber mit vielen anderen Dingen beschäftigt. Passen Sie den richtigen Zeitpunkt ab, dann haben Sie größere Chancen auf Unterstützung.
- **Bleiben Sie stets wachsam.** Bei dem nussfreien Schokoriegel, den Sie immer kaufen, kann die Produktionsstraße sich über Nacht geändert haben. Ein Restaurant könnte einen neuen Koch eingestellt haben, der gern mit Sahne kocht. Der Preis der Gesundheit ist unaufhörliche Wachsamkeit. Keine Sorge, die wird Ihnen bald zur zweiten Natur werden.

▼ Eine Welt ohne Eier – Archie entdeckt, dass die Freuden des Backens für ihn nicht tabu sind.

Kleine Allergie-Etikette

Das Bewusstsein für Lebensmittelallergien und -intoleranzen wächst, und damit ändern sich auch Einstellungen und Verhaltensweisen. Vor nicht allzu langer Zeit galt Vegetarismus noch als eine vorübergehende Mode. Mittlerweile gibt es kaum noch ein Lokal, das kein fleischloses Gericht anbietet. Es gibt mehr Menschen, die angeben, empfindlich auf bestimmte Nahrungsmittel zu reagieren als Vegetarier; deshalb besteht Hoffnung, dass sich ein neuer Verhaltenskodex entwickelt, zu dem Rücksichtnahme und überlegtes Handeln gehören – sowohl vonseiten der Allergiker als auch vonseiten derer, die sie versorgen.

Wenn Sie unter einer Nahrungsmittelallergie oder -intoleranz leiden …
Erzählen Sie anderen gerade so viel, wie sie wissen müssen – nicht mehr. Sagen Sie rechtzeitig klar, was Sie möchten. Was Sie der Fluggesellschaft mitteilen müssen, wird sich von dem unterscheiden, was Ihre Freunde oder Gastgeber wissen sollten.

Bleiben Sie realistisch. Erwarten Sie nicht, dass Ihr Freund plötzlich zum medizinischen Experten wird oder sich als Meisterkoch erweist. Wenn Sie wissen, dass schon die Zubereitung der einfachsten Gerichte einem Gastgeber den Schweiß auf die Stirn treibt, essen Sie eben etwas, bevor Sie aufbrechen. Wenn es Ihren Gastgebern hingegen Freude macht, etwas Besonderes für Sie zu kochen, dann sollten Sie ihnen alle nötigen Informationen geben und sich entspannt zurücklehnen.

> Danken Sie anderen ausdrücklich für ihr Entgegenkommen und geben Sie genug Trinkgeld.

Verzichten Sie, wenn Sie die Zutaten nicht kennen. Wenn keine Verpackung mit Zutatenliste vorhanden ist, fragen Sie nach den Zutaten, bis Sie alle Informationen haben, die Sie brauchen. Je extremer Ihre allergische Reaktion, desto wichtiger ist dies.

Bringen Sie Ihr eigenes Essen mit. Dies klingt vielleicht nicht nach guten Manieren, bedeutet aber in Wahrheit, dass Sie, soweit es Ihnen möglich ist, mitessen und ansonsten Ihren Gastgebern nicht zur Last fallen möchten. In Restaurants sollten Sie gleichzeitig mit den anderen essen. Wenn Sie bereits auf Spuren von Allergenen reagieren, ist es völlig in Ordnung, darum zu bitten, dass Ihr Besteck noch einmal abgewaschen wird.

Machen Sie keine Szene. Verzichten Sie darauf, Gerichte mit lauter Stimme zurückgehen zu lassen, und reagieren Sie nicht beleidigt, wenn Ihnen etwas angeboten wird, was Sie nicht essen können. Tun Sie einfach, was Generationen von Gästen und Kindern vor Ihnen getan haben: Lassen Sie Unliebsames am Rand des Tellers liegen, oder verstecken Sie es unter Ihrer Serviette.

Danken Sie anderen ausdrücklich für ihr Entgegenkommen und geben Sie so viel Trinkgeld, wie Sie es sich leisten können. Das fördert guten Service auch in der Zukunft.

Behalten Sie medizinische Details für sich. Wer außer Ihrem Arzt möchte schon einen detaillierten Bericht über Ihren Zustand hören? Eine Nahrungsmittelallergie oder -intoleranz macht Sie nicht gleich zu einem interessanteren Gesprächspartner.

Werden Sie nicht militant. Richten Sie Ihre kämpferische Energie gegen Hersteller, Einzelhändler und Organisationen, nicht gegen die Kellnerin, Ihre Freunde oder jeden, der Ihnen gerade zuhört.

Wenn jemand anders eine Nahrungsmittelallergie oder -intoleranz hat …

Bitten Sie um Informationen. Folgen Sie den goldenen Regeln (unten). Wer unter einer Allergie oder Intoleranz leidet, ist Experte für seine Krankheit. Wenn es sich um ein Kind handelt, fragen Sie es und bitten Sie ein Elternteil um Bestätigung. Sie werden überrascht sein, wie viele Menschen sich auf Vermutungen verlassen, selbst wenn die Gesundheit eines anderen auf dem Spiel steht. Stellen Sie Ihre Fragen rechtzeitig und so diskret wie möglich, um Betroffene und andere Gäste nicht in Verlegenheit zu bringen.

Nehmen Sie die Auskünfte ernst. Wenn Sie nicht selbst Fachmann sind, ist es unwahrscheinlich, dass Sie die Erkrankung eines Betroffenen und seine Situation richtig einschätzen können. Es überrascht mich immer wieder, wenn ich Sätze höre wie: »Zu meiner Zeit gab es diese neumodischen Allergien noch nicht.« Ich bin dann stets versucht zu antworten: »Zu Ihrer Zeit gab es vermutlich auch noch keine Handys.«

Versetzen Sie sich in die Lage Betroffener. Wie würden Sie sich fühlen, wenn jemand Ihr Kind nicht mehr zum Spielen einlädt, weil es so viel Mühe macht, es zu versorgen? Oder stellen Sie sich vor, Sie wären das einzige Kind auf einer Geburtstagsparty, das nichts vom Kuchen essen darf.

Kein übertriebenes Mitgefühl. Auch wenn es zynisch klingt: Negative Aufmerksamkeit ist nicht hilfreich. Sie sorgt dafür, dass Betroffene in Selbstmitleid verharren, statt sich über all das zu freuen, was sie essen können. Weit besser ist es, sachlich nachzufragen, was jemand verträgt.

Entscheiden Sie, wie viel Mühe Sie sich machen möchten, um den Bedürfnissen Betroffener entgegenzukommen. Mit den entsprechenden Informationen (siehe Kasten links) können Sie Ihren Wunsch zu helfen gegen die entstehende Mehrarbeit und die Risiken abwägen. Vielleicht kommen Sie zu dem Schluss, dass Sie sich für einen Verwandten mehr Mühe machen möchten als für einen Kollegen und dass das Risiko Ihnen bei schweren Allergien zu hoch ist – alles in Ordnung, solange Sie das, was Sie tun, kommunizieren.

Versprechen Sie nicht mehr, als Sie halten können. Betroffene werden kaum beleidigt reagieren, wenn sie ihr eigenes Essen mitbringen sollen, aber sie werden sicherlich traurig sein, wenn Sie anbieten, sich um alles zu kümmern, und sie dann enttäuschen. Antworten Sie auf Fragen nach den Zutaten, und sagen Sie klar, wenn Sie etwas nicht genau wissen. Zu meinen Horrorvisionen gehört die wohlmeinende Gastgeberin eines Kindergeburtstags, die meinem Sohn Kuchen und Kekse anbietet, die ihn ohne Weiteres umbringen können, und dann zerstreut fragt: »Was war es noch mal, was du nicht essen darfst? Weizen oder Milchprodukte?«

GOLDENE REGELN

- **Finden Sie heraus,** auf was der Betreffende mit welchen Symptomen reagiert: auf Weizen allgemein oder auf Gluten? Milchzucker oder Milch- und Milchprodukte im Allgemeinen? Die Anmerkungen zu Kreuzreaktionen auf Seite 16 können eine Hilfe sein.

- **Finden Sie heraus,** was geschieht, wenn die Person die Substanz isst oder (in seltenen Fällen) auch nur einatmet. Besteht die Gefahr eines anaphylaktischen Schocks? Wie muss dann vorgegangen werden?

- **Finden Sie mit Ihrem Arzt/Ernährungsberater heraus,** bei welchen Mengen eines Allergens es zu Reaktionen kommt. Bei manchen Allergikern genügen schon Spuren von Nüssen, um einen anaphylaktischen Schock auszulösen. Andere reagieren vielleicht verzögert und nur auf höhere Dosen des Nahrungsmittels über längere Zeit. Manche Menschen, die an einer Intoleranz leiden, können sich den gelegentlichen Verzehr des betreffenden Nahrungsmittelbestandteils erlauben.

Ihr allergisches Kind

Vor allem kleinere, aber auch besonders schüchterne Kinder werden schwer mit einer Allergie fertig, die sie von ihren Freunden isoliert. Kinder mit Allergien müssen sehr viel schneller erwachsen werden als Gleichaltrige und schon sehr früh Selbstvertrauen und Verantwortungsgefühl entwickeln, damit sie potenzielle Gefahren richtig einschätzen können.

Grundlagen

Erklären Sie Ihrem Kind, welche Nahrungsmittel es meiden muss, welche Symptome auftreten können, wie sie behandelt werden und wie man das Notfallset benutzt (siehe S. 15).

Schärfen Sie ihm ein, von niemandem Essen anzunehmen außer von bestimmten vertrauenswürdigen Erwachsenen, es sei denn, es weiß ganz genau, was darin enthalten ist.

Ermutigen Sie es, über seine Allergie zu sprechen, wann immer dies wichtig sein könnte, z. B. bei anderen Leuten und in Restaurants. Ihr Kind sollte lernen, selbstbewusst nachzufragen, wie und mit welchen Zutaten eine angebotene Speise zubereitet wurde.

Bringen Sie ihm bei, immer die Zutatenliste auf der Verpackung zu lesen, damit es problematische Zutaten und die verschiedenen Begriffe dafür kennenlernt. Die Zutaten und die Herstellungsweise vertrauter und sicherer Gerichte oder Produkte können sich ändern.

Konfrontieren Sie Ihr Kind mit vielfältigen Esssituationen – von Picknicks über Grillfeste und Fastfood-Restaurants bis zu spontanen Einladungen bei Freunden –, damit es lernt, Risiken sicher einzuschätzen.

Wenn der Arzt Ihrem Kind ein Adrenalinpräparat verschrieben hat, sollte es wissen, wie und wann es eingesetzt werden muss. Sprechen Sie auf jeden Fall mit den Aufsichtspersonen in Kindergarten und Schule. Sofern sich ein Erwachsener bereit erklärt, Ihr Kind bei der Medikamentenanwendung zu unterstützen, sprechen Sie die genauen Details im Vorfeld ab.

Regeln für die Schule

Der sachgerechte Umgang mit der Allergie Ihres Kindes in der Schule setzt gutes Teamwork und regelmäßige Gespräche zwischen Ihnen, den Lehrern und sonstigem Schulpersonal voraus. Ziel dieser Zusammenarbeit ist, dass Ihr Kind nicht stigmatisiert wird, an allen Schulaktivitäten teilnehmen und sich in jeder Weise so verhalten kann, wie ein »normales« Kind dies auch tun würde.

Informieren Sie die Schule, andere Eltern und Klassenkameraden genau darüber, welche Nahrungsmittel Ihr Kind essen darf und welche nicht. Händigen Sie der Schule einen Notfallplan (siehe S. 28) aus, damit das Personal die Symptome einer allergischen Reaktion erkennt und weiß, was zu tun ist. Erkundigen Sie sich bei der zuständigen Schulrechtsbehörde, welche Bestimmungen in Ihrem Land oder Bundesland gelten: In der Regel sind Lehrer oder andere Aufsichtspersonen im Kindergarten nicht verpflichtet, Medikamente zu verabreichen. Sie können dies allerdings in Absprache mit den Eltern auf freiwilliger Basis durchführen.

> Deponieren Sie »erlaubte« Süßigkeiten in der Schule, damit Ihr Kind an Feiern teilnehmen kann.

Es hilft, wenn der Lehrer oder die Lehrerin die Initiative ergreift und die Mitschüler über die Allergie Ihres Kindes aufklärt, damit diese z. B.

▲ Wenn Sie eine Dose mit unbedenklichem Knabberzeug bei Freunden deponieren, muss Ihr Kind sich nicht ausgeschlossen fühlen.

◄ Von Rosinen, Reiswaffeln und glutenfreier Schokolade oder Keksen dürfen auch zöliakiekranke Kinder unbesorgt naschen.

Schulessen und Ausflüge

Überlegen Sie, ob Ihr Kind in der Schulkantine (falls vorhanden) zu Mittag essen oder sich etwas von zu Hause mitnehmen soll, und denken Sie daran, für Ausflüge oder Klassenfahrten besondere Vereinbarungen zu treffen. Wenn Ihr Kind in der Schule isst, sollte die Schulküche sowohl über Zubereitungsfragen als auch über die zu vermeidenden Zutaten genau informiert sein. Wünschenswert ist außerdem ein klares und logisches Auszeichnungssystem, um die Schüler auf Allergene in bestimmten Speisen aufmerksam zu machen. Lieferanten müssen verpflichtet werden, der Schulküche Veränderungen in der Zusammensetzung der Zutaten mitzuteilen. Das Personal sollte über die Risiken der Kontamination von Zutaten, Kochgeschirr etc. mit Allergenen informiert sein.

keine Schulbrote mit Ihrem Kind tauschen. Beziehen Sie andere Eltern ein, sodass Schulfreunde eine Dose mit erlaubtem Knabberzeug zu Hause haben, wenn Ihr Kind zu Besuch kommt. Eine solche Dose sollten Sie auch in der Schule deponieren, damit Ihr Kind bei Geburtstags- und anderen Schulfeiern nicht ausgeschlossen ist. Vereinbaren Sie mit der Schule, dass die für Ihr Kind bestimmten Nahrungsmittel in einer gekennzeichneten, eventuell abschließbaren Box an einem bestimmten Ort aufbewahrt werden.

NOTFALLPLAN

Vor der Einschulung sollten Sie mit Ihrem Arzt oder Allergologen besprechen, was Ihr Kind braucht, und einen Notfallplan aufstellen. Dieser muss regelmäßig aktualisiert werden und sollte alle wichtigen Informationen für die Vermeidung von und den Umgang mit Notfällen enthalten. Sorgen Sie dafür, dass die Schule so viele Kopien erhält wie nötig. Hier ist ein Beispiel.

Notfallplan

Name: Rebecca Lin   **Geburtsdatum:** 4. November 1997

Lehrer/in: Frau Bayer

Im Notfall benachrichtigen: Maria Lin (Mutter). Privat: 07534/42391; Arbeitsplatz: 07535/97354; Mobil: 071/34246. John Lin (Vater). Arbeitsplatz: 0756/4320-500; Mobil: 071/42187.

Allergien: Nüsse und Erdnüsse, roh und gekocht, sowie alle Speisen, die Nüsse enthalten. Diese Nahrungsmittel dürfen keinesfalls gegessen werden. Auch Hautkontakt mit Nüssen oder Erdnüssen muss unbedingt vermieden werden. Rebecca leidet an Asthma.

Notfallmaßnahmen

- **Schwache Symptome:** Kribbeln der Lippen, Hautausschlag. Unbedingt beobachten.

- **Schwere Symptome:** Entwickeln sich sofort, falls Nüsse oder Spuren von Nüssen gegessen wurden: Hautausschlag am ganzen Körper, Schwellungen im Mund- und Rachenbereich, Atem- und Schluckbeschwerden, Erbrechen, Ohnmacht.

- **Behandlung:** Bei schwachen Symptomen zwei Sprühstöße aus dem Inhalator sowie 30 Tropfen des Antihistaminikums geben. Bei schweren Symptomen sofort die Adrenalin-Injektion nach Anweisung geben (sofern der Lehrer dies macht) und einen Krankenwagen rufen.

- **Aufbewahrung der Adrenalinspritze:** Klassenzimmer der Klasse 5b (Frau Bayer), untere linke Schublade in Frau Bayers Pult (Schlüssel bei Frau Bayer).

- **Eingewiesene Lehrer:** Frau Bayer, Herr Neumann.

- **Notruf:** 112 wählen. Sagen Sie den Verantwortlichen, dass Rebecca Nussallergikerin ist und Nüsse gegessen hat. Beschreiben Sie ihre Symptome und sagen Sie, welche Medikamente sie erhalten hat. Ein Erwachsener muss sie ins Krankenhaus begleiten.

- **Das Notfall-Set enthält:** Salbutamol Dosieraerosol 100 μg; (flüssiges) Antihistaminikum und Cortison; 1 x Adrenalin-Autoinjektor.

Unterschrift: M. Lin

Essen gehen

Obwohl mehr und mehr Restaurants sich mit Nahrungsmittelunverträglichkeiten auseinanderzusetzen beginnen, sollten Sie vor einem Restaurantbesuch so viele Informationen wie möglich sammeln. Wenn Sie unter einer schweren Allergie leiden, ist es eine sehr riskante Strategie, einfach dort aufzukreuzen und zu erwarten, dass das Personal Ihnen seine ganze Aufmerksamkeit widmet.

Die richtigen Lokale finden

Ein guter Indikator für die Hilfsbereitschaft von Restaurantpersonal ist dessen Reaktion, wenn Sie vorschlagen, spezielle Nahrungsmittel mitzubringen, die Sie zu den servierten Gerichten essen können. Wenn es zur Pâté z. B. Toast Melba gibt und Sie keinen Weizen vertragen, fragen Sie, ob Sie etwas glutenfreies Brot mitbringen und zur Pâté essen dürfen. In einem guten Restaurant wird man erfreut sein, dass Sie sich so viel Mühe machen, um die angebotenen Speisen genießen zu können.

Unterstützung suchen

Freunden Sie sich mit hilfsbereiten Menschen an – im Café, in der Kantine, im Supermarkt, wo auch immer. Unsere Metzgerei rief mich z. B. an, um mir mitzuteilen, dass ihre Shepherd's Pie seit Neuestem Eier enthalte. Dieser Anruf war für meinen Sohn vermutlich lebensrettend, denn ich war gerade dabei, die Pie in den Ofen zu schieben.

Das persönliche Gespräch suchen

Geschäftsessen oder Feiern sollten Sie nicht am Telefon organisieren. Statten Sie dem Lokal Ihrer Wahl zu einer geeigneten Zeit einen kurzen Besuch ab. Klären Sie Ihre Bedürfnisse und Fragen mit dem Geschäftsführer, um peinliche Situationen während des Essens zu vermeiden.

Mit den richtigen Leuten sprechen

Verlassen Sie sich nicht auf den Kellner, wenn es darum geht, wie eine Speise zubereitet wurde. Sprechen Sie immer mit dem Koch. Wenn Sie an Zöliakie leiden oder auf bestimmte Nahrungsmittel mit einem anaphylaktischen Schock reagieren könnten, sollten Sie klarmachen, wie schwerwiegend die Folgen sein können, wenn Sie auch nur die geringste Menge davon essen. Wer nur leichte Symptome hat, sollte nicht übertreiben – das schadet jenen Leidensgenossen, deren Leben davon abhängt, dass man sie ernst nimmt.

Wichtige Fragen rechtzeitig klären

Wenn Sie ein Essen zusammenstellen müssen, finden Sie heraus, ob die Zutaten frisch sind und welche Fertigzutaten enthalten sind. Fragen Sie bei allen Fertigzutaten nach den Etiketten. Geben Sie Informationen zu dem fraglichen Allergen. Wenn die Küche bereit ist, Gerichte abzuwandeln, besprechen Sie Zubereitung, Zutaten und Risikofaktoren. Wer bereits auf Spuren des Allergens reagiert, sollte klarstellen, dass es nicht genügt, die entsprechenden Zutaten nachträglich aus dem Gericht zu entfernen.

Geschirr und Besteck prüfen

Wenn schon Spuren eines Allergens Reaktionen auslösen, muss im Restaurant genauso wie zu Hause auf peinliche Sauberkeit geachtet werden. Teller, Besteck und Hände können mit Spuren des Allergens verunreinigt sein. Prüfen Sie z. B., ob der Koch Nüsse oder Käse mit der Hand über das Essen streut oder Teig mit den Händen bearbeitet. Auch Grill- und Backroste können kontaminiert sein.

Neue Erfahrungen wagen

Nahrungsmittelunverträglichkeiten sind ein wunderbarer Grund, fremde Kochtraditionen auszuprobieren. Sie werden köstliche Speisen entdecken, die das Zeug haben, zu Ihren Lieblingsgerichten zu werden. Auf den Seiten 32 bis 35 können Sie zu einer ersten Entdeckungsreise aufbrechen.

Besondere Gelegenheiten

Als Allergiker brauchen Sie auf Partys im Freundes- oder Familienkreis nicht zu verzichten, und schon gar nicht auf gutes Essen. Doch seien Sie sich darüber im Klaren, dass selbst gute Gastgeber, die Ihre Bedürfnisse bei der Speiseplanung berücksichtigen, Sie nicht von vorne bis hinten bedienen wollen. Denken Sie daran, dass manche Menschen empfindlich reagieren, wenn Sie ihr Essen verschmähen. Anlässe wie Familienfeiern oder Weihnachten z. B. sind an sich oft schon heikel genug.

Verhalten Sie sich stets so, wie es die Schwere Ihrer Allergie oder Nahrungsmittelintoleranz erfordert. Beachten Sie dafür folgende Hinweise.

Telefonieren Sie im Voraus mit den Gastgebern, und bringen Sie möglichst viel über das gesellschaftliche Ereignis in Erfahrung. Ist ein Picknick vorgesehen oder handelt es sich um einen offiziellen Anlass? Bei Hochzeiten wird das Essen häufig von einem Partyservice geliefert – erkundigen Sie sich nach dem Lieferanten und rufen Sie ihn an.

Wie lange wird die Zusammenkunft dauern? Wenn Sie lediglich zusammen essen, nehmen Sie vorher einen Snack zu sich. Übernachten Sie woanders, müssen Sie etwas fürs Frühstück mitnehmen; für ein ganzes Wochenende mit Freunden ist ein entsprechender Lebensmittelvorrat einzupacken. Nehmen Sie die Kühltasche, wenn Sie befürchten, dass im Kühlschrank kein Platz mehr ist.

Sprechen Sie mit Ihren Gastgebern ab, wann und wie lange Sie sich in deren Küche aufhalten können. Etwas glutenfreies Brot oder Sojamilch zu verstauen, ist sicher kein Problem. Benötigen Sie aber Platz zur Zubereitung Ihres Essens, sollten Sie dies vorab arrangieren. Denken Sie daran, Ihre Lebensmittel eindeutig zu kennzeichnen, damit sie nicht verwechselt werden.

Gehen Sie kein gesundheitliches Risiko ein, indem Sie aus falsch verstandener Höflichkeit etwas für Sie Unverträgliches essen. Besteht die Gefahr der Kontamination mit Allergenen, achten Sie peinlich genau darauf, nicht die »falschen« Servierlöffel zu benutzen.

▲ Mit dem Schicksal versöhnt – Archies Geburtstage wollen gut vorbereitet sein.

GEBURTSTAGSÜBERRASCHUNG

Auch der ausgetüftelste Plan schützt nicht vor unliebsamen Überraschungen. Um Archies siebten Geburtstag zu feiern, hatten wir in einem Chinarestaurant einen Tisch für 20 Personen reserviert. Es waren längst handgemalte Einladungen verschickt worden, als das Restaurant sich plötzlich weigerte, Archie zu gestatten, eifreie gebratene Nudeln mitzubringen, obwohl alle anderen Kinder Restaurantessen bestellen würden.

All meine Bitten um ein wenig Rücksichtnahme stießen auf taube Ohren, und als ich Archie die Nachricht beizubringen versuchte, brach er fast in Tränen aus. Wir verlegten die Party kurzerhand in eine Pizzeria. Alle waren begeistert, und uns wurde klar, wie viel es wert ist, auf ein zuverlässiges Restaurant mit einem verständnisvollen Manager zurückgreifen zu können. Das Chinarestaurant musste ein Jahr später übrigens schließen.

Sorglos unterwegs

Ob Familienurlaub oder Geschäftsreise – die Chance, dass längere Aufenthalte fern der Heimat zu einem rundum gelungenen Erlebnis werden, ohne dass Krisen oder Notfälle einem einen Strich durch die Rechnung machen, ist umso größer, je sorgfältiger sie geplant werden. Fluglinien, Reiseveranstalter und Hotels stellen sich zunehmend auf Menschen mit besonderen Ernährungsbedürfnissen ein. Dennoch sollten Sie nicht einfach voraussetzen, dass alles wie am Schnürchen läuft.

Vor der Abreise

Last-Minute-Reisen kommen in der Regel nicht in Frage, denn die meisten Reiseveranstalter wollen Wochen oder gar Monate im Voraus über besondere Ernährungsbedürfnisse informiert werden. Manche Internetportale für Allergiker (siehe S. 218–219) verfügen über Links zu allergikerfreundlichen Urlaubsunterkünften im In- und Ausland, und bei den Patientenorganisationen (siehe S. 218–219) erhalten Sie Broschüren mit Tipps für die Reiseplanung. Am besten kontaktieren Sie auch die entsprechenden Vereinigungen Ihres Reiselandes und bitten sie um Informationen. Versuchen Sie herauszufinden, welche Produkte an Ihrem Zielort erhältlich sind, damit Sie wissen, was Sie mitnehmen müssen. Bei der Zusammenstellung Ihres Lunchpakets sollten Sie eventuelle Notfälle (z. B. Flugverspätungen) mit einkalkulieren.

Machen Sie sich eine Checkliste mit Dingen, die unbedingt ins Reisegepäck gehören, z. B. Unterlagen zur Kranken- und Reisekrankenversicherung, Notfallarmband, Notfall-Set (mit Adrenalinspritzen usw.) und Allergiepass.

Allergiepass

Wenn Sie der Landessprache ihres Reiselandes nicht mächtig sind, ist ein Allergiepass unerlässlich. Diesen Pass können Sie mithilfe von Vordrucken, wie sie etwa in der Broschüre *Mit Allergien auf Reisen* des Europäischen Verbraucherzentrums (siehe S. 218–219) enthalten sind, selbst erstellen. Sie klärt in der jeweiligen Fremdsprache über die mit Ihrer Krankheit verbundenen Risiken und Erfordernisse auf und bietet Platz für den Eintrag der für Sie unverträglichen Nahrungsmittel.

Reisetipps

Medikamente und medizinische Hilfsmittel sollten Sie immer bei sich haben, sofern dies möglich ist. Das Centrum für Reisemedizin rät, sich bei der Buchung und ggf. auch einen Tag vor der Abreise am Flughafen nach der aktuellen Handhabung zu erkundigen. Ein ärztliches Attest kann bei den örtlichen Kontrolleuren hilfreich sein. Eine Gewähr dafür gibt es jedoch nicht.

Wenn Sie unter ärztlicher Kontrolle stehen, machen Sie einen Facharzt und das nächstgelegene Krankenhaus vor Ort ausfindig und lassen Sie die Details Ihrer Erkrankung in die Landessprache übersetzen.

Ein Zug kann zur Falle werden, wenn unvorhergesehene Ereignisse die Reisedauer verlängern. Daher sollten Sie genügend zu essen und zu trinken mitnehmen. Autobahnraststätten sind nicht unbedingt auf Allergiker eingestellt. Packen Sie genügend für unterwegs ein.

Die meisten Fluggesellschaften bieten nach Absprache glutenfreie, laktosefreie und vegane Mahlzeiten an. Wenn Sie es rechtzeitig genug ankündigen, können Sie auch mit weiteren allergikergerechten Speisen rechnen. Sie können auch frisches Obst verlangen. Inwieweit Sie selbst zubereitetes Essen mitbringen dürfen, sollten Sie auf jeden Fall vorab klären. Hochgradige Erdnuss- oder Nussallergiker sollten erfragen, ob auf ihrem Flug Erdnüsse/Nüsse als Snack verteilt werden oder käuflich zu erwerben sind. Ggf. kann dies für ihren Flug unterbunden werden.

Internationale Küche

Wer bestimmte Nahrungsmittel nicht verträgt, neigt schnell zu einer einseitigen Ernährung. Dabei empfiehlt sich gerade für Allergiker eine Erweiterung des kulinarischen Horizonts. Auf Reisen bieten sich viele Gelegenheiten, landestypische Gerichte zu kosten, aber möglicherweise ist Ihnen ein Besuch in einem Restaurant an Ihrem Heimatort oder ein Rezept zum Nachkochen zunächst lieber. Schließen Sie keine Landesküche von vornherein aus, auch wenn sie Ihnen zunächst ungeeignet erscheint. Die italienische Küche z. B. hat mehr zu bieten als Weizennudeln; mit Risotto und Kartoffelgnocchi kommen auch Zöliakiekranke auf ihre Kosten.

Als Sprössling einer »internationalen Familie« hege ich keine Vorurteile gegenüber anderen kulinarischen Traditionen. Ich habe in dieses Buch volkstümliche Gerichte und traditionelle Rezepte der gehobenen Küche aufgenommen und nach ihrer Eignung für bestimmte Allergieerkrankungen zusammengefasst. So eignen sich z. B. die chinesische und die südostasiatische Küche hervorragend für Milcheiweißallergiker.

Bei der Auswahl von Zutaten und bei den Zubereitungsanleitungen halte ich mich an die gängigen Rezepte, aber natürlich gibt es immer regionale Varianten. Wie, wann und wo Sie diese Gerichte ausprobieren können, hängt nicht zuletzt von der Schwere Ihrer Allergie ab. Die Kontamination mit Allergenen wie Erdnüssen/Nüssen, Gluten, Milcheiweiß und Eiern ist in den meisten Restaurants ein Problem. Im Zweifel kochen Sie lieber zu Hause.

Italienische Küche
Glutenfreie Gerichte sind z. B. Polenta (S. 81), Risotto (siehe *Risotto alla milanese*, S. 145) und Kartoffelgnocchi (ohne Mehl). Es besteht kein Anlass, auf köstliche Saucen wie pikante *Arrabiata* oder sämige *Carbonara* zu verzichten. Schwelgen Sie in Parmesan, Mozzarella und anderen köstlichen Käsesorten (aber Vorsicht bei Schimmelkäse wie Gorgonzola!). Eiscreme und *Zabaglione* sind geeignete Desserts.

Wenn Milchprodukte für Sie tabu sind, wählen Sie klassische Antipasti wie z. B. Melone mit Parmaschinken oder gegrilltes Gemüse. Als Hauptspeise empfehlen sich Braten, geschmorte Fisch- oder Fleischgerichte und Eintöpfe wie z. B. Kalbsleber auf venezianische Art (S. 116) oder *Vitello tonnato* (S. 120). Pizza- und Calzoneteig enthält normalerweise nur Öl und Wasser. Im Restaurant bestellen Sie Pizza ohne Käsebelag. Mit Sorbets und Granitas zum Dessert können Sie nichts falsch machen; milcheiweißfreie *Panna cotta* (S. 161) können Sie zu Hause zubereiten.

Für eine Menüfolge ohne Ei und Nüsse empfiehlt sich als Einstieg ein *Insalata tricolore* in den Farben der italienischen Flagge mit Avocados, Mozzarella und Tomaten. Zur eifreien Pasta können Sie eine kräftige Sauce mit Wildkaninchen oder Wildschwein oder eine fruchtige Tomatensauce bestellen, aber keine *Carbonara* mit Eiern und Schinken. Wenn Sie Pinienkerne vertragen, ist Pesto (S. 211) für Sie geeignet.

Für Menschen mit Eiallergie sind Restaurantdesserts eine heikle Angelegenheit: Eiscreme und Vanillepudding sind tabu, und selbst Sorbets enthalten zuweilen Eiweiß. Wenn Sie kein Risiko eingehen wollen, bestellen Sie einfach Obst der Saison (*Frutti di stagione*). Nussallergiker vertragen außer Nusseis die meisten Eissorten.

Mexikanische Küche
Wer Gluten nicht verträgt, dem bietet die mexikanische Küche, die auf Mais und Reis basiert, eine Reihe von Möglichkeiten. Tortillas (mit *Masa harina* – Maismehl –, ohne Weizen zubereitet) sind die Basis für *Burritos, Tacos, Enchiladas* und *Tostadas* mit köstlichen Füllungen. *Chili con Carne* (S. 122) lässt sich gut zu Hause zubereiten. Kosten Sie außerdem *Guacamole, Salsas* sowie Gerichte mit Reis (*Arroz*) und Bohnen (*Frijoles*).

Milcheiweißallergiker müssen alle Gerichte, die Käse oder saure Sahne enthalten, meiden. Lassen Sie sich *Nachos* mit cremiger *Guacamole* und *Salsas* aus den typischen mexikanischen Zutaten – Tomaten, Paprika, Gurken, Kreuzkümmel und Koriandergrün – schmecken. Auch Gerichte mit Ei und echtes mexikanisches Bohnenpüree sind eine Option: Es wird mit Schweineschmalz, nicht mit Butter zubereitet. Unbedingt probieren sollten Sie *Horchata* – ein Erfrischungsgetränk aus Reis und Mandeln, das milchig aussieht, aber keine Milch enthält.

Ohne Ei und Nüsse zubereitet werden *Gazpacho* (S. 85), Taco-Salate, Wraps, *Chili con Carne* (S. 122), Dips und *Salsas*. Zu den typischen Desserts gehören Cremespeisen mit Mango- oder Guavenaroma. Auch Mango-Joghurt-Eis (S. 158) sollten Sie kosten. Eiallergiker sollten auf Vanilleflans, Nussallergiker auf nusshaltige Dessertsaucen verzichten.

Japanische Küche

Für **Milcheiweißallergiker** ist die japanische Küche ein wahres Dorado. *Sushi* z. B. ist für sie wie für viele andere Allergiker eine hervorragende Wahl. Sie können mit einer großen Vielfalt an Zutaten zubereitet werden – Gemüse, Fisch oder Meeresfrüchte – und lassen sich in Form von *Temaki* überraschend gut zu Hause zubereiten (siehe Kalifornisches *Temaki-Sushi*, S. 74). Kosten Sie klare Suppen auf der Basis von *Miso* oder *Dashi* mit Tofu, Fleisch oder Gemüse sowie Hauptgerichte wie *Teriyaki*-Rind, *Yakitori* (Hähnchenspieße) oder *Donburi* – mit Fleisch oder Gemüse belegter Reis in einer Schale.

Glutenempfindliche Menschen sind mit *Sushi* ebenfalls gut bedient. Marinierte Gerichte wie in Miso marinierter Lachs (S. 101) sollten Sie zu Hause zubereiten, um sicherzugehen, dass verwendete Misopaste und Sojasauce glutenfrei sind. Salat aus Gurken und Wakame (S. 91) und viele Gemüsebeilagen können bedenkenlos verzehrt werden, wenn glutenfreie Sojasauce benutzt wird. Bei Nudelgerichten sollten Sie sich für Reisnudeln oder reine Buchweizennudeln entscheiden. Ehe

▲ Orientalisches Ragout mit Couscous und Quinoa.

Sie ins Restaurant gehen, fragen Sie, ob Sie Ihre eigene Sojasauce mitbringen dürfen.

Eier finden in der japanischen Küche kaum Verwendung. Viele der oben genannten Gerichte sind für Eiallergiker bestens geeignet. Tabu sind jedoch Sushi mit Omelett, *Oyako donburi* (Hähnchen und Ei) und andere Reisgerichte mit Ei. Schwelgen Sie in Gerichten mit *Udon* und *Soba*-Nudeln, etwa Nudelsuppe mit Ingwer (S. 142). Als Dessert empfehlen sich süße, klebrige Reiskuchen (*Mochi*) oder im Sommer erfrischendes geraspeltes Eis mit Sirup (*Kakigori*).

Nüsse und Erdnüsse sind in der japanischen Küche eher selten. Zu den nussfreien Gerichten gehören z. B. *Tempura*, paniertes und frittiertes Gemüse, Fleisch und Meeresfrüchte, sowie *Gyoza*, eine Art japanische Maultaschen, die gedünstet oder geschmort werden. Ein beliebter Nachtisch ist Grüntee-Eis (S. 156).

▲ Südostasiatische Gerichte sind in der Regel eine gute Wahl für Milcheiweißallergiker.

Ob Eier in einem Gericht enthalten sind, sagt oft schon dessen Name. Allergiker sollten sich vor allem auf Salat, Reisnudelgerichte (z. B. Nudelsuppe mit Ingwer, S. 142) und Eintöpfe konzentrieren.

Südostasiatische & chinesische Küche

Die südostasiatische und die chinesische Küche sind verwandt. Beide verwenden praktisch keine Milchprodukte und basieren vor allem auf Reis. Traditionell isst man gemeinsam aus Schalen. Achten Sie darauf, nicht versehentlich ein fremdes Essbesteck zu benutzen!

Eine gute Wahl für Milcheiweißallergiker sind z. B. Suppen, Chinapfannen, *Dim-sum*-Häppchen, gebratenes Fleisch und Dips. Genießen Sie cremige Kokosnuss-Currys, z. B. Thailändisches Hähnchen-Curry (S. 111) und asiatische Nudelgerichte. Asiatische Süßspeisen basieren meist auf Kokosnuss- und Bohnenpaste.

Wer auf glutenfreie Speisen angewiesen ist, kann unter zahlreichen Reisgerichten wählen. Frische Frühlingsrollen (S. 90) mit Kräutern, Schweinefleisch und Garnelen bieten sich ebenso an wie Garnelenpäckchen (S. 103). Thailändische und laotische Currys und Salate sind oft mit Limetten, Fischsauce, Chili und Palmzucker aromatisiert. Verzichten Sie im Restaurant auf Sojasauce. Es gibt zahlreiche Desserts auf Reisbasis, z. B. Thailändischen Reis mit Kokosnuss und Mango.

Bei schwerer Nuss- oder Erdnussallergie bereiten Sie südostasiatische Gerichte am besten zu Hause zu, da Erdnüsse in dieser Küche nahezu allgegenwärtig sind und der Gebrauch von unraffiniertem Erdnussöl gang und gäbe ist. Versuchen Sie sich einmal an der Zubereitung von Thailändischem Hähnchen-Curry (S. 111), Vietnamesischem Rindfleischtopf (S. 124) und Asiatischem Krautsalat (S. 212). Bei anderen Gerichten können Sie gehackte Nüsse durch Sesamsamen oder – falls bekömmlich – durch geröstete Pinienkerne ersetzen. Krönen Sie Ihre Mahlzeit mit einem Kokossorbet (S. 159).

Indische Küche

Zöliakiekranke sollten vor allem Reisgerichte zu sich nehmen. Zum Andicken von Currys werden oft Mandeln, Joghurt, Sahne oder eine Sauce auf Gemüsebasis statt Mehl verwendet. Fladenbrot ist in der Regel tabu, doch *Moong-dhal*-Pfannkuchen aus gelben Mungbohnen oder Spaltlinsen sowie Reis- und Linsen-*Dosas* mit Chutney sollten Sie einmal kosten.

Indische Desserts wie *Kheer*, Reispudding mit Mandel- und Kardamomaroma, oder *Kulfi*, Eis aus Dosenmilch, Pistazien und Mandeln, können Sie nach Lust und Laune genießen.

Milcheiweißallergiker sind mit Grillgerichten oder Kebabs auf der sicheren Seite, denn Currys enthalten oft Joghurt oder Sahne. Eine Ausnahme ist *Vindaloo*, ein scharfes indisches Fleischgericht. Natürlich können Sie indische Gerichte auch zu Hause kochen, z. B. eine milcheiweißfreie Version von Lammcurry mit Spinat und Joghurt (S. 131). Meiden Sie *Naan* und joghurthaltige Brote. Als Dessert empfiehlt sich die aus Joghurtersatz hergestellte Variante des Mango-Joghurt-Eises (S. 158).

Ob Eier in einem Gericht enthalten sind, verrät meist schon dessen Name. Sie kommen kaum als versteckte Zutaten vor. Von daher sind die meisten Brotsorten (außer *Naan*, es kann Ei enthalten), Reis-, Fleisch- und Gemüse-Currys, Pickles und Chutneys unbedenklich, ebenso wie *Lassi*, ein erfrischendes Joghurtgetränk.

Für Nuss- oder Erdnussallergiker sind die in vielen Currys, Broten und Süßspeisen enthaltenen gemahlenen Mandeln und Pistazien gefährlich. Wenn Sie im Restaurant etwas Gebratenes bestellen möchten, sollten Sie sich zuerst erkundigen, welches Fett zum Braten benutzt wurde. Kebab, gegrillter Fisch und *Tandoori*-Gerichte mit Raita (S. 213) sind eine gute Wahl. Vielleicht haben Sie Lust, zu Hause einmal das Rezept für Indischen Fisch in Joghurtmarinade (S. 98) auszuprobieren. Als Dessert bietet sich z. B. *Gulab jamun* an – frittierte Milchbällchen in Sirup mit Rosenaroma.

Französische Küche

Wer eine Zöliakie hat, backt Croissants (S. 54) und *Pain au chocolat* (S. 66) am besten selbst. Buchweizenpfannkuchen (*Galettes de sarrasin*) sind normalerweise ohne Zugabe von Weißmehl zubereitet; trotzdem sollten Sie besser nachfragen. Verzichten Sie im Restaurant auf Eintöpfe – sie sind eventuell mit Mehl angedickt –, und entscheiden Sie sich lieber für ein Grillgericht, ein Pfeffersteak oder Fisch. Kartoffelgratin (S. 94), Lyoner Kartoffeln oder *Pommes boulangère* sind ebenfalls empfehlenswert. Französischer Käse ist eine Delikatesse, doch meiden Sie Blauschimmelkäse wie Roquefort. Als glutenfreie Desserts bieten sich z. B. *Îles flottantes* (Meringen in Vanillesauce) und *Crème brûlée* an.

Milcheiweißallergiker sollten sich auf die mediterrane Küche konzentrieren, in der Olivenöl eine große Rolle spielt. Zur Auswahl stehen klassische Salate wie z. B. Nizzasalat, Grillgerichte und Steaks ohne Saucen (Achtung: *Sauce béarnaise* und *Sauce hollandaise* enthalten Butter) sowie Schmorgerichte wie *Bœuf bourguignonne*. Als Nachtisch bieten sich einfache Obstdesserts wie z. B. Birnen in Wein an. Probieren Sie zu Hause einmal milcheiweißfreie *Petits pots au chocolat* (S. 154) aus.

> Eier kommen in der indischen Küche kaum als versteckte Zutat vor.

Vor- und Hauptgerichte ohne Ei sind z. B. Zwiebelsuppe, *Coq au vin*, *Steak frites* und *Confit de canard*. Meiden Sie Saucen, Kuchen und Cremedesserts. Zu Hause können Sie eifreie Crêpes (S. 162) und eifreie Speck-Zwiebel-Quiche (S. 84) ausprobieren.

Nüsse kommen in der französischen Küche eher vor als Erdnüsse. Baguette, Bauernbrot, *Pain au chocolat*, *Palmiers* und Obstkuchen enthalten in der Regel keine Nüsse, doch wenn Sie bereits auf Spuren davon allergisch reagieren, sollten Sie französisches Baguette (S. 170), *Pain au chocolat* (S. 65) und *Tarte au pommes* (S. 149) zur Sicherheit lieber selbst backen.

Einkaufen

Gute Einkaufsstrategien können Allergikern das Leben erheblich erleichtern. Für jeden Allergietypus gibt es eine Menge verträglicher Nahrungsmittel – man muss nur wissen, wo sie zu bekommen sind. Dabei sollte man auf eine gesunde, ausgewogene Ernährung achten, die Leckereien nicht ausschließt. Das Angebot des Einzelhandels ist sehr unterschiedlich, sodass man oft zu mehreren Einkaufsstätten fahren muss.

Supermärkte

Die meisten Supermarktketten haben eine zentrale Kundendienstabteilung, die Verbraucherfragen beantwortet. Dort erhalten Sie auf Anfrage auch Listen mit »sicheren« und mit allergenbelasteten Lebensmitteln und Produkten. Supermärkte bieten die größte Auswahl an frischen und tiefgekühlten Nahrungsmitteln, und ihr Angebot an »allergikerfreundlichen« Produkten wächst stetig. Sie sollten allerdings nicht erwarten, dass Sie im Supermarkt persönlich beraten werden. In Feinkostläden oder in der Bäckerei um die Ecke sind relevante Informationen möglicherweise leichter erhältlich, aber verlassen sollten Sie sich darauf nicht.

▼ Neben frischen Nahrungsmitteln bieten Lebensmittelhändler zunehmend andere allergenfreie Produkte an.

Reformhäuser und Bioläden

Nomen est omen. Selbst die großen Reformhaus- oder Bioladenketten haben sich noch Reste ihres ursprünglichen Ethos bewahrt. Das Personal kennt das Sortiment in der Regel genau und kann Ihnen in vielen Fällen sicher weiterhelfen. Reformhäuser und Bioläden sind teurer als Supermärkte, haben aber mehr allergen- und glutenfreie Nahrungsmittel im Angebot. Die Belegschaft hat möglicherweise Fortbildungen über gesunde Ernährung besucht, und wenn nicht, ist vielleicht der ein oder andere Angestellte zumindest persönlich daran interessiert. Das sollten Sie herausfinden, ehe Sie ernsthaft um Rat fragen.

Kleinsortimenter

Tante-Emma-Läden stimmen ihr Sortiment auf die Bedürfnisse ihrer Stammkundschaft ab. Normalerweise beschränken sie sich auf den Verkauf

von häufig nachgefragten Produkten, frischen Waren und Grundnahrungsmitteln wie Brot und Milch. Wenn Sie regelmäßig dort einkaufen, wird man sicher gerne etwas für Sie bestellen, etwa Sojamilch oder glutenfreies Brot.

Delikatessläden

Delikatessläden haben viele frisch zubereitete Nahrungsmittel und die ausgefallensten Gourmetprodukte im Angebot, bergen aber ähnliche Risiken wie Restaurants – sei es, weil Nahrungsmittel mangelhaft gekennzeichnet sind, sei es, weil sie mit Allergenen kontaminiert wurden (siehe S. 29). Für Menschen mit schweren Allergien ist dies ein gravierendes Problem. Nichtsdestotrotz sind Delikatessläden eine Quelle für kulinarische Inspirationen.

Internationale Lebensmittelhändler

Die Bewahrung authentischer kultureller Traditionen liegt mir sehr am Herzen. Das wird allein schon aus der Zusammenstellung der Rezepte in diesem Buch ersichtlich.

Asialäden sind eine hervorragende Einkaufsquelle für Milcheiweißallergiker, denn die asiatische Küche verwendet, wenn überhaupt, nur wenige Milchprodukte. Mexikanische Läden haben vor allem Reis- und Mais-, aber nur wenige Weizenprodukte im Sortiment und empfehlen sich daher für Menschen, die empfindlich auf Gluten reagieren. Auch italienische, griechische, türkische und indische Geschäfte bringen Farbe und Abwechslung in unsere Esskultur und haben Nahrungsmittel im Angebot, die man in keinem Supermarkt findet. Negativ ist allenfalls zu bewerten, dass die Kennzeichnung oft nur in der jeweiligen Landessprache erfolgt und den Anforderungen der Europäischen Union nicht genügt.

E-Mail- & Online-Bestellungen

Nahrungsmittel im Internet zu bestellen, ist ideal für alle, die nach ausgefallenen Produkten suchen und keine geeigneten Geschäfte in ihrer Nähe haben. In Internet-Shops findet man eine beeindruckende Bandbreite an Nahrungsmitteln: von allergenfreien Fertiggerichten über glutenfreie Kuchen bis zu milcheiweißfreien Schokoladensorten, Keksen und Puddings, dazu sämtliche allergikerfreundlichen Grundnahrungsmittel. Vorteilhaft am Online-Shopping ist auch, dass man bequem von zu Hause aus nach Produkten suchen und Preise und Lieferbedingungen vergleichen kann. Natürlich müssen Sie dafür sorgen, dass jemand zu Hause ist, um die bestellten Waren in Empfang zu nehmen; außerdem fallen meist Liefergebühren an. Ein paar nützliche Online-Adressen finden Sie in den Bezugsquellen (S. 218–219); allerdings wächst das Angebot fast täglich. Ihre Ernährungs- oder Allergie-Organisation sollte immer auf dem neuesten Stand sein und Ihnen weiterhelfen können.

FRAGEN AN DEN HERSTELLER

Lebensmittelunverträglichkeiten sind inzwischen so weit verbreitet, dass sich auch Nahrungsmittelproduzenten mit den damit verbundenen Risiken auseinandersetzen. Die Hersteller bekannter Markenprodukte sind in der Regel bereit, Fragen telefonisch oder per E-Mail zu beantworten:

- **Berücksichtigen Sie Allergien** bei der Herstellung Ihrer Produkte?
- **Wer kann mir Auskunft geben** über Produkte für Allergiker und Lebensmittelintoleranten?
- **Haben Sie eine Liste** mit allergenfreien Produkten? Wie oft wird sie aktualisiert?
- **Wie informieren Sie Einzelhändler** und Kunden, wenn ein Produkt zurückgerufen werden muss?
- **Wie genau nehmen Sie es** mit der Kennzeichnung von Allergenen? Was tun Sie, um deutlich auf Allergene hinzuweisen?
- **Wie verlässlich** ist die Wendung »Kann Spuren von … enthalten«?
- **Welche Anweisungen** geben Sie Lebensmittellieferanten und Unternehmen zur Vermeidung von Kreuzkontamination beim Umgang mit Ihren Produkten?
- **Welche anderen Produkte** werden auf derselben Produktionsstraße hergestellt wie das von mir gewünschte Produkt?
- **Führen Sie Tests durch**, um zu kontrollieren, ob ein Produkt tatsächlich z. B. für eine milcheiweißfreie Ernährung geeignet ist?

EINKAUFEN

Hersteller

Lebensmittelhersteller müssen sich auf die Wünsche ihrer Kunden einstellen, wenn sie im Geschäft bleiben wollen; Sie sollten also ruhig genaue Informationen über die Inhaltsstoffe von Produkten verlangen. Die Anschrift des jeweiligen Herstellers finden Sie – meist inklusive Telefonnummer und E-Mail-Adresse – auf dem Etikett. Lebensmittelhersteller nutzen das Feedback von Verbrauchern zur Weiter- oder Neuentwicklung von Produkten. Sowohl Verbraucher als auch Organisationen können mit dazu beitragen, dass mehr und bessere Nahrungsmittel für Allergiker auf den Markt kommen. Sie können Hersteller animieren, die Konsequenzen problematischer Entscheidungen – etwa die Verlagerung der Produktion von zuvor allergenfreien Lebensmitteln auf Fertigungsstraßen mit Kontaminationsrisiko – gründlich zu überdenken. Gerade betroffene Kinder leiden unter solchen Entscheidungen, da ihnen die Notwendigkeit weiterer Einschränkungen besonders schwer zu vermitteln ist.

Sie können dazu beitragen, dass bessere Allergiker-Produkte auf den Markt kommen.

Was steht auf dem Etikett?

Die Europäische Union hat Lebensmittelhersteller zur Nennung allergieauslösender Zutaten, Zusatzstoffe und bei der Herstellung verwendeter Substanzen auf der Verpackung verpflichtet. Für Verbraucher ist es nun nicht mehr ganz so schwer herauszufinden, was für sie bekömmlich ist und was nicht. Folgende Fortschritte wurden erreicht:

Seit November 2005 müssen in ganz Europa die zwölf Hauptallergene, die für etwa 90 Prozent aller durch Nahrungsmittel verursachten allergischen Reaktionen verantwortlich gemacht werden, auf der Verpackung genannt werden.

Zu den Hauptallergenen gehören: glutenhaltiges Getreide (d. h. Weizen, Roggen, Gerste, Hafer, Dinkel, Kamut oder deren Hybridstämme) sowie daraus hergestellte Erzeugnisse, Krebstiere und Krebstiererzeugnisse, Eier und Ei-Erzeugnisse, Fisch und Fischerzeugnisse, Erdnüsse und Erdnusserzeugnisse, Soja und Sojaerzeugnisse, Milch und Milcherzeugnisse (einschließlich Laktose), Schalenfrüchte (Nüsse und Mandeln) sowie daraus hergestellte Erzeugnisse, Sellerie und Sellerieerzeugnisse, Senf und Senferzeugnisse, Sesam und Sesamerzeugnisse, Schwefeldioxid und Sulfite in einer Konzentration von mehr als 10 mg/kg, als SO_2 angegeben.

Um neuen wissenschaftlichen Erkenntnissen Rechnung zu tragen, soll die Richtlinie fortlaufend überprüft und wenn nötig aktualisiert werden. Ab November 2008 müssen auch Süßlupinen und Mollusken (Weichtiere wie zum Beispiel Schnecken) gekennzeichnet werden. Lupinenmehl wird in Gebäck und Fertigprodukten für Zöliakiepatienten und Vegetarier verarbeitet. Die meisten allergischen Reaktionen wurden bei Kindern und bei Erwachsenen, die auch gegen Erdnüsse allergisch sind, nachgewiesen. Zu den bedenklichen Zutaten gehören außerdem Weichtiere, insbesondere Schnecken, Austern, Muscheln, Miesmuscheln, Kalmare, Seeohren und Kraken.

Allergene Zutaten müssen bei abgepackter Ware immer genannt werden, unabhängig davon, in welcher Menge sie in einem Produkt enthalten sind, sofern sie rezepturgemäß zugesetzt werden. Dies gilt auch für die Bestandteile zusammengesetzter Zutaten (z. B. Vollmilchschokolade als Zutat einer Müslimischung).

Die Zutaten sind in einer für den Verbraucher leicht verständlichen Sprache zu nennen. So fällt sicher nicht jedem auf Anhieb ein, dass Glucose die chemische Bezeichnung für Traubenzucker ist. Und wer weiß schon, dass Capsanthin das Hauptcarotinoid der Paprikafrucht ist, das zum Rotfärben anderer Lebensmittel benutzt wird.

Die Kontamination mit Allergenen bei der Herstellung von Lebensmitteln ist zu vermeiden, allerdings wird die Einhaltung dieser Vorschrift nicht kontrolliert. Um sich abzusichern, ergänzen

Hersteller die Etiketten um den Passus: »Das Produkt kann Spuren von … enthalten.« In welchem Umfang oder ob überhaupt Spuren eines Allergens enthalten sind, ist für den Verbraucher nicht abschätzbar. Auch bei fehlendem Hinweis kann eine Kontamination nicht ausgeschlossen werden.

Zutaten ohne allergenes Potenzial, die aus Allergenen gewonnen wurden, müssen zurzeit nicht deklariert werden. Wird Sojabohnenöl z. B. auf eine Weise raffiniert, die die allergieauslösenden Proteine beseitigt, oder wird aus Weizenglukose ein Sirup hergestellt, der kein Gluten oder andere Weizenproteine enthält, müssen die Derivate nicht als Allergene gekennzeichnet werden.

Was ich mir erhoffe …

Eine Lebensmittelkennzeichnung, die international standardisiert, klar und eindeutig ist, wäre ein guter Anfang. Zurzeit gibt es eine verwirrende Vielfalt teilweise widersprüchlicher Kennzeichnungen bei den verschiedenen Markenherstellern und in den verschiedenen Ländern. Amerikanische Studien haben gezeigt, dass von 100 Kindern mit Kuhmilchallergie weniger als zehn in der Lage waren, milcheiweißhaltige Produkte als solche zu identifizieren.

Verständliche Etiketten. Je stärker verarbeitet, desto umfangreicher und komplizierter ist meist die Kennzeichnung. Es ist und bleibt lebenswichtig, Kindern mit Nahrungsmittelunverträglichkeiten alle Begriffe beizubringen, hinter denen sich allergene Zutaten verbergen können (siehe S. 40–42).

Verbesserte Herstellungsverfahren, um die Kontamination mit Allergenen zu vermeiden, und ein verantwortungsvollerer Umgang mit der Wendung »kann Spuren von … enthalten«. Konsumenten benötigen verlässliche Informationen: Wenn schon die geringsten Spuren einer Zutat schwere allergische Reaktionen hervorrufen können, muss das Risiko deutlich hervorgehoben werden. Je mehr Produkte ohne Nüsse z. B. mit einer Warnung vor Nussspuren versehen werden, desto unglaubwürdiger wird diese Angabe.

PREISWERT EINKAUFEN

Sich allergenfrei zu ernähren, muss nicht teuer sein, solange man vorausplant. Spezialnahrung wie glutenfreie Pasta, Brot- und Kuchenmischungen oder Ei-Ersatz sind in der Regel im Reformhaus und im Naturkostladen erhältlich. Milcheiweißfreie Säuglingsnahrung gibt es in der Apotheke. Bei Fragen wenden Sie sich an Ihren Allergologen.

- **Viele Hersteller** allergenarmer – vor allem glutenfreier – Nahrungsmittel versenden kostenfrei Produktproben. Wenden Sie sich direkt an die Produzenten.

- **Vergleichen Sie Supermarktpreise,** ehe Sie einkaufen gehen. Am bequemsten ist der Preisvergleich per Internet.

- **Kaufen Sie Grundnahrungsmittel auf Vorrat,** wenn möglich beim Großhändler. Im Internet erfahren Sie die Adressen.

- **Obst und Gemüse** müssen nicht in Plastik verpackt im Supermarkt erworben werden. Kaufen Sie es frisch beim Obst- und Gemüsehändler oder auf dem Markt. Leicht beschädigte Ware bekommen Sie häufig billiger.

- **Bauen Sie Ihr eigenes Gemüse an,** wenn Sie sichergehen wollen, dass es keine Pestizide enthält. Die meisten Kräuter gedeihen auf der Fensterbank in Töpfen; Tomaten lassen sich im Kübel ziehen. Vielleicht haben Sie ja auch einen Garten oder Schrebergarten.

- **Bestellen Sie im Internet.** Internet-Shops bieten allergikerfreundliche Produkte oft preswerter an als herkömmliche Sortimenter, weil sie keine Ladenflächen unterhalten und Einsparungen an Sie weitergeben können (siehe Quellen, S. 218–219).

- **Kochen und backen Sie selbst.** Selbst gebackene Kekse und Leckereien sind immer billiger als gekaufte und eignen sich überdies phantastisch als Geschenk – so wie meine Schokoladentrüffeln (S. 207).

Tabus

Am einfachsten schützt man sich vor unerwünschten Zutaten, indem man frische Nahrungsmittel kauft und selbst kocht. Denn sobald man Fertiggerichte zubereitet, wird das Leben komplizierter. Die folgenden Listen enthalten Hinweise auf mögliche Gefahrenquellen, ohne Anspruch auf Vollständigkeit zu erheben. Je nach Schweregrad einer Allergie müssen Sie nicht alle auf der jeweiligen Liste genannten Zutaten und Produkte meiden. Wenn Ihnen ein Produkt, das Spuren »Ihres« Allergens enthält, bekommt, nehmen Sie es auch weiterhin zu sich.

Gluten

Gluten ist in Weizen, Gerste, Roggen, Hafer, Dinkel, Triticale und Kamut enthalten.

Produkte und Begriffe: Kleie, Bulgur, Weizen, Couscous, Hartweizengrieß, Mehl, Zwieback, Weizengrieß, Weizenkeime, Vollkornweizen, modifizierte Stärke oder Stärke, Malz, Maltose, Malzextrakt, Malzsirup und Malzmehl sind fast immer aus Gersten- und Weizenderivaten hergestellt. Dextrin und Maltodextrin können aus jeder beliebigen Stärke gewonnen werden; in Europa werden sie normalerweise aus Gersten- oder Weizenstärke hergestellt.

Nahrungsmittel, die Gluten enthalten können
- **Alkohol:** alle Biere; Cidre kann Gerste enthalten, auch Schnäpse wie z. B. Korn.
- **Babynahrung** enthält häufig Gluten.
- **Brot und Backwaren:** Backpulver, Backhefe, Brot und Paniermehl.
- **Desserts:** Eiscremes, wenn Dickungsmittel verwendet wurden. Meiden Sie Waffeln und Hörnchen.
- **Fertigsuppen** können Gerste und Dickungsmittel auf Weizenbasis oder Pasta enthalten.
- **Fleisch und Fisch:** Wurst und andere Fleischprodukte können Getreide und Paniermehl enthalten. Meiden Sie alle panierten Fleischwaren.
- **Gewürze, Würzmischungen und Senf** können Mehl als Dickungsmittel enthalten. Destillierter Essig ist unbedenklich.
- **Karamellfarbe:** häufig ein Malzextrakt, der aus Gerstenmalz gewonnen wird.
- **Käse:** Fertig geriebener Käse, verarbeiteter Käse und Streichkäse können Mehl enthalten. Achtung bei Schimmelkäse wie Roquefort, Stilton und Dolcelatte.
- **Kartoffel-Fertigprodukte:** Gefrorene Kartoffelprodukte können mit Mehl ummantelt sein.
- **Kuchen, Kekse und Gebäck** aller Art.
- **Nichtalkoholische Getränke:** aromatisierte Tee- und Kaffeesorten, alkoholfreies Bier, Malzbier.
- **Nüsse** sind eventuell mit Mehl ummantelt.
- **Saucen:** Brühwürfel, Suppen und Bratensauce können hydrolisierte pflanzliche Proteine enthalten, die normalerweise aus Weizen oder Soja gewonnen werden.
- **Fertig-Salatdressings** enthalten manchmal Gluten. Sojasauce enthält häufig Weizen.
- **Snacks:** Gebäck (z. B. Brezeln), manche Maistortillas.
- **Süßigkeiten und Schokolade:** Manche (auch Kaugummi) sind mit Mehl bestäubt.
- **Zerealien** (es sei denn, sie sind ausdrücklich als glutenfrei deklariert).

Versteckte Fallen: Vitaminpräparate und Nahrungsergänzungsmittel können Gluten enthalten.

Irreführende Bezeichnungen: Buchweizen ist keine Weizenart, sondern ein glutenfreies Knöterichgewächs.

Nüsse

Erdnüsse und Schalenfrüchte sind hier separat aufgelistet. Gegebenenfalls sollten Sie beide Listen berücksichtigen. Als Nüsse zusammengefasst sind: Mandeln, Paranüsse, Cashewkerne, Haselnüsse, Macadamianüsse, Pecannüsse, Pistazien und Walnüsse.

Produkte und Begriffe: Nussflips, geraspelte Nüsse, Nussbutter und -mus, Nussaufstrich, Nussextrakt; Nussöl, manche Pflanzenölmischungen. Marzipan, Mandelcreme und Mandelessenz/Mandelextrakt werden aus Mandeln, Nougat wird aus Haselnüssen hergestellt. Auch viele Kosmetika enthalten Mandelmilch und Nussöl.

Nahrungsmittel, die Nüsse enthalten können
- **Alkohol:** Liköre wie z. B. Amaretto.
- **Aufstriche:** Schoko-Nuss-Aufstrich, Nuss-Nougat-Cremes.
- **Backzutaten:** alle Fertig-Backmischungen.
- **Bohnen, Erbsen, Linsen** können auf derselben Produktionsstraße verarbeitet worden sein wie Nüsse.
- **Brot:** Nussbrot, Fladenbrot, *Naan*. Frisches, unverpacktes Brot kann mit Nüssen in Berührung gekommen sein.
- **Desserts:** Viele Desserts enthalten Nüsse oder sind mit Nusssplittern garniert.
- **Eiscreme:** Viele Eiscremes sind mit Nüssen verfeinert. Manche Eiswaffeln enthalten Nüsse.
- **Fleisch und Fisch:** Achtung bei paniertem Fleisch, Fisch, bei Fleischpasteten, Burgern, Wurst, Salami und kaltem Fleischaufschnitt.
- **Getränke:** manche Milch- und Joghurtgetränke und Trinkschokoladen.
- **Joghurt:** Joghurt mit Zerealien; Nussjoghurt.
- **Käse:** manche Käsesorten enthalten Nüsse oder sind mit Nüssen ummantelt.
- **Kuchen und Gebäck:** einfache Kuchen, Obstkuchen, Käsekuchen, Torten, Croissants, Müsliriegel und Kekse (prüfen Sie die Etiketten!).
- **Milch:** Manche Milchmixgetränke und Joghurts enthalten Nüsse.
- **Nussöle, Nussaufstriche und Nusscreme.**
- **Saatenmischungen** können Nüsse enthalten.
- **Saucen:** *Satay-Sauce*, Currysaucen (z. B. *Korma*).
- **Snacks:** Nüsse und Rosinen mit Schokoüberzug, Nussmischungen, gesalzene Nüsse, Studentenfutter.

Fertiggerichte machen das Leben für Allergiker komplizierter.

- **Süßigkeiten und Schokolade:** Nugat- und Nussschokolade. Viele Schokoladensorten enthalten laut Hersteller Nussspuren.
- **Vegetarisches:** Gemüsebratlinge und Burger; Fertiggerichte.
- **Zerealien:** Müslimischungen, Knuspermüsli, manche Reizerealien.

Irreführende Bezeichnungen: Die Kokosnuss ist eine Frucht; Muskatnüsse sind Samen; Erdmandeln bzw. Tigernüsse (*Chufa*) sind Knollen des Erdmandelgrases. Sie alle sind für Menschen mit Baumnussallergien normalerweise ungefährlich. Maronen und Wasserkastanien verursachen selten allergische Reaktionen. Pinienkerne sind Samen und werden von Nussallergikern oft vertragen.

Erdnüsse
Erdnüsse werden auch als Aschanti-, Arachis- oder Kamerunnüsse bezeichnet.

Produkte und Begriffe: Arachisöl ist Erdnussöl. Es kann nicht nur in Lebensmitteln, sondern auch in Kosmetika und Pflegeprodukten enthalten sein.

Nahrungsmittel, die Erdnüsse enthalten können
(siehe auch »Nüsse«)
- **Fleisch und Fisch:** Thailändische, indonesische, vietnamesische und malaysische Fleisch- und Fischgerichte enthalten häufig Erdnüsse.
- **Getränke:** Manche Mixgetränke können Erdnussbutter enthalten.
- **Gewürze:** Achtung bei orientalischen Gewürzmischungen!
- **Hydrolisiertes pflanzliches Eiweiß (HVP)** kann aus Erdnüssen gewonnen werden.
- **Öle, Margarine und Butter:** Raffiniertes Erdnussöl verursacht wahrscheinlich keine allergischen Reaktionen. Unraffiniertes Öl, das in der chinesischen Küche häufig verwendet wird, sollten Sie meiden. Verschnittenes Pflanzenöl kann Erdnussöl enthalten. Herkömmliche Nusscreme wird häufig auf der Produktionsstraße für Erdnusscreme hergestellt.
- **Samen** werden unter Umständen auf derselben Produktionsstraße verpackt wie Erdnüsse.
- **Saucen:** *Satay-Sauce* und andere Saucen aus dem asiatischen Raum enthalten oft Erdnüsse.

Eier

Alle Eier in natürlichem oder verarbeitetem Zustand und alle eihaltigen Produkte.

Produkte und Begriffe: Eialbumin (Eiweiß), Eiprotein, getrocknetes Ei und Eipulver. Produkte mit *ova* und/oder *albumin*. Häufig kommen diese Bezeichnungen in zusammengesetzten Begriffen wie *con albumin* oder *ovoglobulin* vor. Der in vielen Produkten (z. B. in Schokolade) enthaltene Emulgator Lezithin (E 322) wird aus Sojabohnen oder Eigelb hergestellt, führt aber bei Menschen mit Soja- oder Eiallergie in der Regel nicht zu allergischen Reaktionen.

Nahrungsmittel, die Eier enthalten können
- **Alkohol:** Eierlikör, Eierpunsch.
- **Aufstriche:** Manche Fruchtaufstriche wie z. B. Lemon Curd enthalten Eier.
- **Babynahrung.**
- **Backwaren:** Backmischungen für Brot, Gebäck, Muffins, Pfannkuchen, Brezeln. Quiches, Soufflés, fast alle Kuchen und viele Kekse. Manche Brotsorten.
- **Desserts:** Vanillepudding und -sauce, Eiscreme, Joghurteis, Parfaits, Meringen, Puddings, Dessertmischungen, Backwerk mit Sahnefüllung, manche Sorbets.
- **Fleisch, Huhn, Fisch und Meeresfrüchte:** Panierte Produkte sind in der Regel eihaltig. Hamburger, Hotdogs, Hackbraten, Salami und Fisch-Quiche können Ei als Bindemittel enthalten.
- **Pasta:** Frischteigwaren wie Ravioli, Maultaschen, Spätzle.
- **Saucen und Dressings** können mit Ei angedickt sein, vor allem mayonnaiseartige Saucen, *Sauce hollandaise, Sauce béarnaise*, Remouladensauce und French Dressing.
- **Suppen:** Brühen und Bouillon können mit Eiweiß geklärt sein.
- **Süßigkeiten und Schokolade:** Glasierte Süßigkeiten, Kekse.

Versteckte Fallen: Sogar Ei-Ersatzprodukte können Ei enthalten, wenn Sie für Menschen mit erhöhten Cholesterinwerten gedacht sind. Auch Impfstoffe können auf Hühnerfibroblasten gezogen werden. Befragen Sie hierzu Ihren Allergologen.

Milchprodukte

Dazu gehört Kuhmilch in jeder Form, Dosenmilch, Sahne, Crème fraîche, Eiscreme, Joghurt, Frischkäse, Quark, Butter, Buttermilch, Käse.

Produkte und Begriffe: Milchpulver, Milchnebenprodukte, Trockenmilch, Kasein oder Kaseinate, Molke, Molkepulver, Dickmilch, Joghurt, Joghurtpulver, Laktose. Vorsicht bei allen unbekannten Zutaten mit dem Wortbestandteil *lact-* oder *lakt-*!

Nahrungsmittel, die Milchprodukte enthalten können
- **Alkohol:** Sahneliköre
- **Babynahrung.**
- **Backwaren:** Backmischungen, Kuchen, Kekse, Snacks, Müsli- und Früchteriegel, Frühstücksgebäck, Brot.
- **Butter und einige Margarinen** können Milcheiweiß enthalten. Butter wird von den meisten Kuhmilchallergikern vertragen, da sie kaum Eiweiße enthält.
- **Desserts:** Eis, verschiedene Cremespeisen, Puddings.
- **Dips und Aufstriche.**
- **Fleisch und Fisch:** Manche Fleischsorten enthalten Kasein.
- **Sahnesaucen und Salatdressings** können Laktose und Milch enthalten.
- **Frittiertes:** Panade kann Milcheiweiß enthalten.
- **Getränke:** Joghurt-Drinks und -Shakes, Cappuccino, Milchkaffee, Caffè Latte, heiße Schokolade und Malzgetränke (z. B. Ovomaltine).
- **Kartoffeln:** Fertigmischungen für Kartoffelpüree können Laktose oder Milchpulver enthalten.
- **Suppen und Tütensuppen.**
- **Süßigkeiten und Schokolade:** Milchschokolade und weiße Schokolade. Auch einige Sorten dunkle Schokolade, Toffees und Fondant enthalten Milch.
- **Zerealien:** Manche Frühstücksgetreideflocken enthalten Laktose oder Milchbestandteile.

Versteckte Fallen: Manche Produkte, etwa »milchfreie« Kaffeeweißer, können Zutaten enthalten, die aus Milch gewonnen wurden.

Irreführende Bezeichnungen: Milchsäure entsteht beim Abbau von Kohlenhydraten durch Milchsäurebakterien und wird nicht aus Milch gewonnen.

Genussvoll essen

Gleichgültig, ob Sie zu den passionierten oder zu den eher praktisch veranlagten Köchen gehören – das Spektrum an allergikerfreundlichen Nahrungsmitteln ist riesig, selbst wenn Sie mehr als die »großen vier« Allergene meiden müssen. Obst und Gemüse, frischer Fisch und Fleisch bereichern jeden Speiseplan. Verwöhnen Sie Gäste mit einem ausgeklügelten Menü, kochen Sie mit Ihren Kindern oder gönnen Sie sich selbst gemachte kleine Köstlichkeiten …

Vegetarische Beilagen und Salate sind für Allergiker eine solche Selbstverständlichkeit, dass ich nur wenige vegetarische Hauptgerichte in dieses Buch aufgenommen und mich ansonsten auf anspruchsvollere Gerichte konzentriert habe. Doch auch sie enthalten zahlreiche vegetarische Zutaten: Blattgemüse, würzige Salate, Kartoffeln, winterliches Wurzelgemüse, Kürbisse, duftende Kräuter und Gewürze, frisches Obst der Saison, getrocknete Früchte usw. Lassen Sie sich einfach inspirieren.

Wer nicht gegen Fisch oder Schalentiere allergisch ist, kann aus dem Vollen schöpfen. Sie finden in diesem Buch Traditionsgerichte wie Fischauflauf (S. 96), zukünftige Klassiker wie Marinierte Lachsfilets (S. 101) sowie Grillspezialitäten wie Marinierte Schwertfischsteaks (S. 99). Je nachdem, was der Fischhändler gerade zu bieten hat – seien es Muscheln, Sardinen, Sardellen, Seezungen, Seebarsch, Seeteufel, Makrelen, Hummer oder Glattrochen –, können die Rezepte abgewandelt werden.

Fleisch bildet oft den Mittelpunkt einer Mahlzeit. Daher habe ich mich für ebenso bodenständige wie inspirierende Rezepte entschieden. Zur Auswahl stehen z. B. schnelle Gerichte wie Zitronen-Thymian-Hähnchen (S. 109), langsam garende wie Sauce Bolognese (S. 117) und Moussaka (S. 128) sowie klassische Braten für die ganze Familie.

MEINE FAVORITEN

Wer an einer Allergie oder Lebensmittelintoleranz leidet, muss deshalb nicht automatisch auf bestimmte Nahrungsmittel verzichten. Brot, Aufläufe und Gebäck können mit allergikerfreundlichen Zutaten zubereitet werden, die hier als »Favoriten« genannt sind.

- **Milcheiweißfreie Milch**: Sojamilch ist inzwischen bekannt, doch auch Reis-, Hafer-, Mandel- und Kokosmilch sind gesund und köstlich. Sojasahne ist ein hervorragender Ersatz für herkömmliche Sahne.

- **Milcheiweißfreier Käseersatz** eignet sich zum Bestreuen und als Saucenzutat.

- **Xanthan**: Als Ersatz für Gluten verleiht es Brot die nötige Elastizität und Teig für Gebäck eine geschmeidige Konsistenz, der sonst schwierig zu verarbeiten wäre und zum Bröseln neigen würde. Man braucht nur kleine Mengen.

- **Maismehl** hat eine tolle Farbe und ein köstliches Aroma. Es eignet sich für Brot und Tortillas (S. 68). Maisstärke zum Andicken von Saucen und Eintöpfen.

- **Glutenfreie Fertig-Mehlmischungen** gibt es in vielen Geschäften. Die Kombination von Mehlsorten sorgt für ein ausgewogenes Aroma und eine gute Beschaffenheit.

- **Kartoffelmehl** hat hervorragende Bindeeigenschaften. Sie können es auch, mit Flüssigkeit vermengt, als Ei-Ersatz beim Backen verwenden.

- **Ei-Ersatz** erleichtert das Kuchenbacken.

- **Tofu** – ob Seidentofu oder fester Tofu – eignet sich für Dips und Dressings und kann hart gekochte Eier ersetzen.

- **Pinienkerne**, Sonnenblumenkerne, Sesam und andere Samen können beim Backen, Kochen und Garnieren Nüsse ersetzen.

Vorratshaltung

Wer auf eine allergenarme Kost angewiesen ist, braucht deshalb nicht auf Lieblingsspeisen zu verzichten. Bestücken Sie Ihre Vorratskammer mit den für Sie geeigneten Grundnahrungsmitteln, und orientieren Sie sich dabei an der Tabelle auf den Seiten 48–49 (für Bezugsquellen siehe S. 218–219).

Glutenfreie Grundnahrungsmittel

Die im Folgenden aufgeführten Nahrungsmittel sind glutenfrei. Wenn Sie gegen Weizen allergisch sind, aber Gluten vertragen, können Sie andere Getreidearten, die Gluten oder glutenähnliche Proteine enthalten, z. B. Hafer, Roggen und Gerste, in Ihren Speiseplan aufnehmen.

Frühstück: Glutenfreie Backwaren, z. B. Brot und Croissants, sind frisch, konserviert, gefroren und vorgebacken erhältlich. Decken Sie sich mit glutenfreien Muffin-, Pfannkuchen- und Brotmischungen sowie mit glutenfreiem Knuspermüsli und anderen Getreideflocken ein. Natürlich können Sie Ihr Müsli auch selbst mischen.

Brot und Mehl: Die Auswahl an glutenfreien Brotsorten wird immer größer. Vom Sauerteigbrot über Mischbrot bis zum Früchtebrot ist alles erhältlich. Wenn Sie selbst backen möchten, besorgen Sie sich Mais-, Reis-, Kartoffel-, Tapioka-, Soja- und Kichererbsenmehl oder fertige glutenfreie Brot-Backmischungen. Damit der Teig aufgeht und nicht bröselt, ist Xanthan genauso wichtig wie Hefe und Eier.

Kekse, Kuchen und Gebäck: Zum Backen benötigen Sie glutenfreies Natron, Backpulver, ein leichtes Mehl (z. B. Mais-, Reis- und/oder Kartoffelmehl), Xanthan und Eier, häufig auch Mandeln und andere Nüsse. Natürlich können Sie sich Kekse, Kuchen und Gebäck auch schicken lassen oder im Reformhaus oder Bioladen kaufen.

Snacks: Maischips, Papadams, Reiswaffeln und -cracker, Samenmischungen und Kartoffelchips schmecken pur, mit Käse oder mit einem Dip.

Pasta, Pizza und Fertiggerichte: Nudeln aus Mais-, Reis-, Buchweizen- oder Kichererbsenmehl sind in großer Auswahl erhältlich. Glutenfreie Nudelgerichte, konservierte oder gefrorene Pizzaböden und Fertigpizzen sind praktische Alternativen, wenn zum Kochen nicht viel Zeit bleibt.

Getreide, Zerealien und Hülsenfrüchte: Glutenfreies Getreide, geschälter Reis, Mais, Quinoa, Buchweizen und Hirse gehören in jeden Vorratsschrank. Auch weniger bekannte Getreidesorten wie Sorghum (eine Hirseart) sollten Sie kosten. Kartoffeln und Hülsenfrüchte sind gute Kohlenhydrat- bzw. Proteinquellen.

Saucen, Gewürze und Suppen: Maisstärke, Pfeilwurzel- und Reismehl eignen sich gut zum Andicken von Saucen. Legen Sie sich einen Vorrat an weniger gängigen glutenfreien Würzmitteln (z. B. Sojasauce, Ketchup) an. Für die Zubereitung von Dressings sollten Sie Weinessig, Reisessig oder Balsamico-Essig im Haus haben. Auch glutenfreie Dosen- und Tütensuppen sowie Gemüsebrühe gehören in die Vorratskammer.

Alkohol und Getränke: Biertrinker sollten sich glutenfreies Bier besorgen. Beim Einkauf sollten Sie immer auf die Lebensmittelliste der Deutschen Zöliakie-Gesellschaft zurückgreifen, um eine Glutenfreiheit garantieren zu können!

◂ Das »glutenfreie Vorratsregal«:
Oben (v. l. n. r.): Balsamico-Essig, glutenfreie Spaghetti, Polenta, Buchweizenmehl, Kartoffelmehl, Weißweinessig, Xanthan.
Mitte (v. l. n. r.): Maistortillas, Reis, Linsen, Samenmischung, Maiscräcker, Maismehl.
Unten (v. l. n. r.): Reisnudeln, glutenfreies Müsli, gepuffte Quinoa, glutenfreie Tamari-Sojasauce.

▲ Eifreie Nahrungsmittel von links nach rechts: Ei-Ersatz, Vanilleschoten und Kartoffelmehl.

Eifreie Grundnahrungsmittel

Wenn Sie häufig kochen und backen, sollten Sie Ei-Ersatz und Alternativen für eihaltige Produkte wie z. B. Mayonnaise vorrätig haben. Spezialzutaten erhalten Sie im Internet-Shop bzw. im Reformhaus oder Bioladen.

Backen: Backtriebmittel wie Ei-Ersatz, Backpulver, Natron, Weinsteinpulver und Trockenhefe sollten Sie auf Vorrat kaufen. Mit Vanilleschoten und Vanilleextrakt können Sie Backwaren Aroma verleihen. Öle und Dosenmilch machen Kuchen gehaltvoller. Als Bindemittel eignen sich Soja- und Kartoffelmehl.

Desserts: Eifreie Fertigdesserts lassen sich schnell zubereiten. Für selbst gemachte Cremespeisen benötigen Sie Gelatinepulver oder Blattgelatine. Zum Andicken von Dessertsaucen eignen sich Maisstärke oder Pfeilwurzelmehl.

Dressings: Für Sandwiches, Dips und Salatsaucen sollten Sie gebrauchsfertige eifreie Mayonnaise zur Hand haben. Fester Tofu und Seidentofu verleihen selbst gemachten Dips und Mayonnaisen eine ähnliche Konsistenz wie Eier.

Pasta: Es gibt unzählige Sorten eifreie Pasta, von einfachen Spaghetti bis zu bunten Spiralnudeln und Lasagneblättern.

Snacks: Schokolade, Geleefrüchte, Chips und Nüsse stillen den Hunger auf Knabberzeug.

Milchfreie Grundnahrungsmittel

Milcheiweißfreie Milch, Aufstriche, Sahne, Joghurtspeisen, Käsesorten und Eiscreme sollten Sie im Haus haben. Kuhmilchallergiker sind häufig auch gegen Ziegen- und Schafsmilch allergisch.

Getränke: Als Milchersatz eignet sich Sojamilch, die es inzwischen in unzähligen Varianten gibt: gesüßt, aromatisiert, mit Vitaminen und Kalzium angereichert. Auch Reismilch (gut für Soja-Allergiker), Hafermilch und Mandelmilch bringen Abwechslung in den Speiseplan. Natürlich ist auch milcheiweißfreie Baby- und Kindernahrung erhältlich (z. B. Sinlac-Brei).

Sahne und Joghurt: Kokosmilch und Kokoscreme sind bei der Zubereitung von Desserts eine gute Alternative zu Kuhmilchprodukten. Sojasahne eignet sich für Pies und Tartes; für Kuchenfüllungen und Desserts sollten Sie milcheiweißfreien Vanillepudding, Mandel- oder Nussmus sowie Seidentofu im Haus haben. Sojajoghurt mit Früchten ist ein perfekter Snack und eine hervorragende Zutat fürs Frühstücksmüsli. Sojajoghurt verleiht Salatdressings und Dips eine cremige Konsistenz.

Aufstriche, Fette und Dips: Bei Margarine sollten Sie die Etiketten besonders sorgfältig lesen, da häufig Milch oder Joghurt verwendet wird, besonders bei Halbfettmargarine. Für die Zubereitung von Gebäck wählen Sie am besten harte Pflanzenfette. Neutrale Öle (z. B. Maiskeimöl) eignen sich gut zum Backen und Frittieren; pikante Gerichte allerdings entfalten ihr Aroma besser mit geschmacksintensiverem Olivenöl, Samenöl oder Nussöl. Milcheiweißfreie Dips wie *Hummus* und *Guacamole* sowie Tofu und Aufstriche auf Nussbasis sind hervorragende Snacks und Vorspeisen.

Käse: Alternativen auf Soja-, Reis- oder Nussbasis sind überraschend wohlschmeckend. Es gibt einige milcheiweißfreie Alternativen (z. B. Parmesan, Cheddar). Auch Hefeflocken können dem Essen ein käseähnliches Aroma verleihen.

Eiscreme, Desserts und Aufstriche: Eiscremes und Desserts ohne Milcheiweiß lassen sich tiefgekühlt gut lagern. Milcheiweißfreie Schokolade, Kekse, Muffins und Kuchen bekommen Sie im Online-Shop oder im Reformhaus.

Nussfreie Grundnahrungsmittel

Für Nussallergiker ist das Leben nicht einfach, doch das Risiko, mit Allergenen in Berührung zu kommen, verringert sich, wenn man überwiegend zu Hause isst und die Zutatenlisten auf Etiketten sorgfältig studiert. Wer ausschließlich gegen Erdnüsse oder Nüsse allergisch ist, kann als Ersatz auf Produkte der anderen Pflanzenfamilie zurückgreifen.

▼ Zu den milchfreien Nahrungsmitteln gehören (im Uhrzeigersinn von hinten links): milchfreier Cheddar, Sojasahne, Sojamilch, Hefeflocken, Soja-Frischkäse, Kräutertofu, veganer Parmesan.

Frühstück: Nussfreie Cornflakes, Puffreis, Haferflocken und selbst zusammengestellte oder fertig gekaufte Müslimischungen stehen zur Auswahl. Auch die meisten Brotsorten enthalten keine Nüsse. Wenn Sie häufiger selbst Brot backen, investieren Sie in eine Brotbackmaschine, und kaufen Sie Mehl, Samen und Hefe auf Vorrat.

Snacks und Aufstriche: Trockenobst, Früchteriegel und Samen sind tolle Snacks. Auch Geleefrüchte, Schokolade und Kekse lassen sich gut auf Vorrat kaufen. Eingemachtes Obst, Hefeaufstrich und nussfreier Schokoaufstrich sind schmackhafte Alternativen zu Nussmusen. Als Appetithäppchen eignen sich z. B. Oliven, Kapern, Wurzelgemüsesticks, japanische Reiscracker und Partysnacks.

Saucen und Garnierung: Wenn Sie Pinienkerne vertragen, ist auch Pesto eine Option für Sie. Geröstete Pinienkerne sind ein guter Ersatz für gehackte Nüsse. Mit Samen lassen sich Brotmischungen aufpeppen und Desserts garnieren; Sesam eignet sich für chinesische Pfannengerichte und orientalische Speisen oder als Ersatz für gehackte Erdnüsse. Investieren Sie in eine kleine Flasche reines Sesamöl – ein Spritzer genügt, Gerichten ein nussiges Aroma zu verleihen.

Zutaten ersetzen

Diese Tabelle soll Ihnen das Austauschen für Sie unverträglicher Zutaten erleichtern. Die Originalzutaten finden sich in der linken Spalte, die Ersatzzutaten in der Mitte und allgemeine Tipps dazu in der rechten Spalte.

MILCH	Alternativen	Anmerkungen & Tipps
Milch	Sojamilch, Reismilch, Hafermilch, Kokosmilch oder Kokoscreme, Nussmilch (z. B. Mandelmilch, Cashewmilch).	Milchersatz kann dünner sein oder starken Eigengeschmack haben. Für manche Gerichte eignen sich Obstsaft, Obstpüree und Fonds.
Butter (wird häufig von Milchallergikern vertragen)	Zum Backen: Soja-, Sonnenblumen-, Olivenöl und pflanzliche Streichfette. Für andere Gerichte: Öle, tierische Fette (z. B. Schweineschmalz), harte pflanzliche Fette.	Lassen Sie sich bei der Auswahl vom gewünschten Geschmack leiten. Manche milcheiweißfreien Aufstriche eignen sich wegen ihres hohen Wassergehalts nicht zum Backen.
Weichkäse	Streichkäse auf Sojabasis.	Textur und Streichfähigkeit sind unterschiedlich.
Hartkäse	Käseersatz aus Soja bzw. Tofu (z. B. in den Geschmacksrichtungen Cheddar, Parmesan, Kräuterkäse).	Textur, Aromen und Salzgehalt variieren. Parmesan-Ersatz eignet sich als Pizzabelag und zum Überbacken.
Sahne/ Joghurt	Sojasahne, Seidentofu, fester Tofu, Kokoscreme. Joghurt auf Sojabasis.	Sojasahne und Kokoscreme eignen sich für pikante Gerichte. Sojasahne mit Vanillegeschmack lässt sich sehr gut flüssig als Sauce verwenden. Chantilly-Sahne können Sie selbst zubereiten (S. 216). Wenn Sojajoghurt beim Kochen gerinnt, rühren Sie einen Teelöffel Mehl unter.

Achtung: Kreuzreaktionen sind bei Milchallergie weit verbreitet. Kuhmilchallergiker vertragen aber möglicherweise Ziegen- oder Schafsmilch, -käse und -joghurt. Klären Sie dies individuell mit Ihrem Allergologen!

NÜSSE	Alternativen	Anmerkungen & Tipps
Erdnüsse und Baumnüsse	Pinienkerne oder Samen wie Sesam, Kürbis- oder Sonnenblumenkerne, Kokosflocken.	Geröstet entfalten Kerne und Samen ihr Aroma am besten. Als Zutat für Kuchen, Aufläufe und Currys eignen sich getrocknete Kokosflocken sehr gut.
Öle	Olivenöl sowie andere Pflanzen- oder Saatenöle sind bekömmlich.	Eine Mischung aus aromatisierten Ölen und geröstetem Sesamöl ist bei Salatdressings eine schmackhafte Alternative zu Walnussöl.
Garnierungen	Zerkleinerte Chips, Maischips oder Reiscracker. Falls verträglich: Sesam, Kürbiskerne, Leinsamen, Pinienkerne, geröstete Haferflocken oder Kokosflocken.	Knoblauch-Croûtons auf gekochtem Gemüse oder Salat. Garnieren Sie kalte Desserts mit süßen Streuseln (siehe Pflaumencrumble, S. 146).

Achtung: Manche Erdnussallergiker vertragen Nüsse und umgekehrt. Einige sind allerdings gegen beides allergisch. Einige Nussallergiker können Pinienkerne und Sesam essen.

GLUTEN	Alternativen	Anmerkungen & Tipps
Mehl und Backpulver	Glutenfreie Mehlmischungen, Reis-, Mais-, Kartoffel-, Buchweizen-, Kichererbsen-, Linsen-, Soja- und Kastanienmehl sowie glutenfreies Backpulver.	Glutenfreier Teig kann krümelig sein; Sie sollten aber nicht mehr Wasser zugeben. Soja-, Kartoffel-, Kichererbsen- und Linsenmehl haben einen ausgeprägten Eigengeschmack. Zu den leichteren Backmehlen gehören Reis-, Mais- und Tapiokamehl.
Brot, Pizzen, Tortillas	Glutenfreie Brotsorten, reine Maistortillas, Croissants und Pizzaböden erhältlich.	Eier oder Xanthan verleihen selbst gebackenem Brot eine elastische Konsistenz. Croûtons und Semmelbrösel lassen sich aus altbackenem Brot zubereiten.
Pasta	Mais-, Reis- oder Buchweizennudeln.	Wenn Sie selbst kochen, können Sie ungeeignete Beilagen austauschen, z. B. gegen Reis, Polenta, Kartoffeln, Yamswurzel, Maniok, Süßkartoffeln oder Hülsenfrüchte.
Verdickungsmittel	Maisstärke, Reismehl, Pfeilwurzelmehl, Sago und Tapiokamehl.	1 EL Maisstärke reicht zum Andicken von 250 ml Flüssigkeit. In Saucen geben Sie gekochten Reis, gekochte, gewürfelte Kartoffeln oder Brot und pürieren.
Zerealien	Reis, Mais, Quinoa, Hirse und Buchweizen als Flocken oder gepufft.	Knuspermüsli können Sie selbst zubereiten (S. 52) und mit Obst und Nüssen anrichten.

Achtung: Wenn Sie nur gegen Weizen allergisch sind, können Sie Produkte aus Roggen, Gerste und Hafer verwenden.

EIER	Alternativen	Anmerkungen & Tipps
Backen	Ei-Ersatz oder Eiweiß-Ersatz. Aus Kartoffelmehl und Wasser können Sie selbst Ei-Ersatz herstellen. Als Treibmittel für Kuchen und Gebäck verwenden Sie, falls erforderlich, zusätzliches Backpulver oder Hefe.	Mit Ei-Ersatz wird der Teig recht trocken: Geben Sie 1 TL Öl und 1 TL Vanille hinzu. 1 Ei ersetzen Sie durch 1 TL Backpulver, 1 EL Essig und 1 EL Flüssigkeit oder durch 1 TL Hefe, in 4 EL warmem Wasser gelöst.
Dressings und Dips	Seidentofu oder fester Tofu als Ei-Ersatz.	Verwenden Sie gekaufte oder selbst gemachte eifreie Mayonnaise (siehe S. 210). 1 Ei ersetzen Sie durch 2–3 EL Tofu.
Binden und Andicken	Kartoffelmehl zum Binden; Weizen-, Reismehl oder Maisstärke zum Andicken.	Mehl oder Crème double zum Andicken gekochter Saucen werden kurz vor dem Ende der Garzeit untergerührt.
Glasieren	Milch, Sahne oder Gelatine (für zusätzlichen Glanz).	Ein Rezept für Gelatineglasur finden Sie auf Seite 106.
Desserts	Maisstärke für süße und pikante Saucen. Geschlagene Sahne und/oder Gelatine für feste Desserts.	Reichern Sie pikante Saucen mit Xanthan an, und süßen Sie Vanillesauce mit Zucker und echter Vanille. 1 TL Gelatine, aufgelöst in 2 EL Flüssigkeit, entspricht in etwa einem Ei.
Gekochte Eier	Fester, gewürfelter und gekochter Tofu; Jakobsmuscheln bei Fischgerichten mit Ei, z. B. Indisches Fischcurry mit Eiern (S. 67).	Ersetzen Sie die Eier in Nizzasalat durch Wachsbohnen.

Achtung: Die meisten Menschen, die gegen Hühnerei allergisch sind, vertragen auch keine anderen Eier.

ZUTATEN ERSETZEN

Die Rezepte

Knuspermüsli

Dieses köstliche und gesunde Frühstücksmüsli ist schnell und einfach zubereitet – umso wichtiger, wenn Sie Schwierigkeiten haben, abgepacktes Müsli ohne Gluten oder Nüsse zu finden. Backen Sie die Knusperflocken auf Vorrat, und fügen Sie vor dem Servieren Nüsse, andere Getreideflocken, Samen, Trockenfrüchte, frisches Obst oder was immer Sie mögen hinzu.

  nuss- & eifrei

neutrales, nussfreies Pflanzenöl
100 g flüssiger Honig
200 g Haferflocken
Auswahl nussfreier Zutaten
100 g Sultaninen
50 g getrocknete Aprikosen, gewürfelt
50 g Kürbiskerne
30 g Pinienkerne, geröstet (falls gewünscht)
30 g gepuffter Reis oder Weizen
50 g Cornflakes
100 g Kleie
50 g getrocknete Apfel- oder Ananasstücke
Vor dem Servieren hinzufügen
frisches Obst der Saison, z. B. Himbeeren und Bananen
Milch oder Joghurt

ZUBEREITUNGSZEIT 5 Minuten
BACKZEIT 10–15 Minuten
FÜR 4–6 Personen

 glutenfrei
auch eifrei

Folgen Sie dem Rezept links, doch ersetzen Sie die Haferflocken durch Reisflocken, die Kleie durch Buchweizen- oder Hirseflocken und den gepufften Weizen durch gepufften Reis oder Reiskleie. Fügen Sie 50 g Pistazien, 30 g Mandelblättchen und 50 g geröstete Haselnüsse hinzu.
Abbildung rechts ▸

 milcheiweißfrei
auch eifrei

Folgen Sie dem Rezept links, aber ersetzen Sie Milch und Joghurt durch Soja- oder Reismilch. Auch Hafermilch ist sehr zu empfehlen, falls Sie kein Problem mit Gluten haben. Wer Nüsse verträgt, kann auch Haselnuss- oder Mandelmilch verwenden.

ACHTUNG Bei Sojaallergie auf Reismilch ausweichen.

1 Den Backofen auf 180 °C vorheizen. Ein Backblech mit Öl einpinseln.
2 Den Honig in eine mittelgroße Schüssel geben und sorgfältig mit den Haferflocken mischen (wenn der Honig zu fest ist, vorsichtig erwärmen).
3 Die Honig-Flocken-Mischung dünn auf das Backblech streichen und im Backofen 10–15 Minuten goldgelb backen. Zwischendurch prüfen, ob die Flocken nicht zu dunkel werden.
4 Die Knusperflocken aus dem Ofen nehmen, abkühlen lassen und in einen luftdicht verschließbaren Behälter füllen.
5 Vor dem Servieren die Knusperflocken mit den anderen trockenen Zutaten mischen, frisches Obst hinzufügen und Milch oder Joghurt dazu reichen.

ACHTUNG Pinienkerne werden normalerweise von Nussallergikern gut vertragen, sollten aber im Zweifel weggelassen werden.

TIPP Variieren Sie das Obst je nach Saison. Probieren Sie z. B. geriebenen Apfel mit etwas gemahlenem Zimt oder getrocknete Tropenfrüchte wie Ananas, Mango und Papaya.

Croissants

Dieser unwiderstehliche Frühstücksklassiker aus köstlich buttrigem Teig gelingt am besten, wenn man ihn in einer kühlen Küche und mit kühlem Kopf zubereitet. Croissants schmecken pur, mit Konfitüre oder Honig serviert, ebenso köstlich wie mit Schinken und Käse (bzw. milcheiweißfreien Alternativen) gefüllt. Das Ergebnis ist die Mühe wert – vor allem, wenn gekaufte Croissants nicht in Frage kommen.

 glutenfrei

225 g glutenfreie helle Mehlmischung, plus etwas Mehl zum Bestauben
½ TL Salz
2 TL feinster Zucker
2 TL Xanthan
1 EL Trockenhefe
55 g kalte Butter, in 1 cm großen Würfeln
150 ml Milch

1 Ei
Pflanzenöl zum Einfetten
Zum Bestreichen
1 Ei, verquirlt
1 TL Puderzucker

ZUBEREITUNGSZEIT 25 Minuten plus Gehzeit
BACKZEIT 15 Minuten
ERGIBT 6 Stück

TIPP Diese Croissants sehen nicht so luftig-locker aus wie Croissants aus Weizenmehl (siehe die nussfreie Variante rechts), schmecken aber genauso köstlich.

1 Mehl, Salz, Zucker und Xanthan in die Rührschüssel der Küchenmaschine sieben. Hefe und Butterwürfel zugeben.
2 Die Milch kurz erwärmen und zusammen mit dem Ei unterrühren. Alles mit der Küchenmaschine etwa 1 Minute zu einer weichen Teigkugel verkneten.
3 Den Teig auf einer bemehlten Arbeitsfläche zum Rechteck ausrollen. Das obere Drittel des Rechtecks über das mittlere Drittel klappen, dann das untere Drittel darüberschlagen. Das entstandene »Paket« um 90 Grad drehen, erneut ausrollen und wie beschrieben falten. Den Vorgang noch einmal wiederholen.
4 Den Teig mit dem bemehlten Nudelholz zu einem Rechteck ausrollen, das etwa dreimal so breit wie hoch und 5 mm dick ist.
5 Die Kanten begradigen und das Rechteck in drei gleiche Quadrate schneiden. Jedes Quadrat diagonal halbieren, sodass sich Dreiecke ergeben. Das Backblech einfetten.
6 Das Ei mit dem Puderzucker verquirlen und die Dreiecke damit einpinseln. Dann die Dreiecke von der langen Seite her aufrollen und zu Halbmonden formen. Die Croissants auf das Backblech setzen und mit Frischhaltefolie bedeckt an einem warmen Ort etwa 45 Minuten gehen lassen.
7 Inzwischen den Backofen auf 200 °C vorheizen. Die Croissants mit der restlichen Ei-Puderzucker-Mischung bestreichen und im Backofen rund 15 Minuten goldgelb backen.
8 Die Croissants noch warm servieren oder auf einem Kuchengitter auskühlen lassen.

nussfrei

225 g Weizenmehl Type 550, plus Mehl zum Bestauben
½ TL Salz
2 TL feinster Zucker
2 TL Trockenhefe
85 g kalte Butter
100 ml Milch
1 Ei, verquirlt
nussfreies Öl zum Einfetten

Zum Bestreichen
1 Ei
1 TL Puderzucker

ZUBEREITUNGSZEIT 30 Minuten plus Kühl- und Gehzeit
BACKZEIT 15 Minuten
ERGIBT 8 Stück

1 Mehl, Salz und Zucker in die Rührschüssel der Küchenmaschine sieben. Hefe hinzufügen.
2 15 g Butter in einem kleinen Topf zerlassen, vom Herd nehmen und die Milch zugießen. Die Mischung sollte lauwarm sein. Das Ei unterrühren. Alles zu der Mehlmischung geben, zu einem elastischen Teig verarbeiten und 1 Minute gut durchkneten.
3 Den Teig auf einer bemehlten Arbeitsfläche sanft kneten, bis er glatt ist. Mit einem bemehlten Nudelholz zu einem Rechteck von etwa 1 cm Dicke ausrollen.
4 Ein Drittel der übrigen Butter in Flöckchen auf den unteren zwei Dritteln des Rechtecks verteilen. Das obere Drittel über das mittlere klappen, das untere Drittel darüberschlagen. Kanten mit dem Teigroller zusammendrücken. Teig um 90 Grad drehen und wieder ausrollen, mit Butterflöckchen besetzen und falten wie oben beschrieben. Vorgang mit dem restlichen Drittel der Butter wiederholen. Den Teig in Frischhaltefolie wickeln und mindestens 30 Minuten kalt stellen.
5 Den Teig auf einer bemehlten Arbeitsfläche erneut zu einem Rechteck ausrollen. Ohne Butter falten, drehen, ausrollen und wieder falten. Mit einem bemehlten Nudelholz zu einem großen Rechteck von etwa 5 mm Dicke ausrollen, die Kanten begradigen und das Rechteck in vier gleich große Quadrate schneiden.
6 Jedes Quadrat halbieren, sodass sich Dreiecke ergeben. Ein großes Backblech einfetten.
7 Das Ei mit dem Puderzucker verquirlen und die Dreiecke damit bepinseln. Dreiecke von der langen Seite her aufrollen, zu Halbmonden formen und auf das Blech legen. Mit der übrigen Glasur bestreichen und mit Frischhaltefolie bedeckt an einem warmen Ort etwa 40 Minuten gehen lassen, bis sie doppelt so groß sind.
8 Inzwischen den Backofen auf 220 °C vorheizen. Die Croissants darin etwa 15 Minuten goldgelb backen.
9 Die Croissants warm servieren oder auskühlen lassen.

 milcheiweißfrei
auch nussfrei

Folgen Sie dem Rezept links, aber ersetzen Sie die Butter durch Schmalz oder hartes weißes Pflanzenfett und die Kuhmilch durch Soja-, Reis- oder Hafermilch oder Wasser.

 eifrei
auch nussfrei

Folgen Sie dem Rezept links, aber lassen Sie das Ei weg. Falls nötig, 2–3 Esslöffel Milch zugeben. Für die Glasur mischen Sie 3 Esslöffel Sahne (oder Sojasahne) mit 1 Teelöffel Puderzucker.

ACHTUNG Bei Sojaallergie auf Reismilch ausweichen.

TIPP Alle vier Varianten eignen sich zum Einfrieren und Aufbacken.

Amerikanische Pfannkuchen

Wenn ich mir ein richtiges amerikanisches Frühstück vorstelle, sehe ich frischen, heißen Kaffee und einen Stapel goldbrauner Pfannkuchen vor mir, die innen locker und luftig sind und Honig, Ahornsirup oder hellen Zuckerrohrsirup wunderbar aufsaugen. Dazu schmeckt frisches Obst oder weiches Trockenobst mit einem Spritzer Zitronensaft, aber auch Frischkäse oder in Streifen geschnittener gekochter Schinken.

 nussfrei

125 g Weizenmehl Type 405
1 Prise Salz
2 TL Backpulver
2 EL Zucker
1 großes Ei, verquirlt
200 ml Milch
nussfreies Pflanzenöl zum Ausbacken

Zum Servieren
Ahornsirup oder heller Zuckerrohrsirup
1 Handvoll Himbeeren (nach Belieben)
Zitronenspalten (nach Belieben)

ZUBEREITUNGSZEIT 5 Minuten
BACKZEIT 20 Minuten
ERGIBT 8 Stück

1 Mehl, Salz, Backpulver und Zucker in eine Schüssel sieben.
2 In die Mitte eine Vertiefung drücken, das Ei und die Hälfte der Milch hineingeben und alles kurz miteinander verrühren, bis ein glatter, cremiger Teig entsteht. Die übrige Milch unterrühren.
3 Bei mittlerer Hitze etwas Öl in einer kleinen Pfanne heiß werden lassen. Überschüssiges Öl abgießen. Teig für einen Pfannkuchen mit etwa 12 cm Durchmesser in die Pfanne geben und etwa 1½ Minuten backen, bis sich kleine Bläschen bilden und die Unterseite des Pfannkuchens braun wird. Wenden, von der anderen Seite backen, auf einen Teller gleiten lassen und warm stellen, während Sie die restlichen Pfannkuchen zubereiten. Für jeden Pfannkuchen etwas Öl in die Pfanne geben. Wenn Sie eine große Pfanne nehmen, können Sie 2 bis 3 Pfannkuchen auf einmal backen.
4 Die Pfannkuchen heiß mit Sirup, Himbeeren oder Zitronenspalten servieren.

TIPP Amerikanische Pfannkuchen schmecken frisch am besten. Fertige Pfannkuchen auf einem Teller über einem Topf mit leicht köchelndem Wasser warm halten.

 milcheiweißfrei
auch nussfrei

Folgen Sie dem Rezept links, aber ersetzen Sie Kuhmilch durch Soja-, Reis- oder Hafermilch.

 eifrei
auch nussfrei

Folgen Sie dem Rezept links, aber rühren Sie im 1. Schritt 1 Esslöffel Kartoffelmehl mit ¼ Teelöffel Xanthan und 2 Esslöffeln Wasser zu einer dickflüssigen, schaumigen Flüssigkeit, die Sie dem Mehl zugeben. In Schritt 2 geben Sie statt des Eis zusätzlich 3–4 Esslöffel Milch zu. Mit Schritt 3 und 4 fortfahren.
◂ Abbildung links

 glutenfrei
auch nussfrei

Folgen Sie dem Rezept links, aber ersetzen Sie das Weizenmehl durch 55 g Buchweizenmehl und 55 g glutenfreie helle Mehlmischung.

ACHTUNG Bei Sojaallergie auf Reismilch ausweichen.

Herzhafte Kartoffelpfanne

Goldbraune, knusprige Bratkartoffeln sind einfach zuzubereiten und schmecken zum Brunch und als Snack. Mit Corned Beef wird ein deftiger Eintopf daraus. Eine weitere beliebte Variante sind Rösti (siehe Varianten). Welche Variante Sie auch bevorzugen: Stets werden viele davon satt, und ein genaues Timing ist nicht erforderlich.

    milcheiweiß-, ei-, gluten- & nussfrei

4 EL neutrales, nussfreies Pflanzenöl
1 große Zwiebel, fein gehackt
500 g vorwiegend festkochende Kartoffeln, gekocht und in 1 cm große Würfel geschnitten
350 g Corned Beef, in 1 cm große Würfel geschnitten
Salz und frisch gemahlener schwarzer Pfeffer
1 EL Worcestershire-Sauce (nach Belieben)
frische Petersilie, gehackt

ZUBEREITUNGSZEIT 5 Minuten
GARZEIT 10–15 Minuten
FÜR 6 Personen

ACHTUNG Worcestershire-Sauce kann Gluten enthalten. Kaufen Sie eine glutenfreie Sorte.

VARIANTEN Fügen Sie im 2. Schritt 2–3 gekochte, gewürfelte Rote Beten hinzu. Für Rösti nehmen Sie 800 g Kartoffeln und lassen das Corned Beef und die Worcestershire-Sauce weg. Die Rösti in Schritt 3, wenn ihre Unterseite goldbraun ist, mit einem Pfannenwender als Ganzes wenden oder vor dem Wenden halbieren oder vierteln. Bei Bedarf noch ein paar Tropfen Öl in die Pfanne geben. Beliebte Zutaten und Beilagen sind gewürfelte grüne Paprikaschoten, Frühstücksspeck, Käse (nicht bei Milcheiweißallergien) und gehackte frische Chilischoten (Warnhinweis links beachten).

1 Das Öl in einer Bratpfanne mit schwerem Boden erhitzen und die Zwiebelwürfel bei guter Mittelhitze unter gelegentlichem Rühren etwa 4 Minuten darin braten, bis sie leicht gebräunt sind und knusprig zu werden beginnen.
2 Die Kartoffel- und Corned-Beef-Würfel hinzugeben und mehrfach wenden, bis sie gleichmäßig mit Öl überzogen sind. Mit Salz und Pfeffer würzen und, falls gewünscht, mit Worcestershire-Sauce besprenkeln.
3 Auf mittlere Hitze herunterschalten. Kartoffel- und Fleischwürfel gleichmäßig in der Pfanne verteilen und mit einem Pfannenwender oder breiten Messer flach drücken. 10–15 Minuten bei milder Hitze braten, bis die Unterseite gebräunt und knusprig ist (Vorsicht, brennt leicht an!).
4 Den Kartoffel-Fleisch-Kuchen mit gehackter Petersilie bestreuen, in Stücke schneiden und heiß servieren.

SERVIERVORSCHLÄGE Servieren Sie die Kartoffelpfanne mit pochierten Eiern, Spiegeleiern (nicht bei Eiallergie), Chilisauce oder Tomatenketchup. Achtung: Manche Menschen reagieren empfindlich auf Chili. Ketchup kann Gluten enthalten.

Mixgetränke

Cremig-fruchtige Mixgetränke zum Frühstück erfreuen sich wachsender Beliebtheit. Weil immer mehr Menschen, selbst wenn sie Kuhmilch vertragen, aus gesundheitlichen oder geschmacklichen Gründen öfter zu Soja- oder Hafermilch greifen, habe ich für die folgenden Rezepte milchfreie Zutaten ebenso wie Kuhmilch und Joghurt verwendet.

 eifrei

Bananen-Hafer-Smoothie
1 große Banane, zerdrückt
250 ml Hafermilch
250 ml Orangensaft
60 g gemahlene Mandeln
1 EL klarer Honig
gemahlener Zimt zum Bestauben

Aprikosen-Mango-Drink
170 g Aprikosenhälften aus der Dose, gewürfelt
4 EL Sirup (von den Aprikosen)
½ Mango, gewürfelt
250 ml Orangensaft
250 g Sojajoghurt
½ TL gemahlene Vanille
1 Spritzer Limettensaft
1 Handvoll Eiswürfel

Melonen-Trauben-Birnen-Drink
170 g Melone, gewürfelt
2 Birnen, geschält und gewürfelt
250 ml Traubensaft
2 Eiswürfel
1 Stängel Minze zum Garnieren

Beeren-Smoothie
170 g gemischte rote Beeren
250 g griechischer Joghurt
125 ml Milch
2 Eiswürfel
3 EL klarer Honig

Himbeersauce (falls gewünscht)
50 g Himbeeren
2 EL Puderzucker

Zubereitungszeit 3–5 Minuten
Für jeweils 1–2 Personen

1 Alle Zutaten in den Mixer geben und pürieren. Die Sauce wird dickflüssiger, wenn Sie vor dem Mixen Eiswürfel zugeben.
2 Die Shakes in Gläser füllen, garnieren und sofort servieren.
3 Für die Himbeersauce die Himbeeren mit dem Puderzucker vermischen und durch ein Sieb streichen. Vor dem Servieren einen Klecks Sauce auf jedes Glas geben.
Abbildung nächste Seite ▶

 milcheiweißfrei
auch eifrei

Beeren-Smoothie wie im Rezept links zubereiten, aber Joghurt und Milch durch Sojamilch oder andere milchfreie Alternativen ersetzen. Alle anderen Shakes sind milcheiweißfrei.

 glutenfrei
auch eifrei

Bananen-Drink wie im Rezept links zubereiten, aber die Hafermilch durch eine glutenfreie Milch ersetzen. Alle anderen Shakes sind glutenfrei.

 nussfrei
auch eifrei

Bananen-Hafer-Drink wie im Rezept links zubereiten, aber nur 125 ml Hafermilch verwenden und die Mandeln durch 60 ml Kokosmilch ersetzen. Alle anderen Drinks sind nussfrei.

ACHTUNG Bei Sojaallergie auf Reismilch ausweichen.

Köstliche, milcheiweißfreie Mixgetränke (Seite 59) und verführerische ei- und nussfreie Apfel-Zimt-Muffins (Seite 62).

Apfel-Zimt-Muffins

Während diese Muffins im Ofen backen, durchzieht herrlicher Zimt- und Apfelduft die Küche. Warm schmecken die bei Jung und Alt gleichermaßen beliebten Muffins besonders gut. Sie eignen sich fürs Frühstück und zum Mitnehmen, z. B. für Picknicks. In dicke Scheiben geschnitten und mit etwas Butter bestrichen, munden sie auch zum Nachmittagskaffee.

  ei- & nussfrei

225 g Weizenmehl Type 405
1 Prise Salz
1 EL Backpulver
1 TL gemahlener Zimt
50 g brauner Zucker
50 g Butter oder Margarine, zerlassen
2 Äpfel mit Schale, entkernt und gerieben
50 g Rosinen
175 ml Milch
Demerara-Zucker zum Bestreuen (nach Belieben)

ZUBEREITUNGSZEIT 8 Minuten
BACKZEIT 20 Minuten
ERGIBT 12 Stück

1 Eine 12er-Muffinform einfetten oder Papierförmchen in die Vertiefungen stellen. Den Backofen auf 200 °C vorheizen.
2 Mehl, Salz, Backpulver und Zimt in eine Schüssel sieben.
3 Die übrigen Zutaten zugeben und alles zu einem dickflüssigen Teig verarbeiten.
4 Den Teig löffelweise in die vorbereitete Form füllen. Nach Belieben mit Demerara-Zucker bestreuen. Die Muffins etwa 20 Minuten backen, bis sie eine blassgoldene Farbe angenommen haben und sich fest anfühlen.
5 Die Muffins auf einem Kuchengitter auskühlen lassen.
◀ Abbildung siehe vorhergehende Seite

TIPP Die Muffins halten sich in einem luftdicht verschlossenen Behälter einige Tage und können auch eingefroren werden.

 milcheiweißfrei
auch eifrei & nussfrei

Folgen Sie dem Rezept links, aber ersetzen Sie die Butter oder Margarine durch milcheiweißfreies Streichfett und die Kuhmilch durch Soja-, Reis- oder Hafermilch.

 glutenfrei
auch eifrei & nussfrei

Folgen Sie dem Rezept links, aber ersetzen Sie das Mehl durch eine helle glutenfreie Mehlmischung, und verwenden Sie glutenfreies Backpulver. Fügen Sie in Schritt 3 zusätzlich 4 Esslöffel Milch hinzu.

ACHTUNG Bei Sojaallergie auf Reismilch ausweichen.

> »Diese Muffins dürfen sich auch Allergiker nach Herzenslust schmecken lassen.«

Blaubeer-Muffins

Saftige Blaubeer-Muffins sind ein echter Klassiker und schnell und einfach zuzubereiten. Diese mit etwas echter Vanille veredelten Muffins eignen sich für ein ausgedehntes Sonntagsfrühstück ebenso gut wie als Pausensnack.

 nussfrei

50 g Butter oder Margarine
200 g Weizenmehl Type 405
1 EL Backpulver
1 Prise Salz
50 g Zucker, plus etwas Zucker zum Bestreuen (nach Belieben)
150 ml Milch
2 TL Zitronensaft
½ TL gemahlene Vanille
1 Ei, verquirlt
100 g Blaubeeren
gemahlener Zimt zum Bestauben (nach Belieben)

ZUBEREITUNGSZEIT 15 Minuten
BACKZEIT 25 Minuten
ERGIBT 6 große oder 10 kleine Muffins

1 Eine Muffin-Backform mit sechs großen Vertiefungen oder zehn Vertiefungen einer Muffin-Form mit zwölf kleinen Vertiefungen einfetten oder Papierförmchen in die Vertiefungen stellen. Backofen auf 200 °C vorheizen.
2 Die Butter oder Margarine in einem kleinen Topf zerlassen. Vom Herd nehmen und abkühlen lassen.
3 Das Mehl in eine Schüssel sieben und mit Backpulver, Salz und Zucker mischen.
4 Eine Vertiefung in die Mitte drücken und die Milch, den Zitronensaft, die gemahlene Vanille und das Ei hineingeben. Alles kurz miteinander verrühren (der Teig darf ruhig noch ein paar Klümpchen aufweisen). Die abgekühlte Butter einrühren. Die Blaubeeren vorsichtig unterheben.
5 Den Teig in die vorbereiteten Förmchen füllen.
6 Nach Belieben mit Zimt und Zucker bestreuen.
7 Die Muffins im Backofen etwa 25 Minuten goldbraun backen. Die Oberfläche sollte auf Druck leicht nachgeben. Die Muffins aus der Form nehmen, nach Belieben mit Zucker bestreuen und auf einem Kuchengitter auskühlen lassen.

 milcheiweißfrei
auch nussfrei

Folgen Sie dem Rezept links, aber ersetzen Sie die Butter oder Margarine durch ein milcheiweißfreies Streichfett und die Kuhmilch durch Soja-, Reis- oder Hafermilch.

 eifrei
auch nussfrei

Folgen Sie dem Rezept links, aber ersetzen Sie das Ei durch eine Mischung aus 1 Esslöffel Kartoffelmehl und 3 Esslöffeln Wasser. Eifreie Muffins werden etwas blasser und flacher, schmecken aber genauso.

 glutenfrei
auch nussfrei

Folgen Sie dem Rezept links, aber ersetzen Sie das Mehl durch eine helle glutenfreie Mehlmischung, und nehmen Sie glutenfreies Backpulver. Fügen Sie zusätzlich 4 Esslöffel Milch hinzu.

ACHTUNG Bei Sojaallergie auf Reismilch ausweichen.

Schokoladenbrötchen

Obwohl die Zubereitung der französischen Gebäckspezialität »Pain au chocolat« eine gewisse Herausforderung darstellt, lohnt sich die Mühe: Nichts schmeckt köstlicher zu frisch gebrühtem Kaffee und einem Glas Orangensaft. Backen Sie eine größere Menge, und frieren Sie übriggebliebene Brötchen ein. Vor dem Servieren in der Mikrowelle oder im Ofen kurz angewärmt, schmecken sie fast so gut wie frische.

 nussfrei

225 g Weizenmehl Type 550, plus etwas Mehl zum Bestauben
1 TL Salz
2 TL feinster Zucker
2 TL Trockenhefe
85 g kalte Butter
100 ml Milch
1 Ei, verquirlt
nussfreies Pflanzenöl zum Einfetten
24 Stücke nussfreie Schokolade

Zum Bestreichen
1 Ei
1 TL Puderzucker, plus etwas Puderzucker zum Bestreuen

ZUBEREITUNGSZEIT 30 Minuten plus Kühl- und Gehzeit
BACKZEIT 15 Minuten
ERGIBT 8 Stück

1. Folgen Sie den Schritten 1–4 des Rezepts für nussfreie Croissants auf Seite 55.
2. Den Teig aus der Folie wickeln und auf einer bemehlten Arbeitsfläche zum Rechteck ausrollen, jedoch keine Butter zugeben. Nochmals falten, drehen, ausrollen und erneut falten.
3. Teig mit einem bemehlten Nudelholz zu einem großen Rechteck von etwa 5 mm Dicke ausrollen, das doppelt so breit wie hoch ist. Die Kanten begradigen und das Rechteck in acht gleiche Quadrate schneiden.
4. Ein großes Backblech einfetten.
5. Das Ei mit dem Puderzucker verrühren und die Teigquadrate damit bepinseln. 3 Stücke Schokolade nebeneinander auf jedes Teigquadrat legen. Den Teig so darüberschlagen, dass die Schokolade an den Enden gerade sichtbar ist, und die Brötchen mit der Nahtstelle nach unten auf das Blech legen.
6. Die Brötchen locker mit Frischhaltefolie bedecken und an einem warmen Ort etwa 40 Minuten gehen lassen, bis ihr Volumen sich verdoppelt hat.
7. Inzwischen den Backofen auf 220 °C vorheizen. Schokoladenbrötchen etwa 15 Minuten goldbraun backen.
8. Brötchen auf einem Kuchengitter auskühlen lassen. Mit Puderzucker bestreuen und warm servieren.

◂ **Abbildung links**

 milcheiweißfrei
auch nussfrei

Folgen Sie dem Rezept links, aber ersetzen Sie die Butter durch hartes weißes Pflanzenfett, und verwenden Sie milcheiweißfreie Schokolade und Soja- oder Reismilch.

 eifrei
auch nussfrei

Folgen Sie dem Rezept links, aber lassen Sie das Ei weg. Fügen Sie zusätzlich 2–3 Esslöffel Milch hinzu, falls nötig. Bereiten Sie die Glasur aus 2–3 Esslöffeln Sahne (oder Sojasahne) und 1 zusätzlichen Teelöffel Puderzucker statt des Eis.

 glutenfrei

Auf der nächsten Seite finden Sie ein Rezept für glutenfreie Pains au chocolat.

ACHTUNG Bei Sojaallergie auf Reismilch ausweichen.

Schokoladenbrötchen Fortsetzung

 glutenfrei

225 g glutenfreie helle Mehlmischung, plus etwas Mehl
   zum Bestauben
½ TL Salz
2 TL feinster Zucker
2 TL Xanthan
1 EL Trockenhefe
55 g kalte Butter, in 1 cm große
   Würfel geschnitten
150 ml Milch
1 Ei
etwas Pflanzenöl zum Einfetten
18 Stücke Schokolade

Zum Bestreichen
1 Ei, verquirlt
1 TL Puderzucker, plus etwas
   Puderzucker zum Bestauben

ZUBEREITUNGSZEIT 25 Minuten
BACKZEIT 15 Minuten
ERGIBT 6 Stück

1 Folgen Sie Schritt 1–4 des Rezepts für glutenfreie Croissants auf Seite 54.
2 Den Teig in sechs gleichgroße Quadrate schneiden.
3 Ein Backblech einfetten.
4 Das Ei mit dem Puderzucker verrühren und die Quadrate damit einpinseln. Jeweils 3 Stücke Schokolade in einer Reihe in die Mitte jedes Quadrates legen. Den Teig darüberschlagen und die Brötchen mit den Nahtstellen nach unten auf das Backblech legen. Mit Frischhaltefolie bedeckt an einem warmen Ort etwa 45 Minuten gehen lassen.
5 Inzwischen den Backofen auf 200 °C vorheizen. Die Schokoladenbrötchen mit der restlichen Glasur einpinseln und etwa 15 Minuten goldbraun backen.
6 Die Brötchen aus dem Ofen nehmen, mit etwas Puderzucker bestauben und warm servieren oder auf einem Kuchengitter auskühlen lassen.

TIPP Diese Variante geht nicht so stark auf wie die aus Weizenmehl hergestellten Schokoladenbrötchen, schmeckt aber genauso köstlich. Wenn die Brötchen nicht ofenfrisch gegessen werden können, sollte man sie vor dem Servieren in der Mikrowelle oder im Backofen kurz erwärmen.

Indisches Fischcurry mit Eiern

Dieses in England beliebte Frühstücksgericht, Kedgeree genannt, besteht aus Reis, Fisch, Linsen und gekochten Eiern in einer mit Curry abgeschmeckten Sauce und ist ein Erbe aus der Kolonialzeit. Natürlich schmeckt es auch zum Mittag- oder Abendessen, z. B. mit grünem Gemüse oder einem Salat als Beilage.

  gluten- & nussfrei

30 g grüne oder braune Linsen (nach Belieben)
300 ml Milch
250 g geräucherter Schellfisch oder anderer Räucherfisch
2 EL neutrales, nussfreies Öl
1 Zwiebel, gehackt
250 g Langkornreis
¾ TL Currypulver
¼ TL gemahlene Kurkuma
2 Eier
4 EL Sahne
2 TL Zitronensaft
Salz und frisch gemahlener schwarzer Pfeffer
3 EL gehackte frische Petersilie

ZUBEREITUNGSZEIT 10 Minuten
GARZEIT 17 Minuten plus Garzeit für die Linsen, falls gewünscht
FÜR 4 Personen

1. Die Linsen (nach Belieben) nach Packungsanleitung kochen, abgießen und zur Seite stellen.
2. Die Milch erhitzen und den Fisch darin etwa 5 Minuten pochieren, bis er sich leicht mit der Gabel zerteilen lässt. Herausnehmen und Haut und Gräten entfernen. Wer ein starkes Fischaroma bevorzugt, hebt die Milch für den Reis auf.
3. Das Öl in einer Pfanne erhitzen und die Zwiebelwürfel darin etwa 2 Minuten anschwitzen. Den Reis und die Gewürze zugeben und rühren, bis alle Zutaten mit Öl überzogen sind.
4. 500 ml Flüssigkeit (entweder die mit Wasser aufgefüllte Fischmilch oder kochendes Wasser) zu der Reis-Zwiebel-Mischung gießen und alles unter Rühren zum Kochen bringen. Auf schwache Hitze schalten, nochmals umrühren und den Reis zugedeckt 10–15 Minuten garen, bis er alle Flüssigkeit aufgesogen hat, aber noch bissfest ist. Mit einer Gabel lockern und warm stellen.
5. Inzwischen in einem separaten Topf Wasser zum Kochen bringen, die Eier hineingeben und 7 Minuten kochen. Mit kaltem Wasser abschrecken, pellen und vierteln.
6. Fisch und Linsen, falls verwendet, mit einer Gabel unter den Reis mischen. Sahne und Zitronensaft unterrühren und die geviertelten Eier vorsichtig unterheben. Das Gericht abschmecken und nochmals vorsichtig erhitzen.
7. Das Fischcurry mit gehackter Petersilie bestreut servieren.

 milcheiweißfrei

auch gluten- & nussfrei

Folgen Sie dem Rezept links, aber ersetzen Sie die Kuhmilch durch Soja- oder Reismilch (oder, wenn Sie Gluten vertragen, Hafermilch) und die Sahne durch Sojasahne.

 eifrei

auch gluten- & nussfrei

Folgen Sie dem Rezept links, aber nehmen Sie statt der Eier entweder 100 g festen Tofu, den Sie in etwa 2,5 cm große Würfel schneiden und 5 Minuten anbraten, oder Fleisch von 4 großen Jakobsmuscheln, horizontal in zwei bis drei Scheiben geschnitten und mit etwas Öl bepinselt. Das Muschelfleisch ½–1 Minute in einer heißen Pfanne sautieren, bis es gerade gar, aber noch weich ist, und in Schritt 6 statt der Eier zu dem Gericht geben.

ACHTUNG Bei Sojaallergie auf Reismilchprodukte ausweichen.

TIPP Sie können das Fischcurry statt mit Petersilie auch mit Korianderblättchen garnieren.

Tortillas

Tortillas sind extrem vielseitig: Man kann sie zu Chili con Carne servieren (S. 122) oder aber Wraps mit unterschiedlichen Füllungen daraus machen, die sich auch zum Mitnehmen eignen. Selbst übrig gebliebene Tortillas schmecken, zu Chips verarbeitet und mit ein paar Dips serviert (S. 70), wunderbar. Mit diesem Rezept bekommen Sie weiche Tortillas, die sich leicht rollen lassen.

  milcheiweiß- & nussfrei

55 g Weizenmehl Type 405
55 g Maismehl
1 Prise Salz
1 großes Ei, verquirlt
150 ml Wasser

ZUBEREITUNGSZEIT 5 Minuten
GARZEIT 20 Minuten
ERGIBT 8 Stück

1 Die trockenen Zutaten in einer Schüssel vermischen.
2 Ei und Wasser unterrühren, sodass ein recht dünnflüssiger Teig entsteht. Teig in einen großen Messbecher füllen.
3 Ein Blatt Küchenpapier mit Mehl bestauben.
4 Eine kleine, beschichtete Pfanne mit schwerem Boden erhitzen. Auf mittlere Hitze schalten.
5 Ein Achtel des Teigs in die Pfanne gießen. Den Teig durch Schwenken der Pfanne gleichmäßig verteilen und backen, bis der Rand der Tortilla sich leicht zu wellen beginnt. Wenden und von der anderen Seite backen.
6 Die Tortilla auf das Küchenpapier gleiten lassen und mit etwas Mehl bestauben. Mit einem zweiten Blatt Küchenpapier bedecken, damit die Tortilla weich bleibt. Die restlichen Tortillas auf die gleiche Weise backen, dabei die Pfanne zwischendurch immer wieder erhitzen und den Teig jedes Mal umrühren. Die Tortillas sofort servieren oder abkühlen lassen und in einem luftdicht schließenden Behälter aufbewahren. Sie eignen sich auch zum Einfrieren.
7 Auf der rechten Seite finden Sie Serviervorschläge für Wraps. **Abbildung rechts** ▶

 eifrei
auch milcheiweiß- & nussfrei

Folgen Sie dem Rezept links, aber lassen Sie das Ei weg, und ersetzen Sie die Hälfte des Maismehls durch 30 g Kartoffelmehl. Statt 150 ml nehmen Sie 240 ml Wasser.

 glutenfrei
auch milcheiweiß- & nussfrei

Folgen Sie dem Rezept links, aber ersetzen Sie das Weizenmehl durch glutenfreies Mehl. Statt 150 ml nehmen Sie 200 ml Wasser.

SERVIERVORSCHLAG Hier ein paar Ideen für Wraps zum Mitnehmen: Für die Kräuterdip-Paprika-Füllung Tortillas großzügig mit Kräuterdip (Rezept siehe S. 71) bestreichen, mit einer Handvoll gegrillten Paprikastreifen belegen und aufrollen.

Für die Räucherlachsfüllung Tortillas mit Crème fraîche bestreichen (wer Milcheiweiß nicht verträgt, nimmt Sojafrischkäse, verrührt mit etwas Sojasahne und einem Spritzer Zitronensaft), mit einer Scheibe Räucherlachs belegen und aufrollen.

Tortilla-Chips

Es lohnt sich, Tortilla-Chips selbst herzustellen: Gekaufte Tortilla-Chips mögen zwar gluten- und eifrei sein, können aber Spuren von Nüssen oder Milchpulver enthalten und eignen sich daher nicht für jeden. Zudem lassen sich Tortilla-Chips auf der Basis des Tortilla-Rezepts auf Seite 68 wirklich einfach zubereiten. In Mexiko isst man täglich Tortillas. Reste werden gebraten und mit Dips serviert.

    milcheiweiß-, ei-, gluten- & nussfrei

1 Portion übrig gebliebene Tortillas in der passenden Variante (S. 68)
nussfreies Pflanzenöl zum Ausbacken
Salz (nach Belieben)

Für die Salsa
Saft von 1 Limette
1 reife Avocado, entsteint und fein gewürfelt
1 kleine Zwiebel, fein gehackt
1 grüne Paprikaschote, von den Samen befreit und fein gewürfelt
1 rote Chilischote, von den Samen befreit und fein gehackt
2 EL Olivenöl
1 Prise Zucker
2 EL gehacktes Koriandergrün
frisch gemahlener schwarzer Pfeffer

ZUBEREITUNGSZEIT 2 Minuten
BACKZEIT 8 Minuten
FÜR 4 Personen

1 Jede Tortilla in 6 Stücke schneiden.
2 So viel Öl in eine Pfanne gießen, dass der Boden etwa 5 mm hoch bedeckt ist.
3 Die Tortillastücke portionsweise im heißen Öl 1–2 Minuten knusprig ausbacken, dabei ein- bis zweimal wenden. Mit dem Schaumlöffel herausnehmen und auf Küchenpapier abtropfen lassen.
4 Wiederholen, bis alle Chips ausgebacken sind. Fertige Chips nach Wunsch mit Salz bestreuen und abkühlen lassen.
5 Für die Salsa den Limettensaft mit den übrigen Zutaten mischen und in eine kleine Schüssel füllen. Zusammen mit den Tortilla-Chips auf einer großen Platte anrichten.

ACHTUNG Manche Menschen reagieren empfindlich auf Chilischoten.

SERVIERVORSCHLAG Köstliche Nachos erhalten Sie, wenn Sie die Tortilla-Chips mit geriebenem Käse (oder milcheiweißfreiem Schmelzkäse) und gehackten grünen Jalapeño-Schoten (falls verträglich) bestreuen und unter den Grill stellen, bis der Käse zerläuft.

»Wenn Sie diese Chips auf einer Party servieren, können all Ihre Gäste unbesorgt zugreifen.«

Kräuterdip

Dieser frische, nach Sommer schmeckende Knoblauch-Kräuter-Dip passt ausgezeichnet zu knackiger Rohkost und getoastetem dunklen Brot. Auch auf dem kalten Buffet macht er sich gut, z. B. als Garnierung für halbierte Kirschtomaten oder gebackene neue Kartoffeln. Bei den Kräutern sind, je nachdem, was Ihr Kräuterbeet gerade hergibt, unbegrenzte Variationen möglich.

   ei-, gluten- & nussfrei

200 g griechischer Joghurt oder saure Sahne
200 g Frischkäse
2 EL Olivenöl
Saft und Schale von ½ unbehandelten Zitrone
1 kleine Knoblauchzehe, geschält und zerdrückt
2 EL fein gehackte frische Petersilie
1 EL fein gehacktes frisches Basilikum
1 EL fein gehackter frischer Kerbel
4 Frühlingszwiebeln, fein gehackt
Salz und frisch gemahlener schwarzer Pfeffer

ZUBEREITUNGSZEIT 5 Minuten
FÜR 4 Personen

1. Alle Zutaten zu einer cremigen Masse verrühren und den Dip abschmecken.
2. Den Dip gekühlt zu einer Rohkostplatte oder zu Tortilla-Chips (oder anderen Chips) servieren. Er eignet sich auch als Füllung für Tortilla-Wraps (S. 68).
3. Der Kräuterdip kann zugedeckt im Kühlschrank 1 Tag lang aufbewahrt werden.

TIPP Das Rezept reicht aus, um 20 gebackene neue Kartoffeln oder Kirschtomatenhälften zu garnieren.

 milcheiweißfrei

auch ei-, gluten- & nussfrei

Folgen Sie dem Rezept links, aber nehmen Sie anstelle von Joghurt oder saurer Sahne Sojajoghurt und anstelle von Frischkäse Sojafrischkäse oder Seidentofu. Weil diese Variante mit weniger Flüssigkeit auskommt, nehmen Sie nur 1 Esslöffel Olivenöl.

ACHTUNG Bei Sojaallergie auf andere Produkte ausweichen.

Crostini

Crostini sind Brotscheiben, die mit Knoblauch eingerieben, mit Olivenöl beträufelt und getoastet oder im Ofen oder in der Pfanne geröstet werden. Crostini vertragen kräftige mediterrane Aromen: Besonders gut passen Oliven, Auberginen, Tomaten, Basilikum und Paprika. Wer kein italienisches oder französisches Brot bekommt, findet auf den Seiten 170–171 und 173 Rezepte für Baguette und Focaccia.

    milcheiweiß-, ei-, gluten- & nussfrei

Auberginen-Pilz-Crostini

4 EL Olivenöl, plus etwas Öl zum Einpinseln
1 Schalotte, fein gehackt
1 Aubergine, fein gewürfelt
½ TL gemahlener Kreuzkümmel
½ TL gemahlener Zimt
½ TL getrockneter Oregano
50 g kleine Champignons, in dünnen Scheiben
Salz und frisch gemahlener schwarzer Pfeffer

1 EL gehackte frische Petersilie
8 Scheiben allergenfreies Baguette (S. 170–171) oder 8 halbe Scheiben Focaccia (S. 173)
2 Knoblauchzehen, halbiert

ZUBEREITUNGSZEIT 10 Minuten
GARZEIT 6 Minuten
ERGIBT 8 Stück

SERVIERVORSCHLAG Garnieren Sie die Auberginen-Pilz-Crostini mit etwas zerkrümeltem Feta (oder einer milcheiweißfreien Alternative).

1 Das Öl in einem Topf erhitzen. Schalotten- und Auberginenwürfel zugeben und bei niedriger Hitze etwa 4 Minuten garen. Die beiden Gewürze, Oregano und Champignonscheiben zugeben und 2 Minuten unter ständigem Rühren mitdünsten. Mit Salz und Pfeffer abschmecken und die Petersilie unterrühren.
2 Die Brotscheiben auf beiden Seiten mit Knoblauch einreiben und mit Olivenöl einpinseln, toasten. Die Auberginen-Pilz-Mischung auf die Brotscheiben geben und servieren.

Tomaten-Basilikum-Crostini

4 Tomaten, von den Samen befreit und gewürfelt
1 EL Olivenöl, plus etwas Öl zum Einpinseln
einige frische Basilikumblätter, gehackt
frisch gemahlener schwarzer Pfeffer

8 Scheiben allergenfreies Baguette (S. 170–171) oder 8 halbe Scheiben Focaccia (S. 173)
1 große Knoblauchzehe, halbiert

ZUBEREITUNGSZEIT 5 Minuten
GARZEIT 3–4 Minuten
ERGIBT 8 Stück

1 Die Tomaten, das Öl, das Basilikum und reichlich Pfeffer mischen.
2 Die Brotscheiben wie oben beschrieben vorbereiten und toasten. Die Tomaten auf den Broten anrichten.

Crostini mit Tapenade

120 ml Olivenöl, plus etwas Öl zum Einpinseln
120 g schwarze Oliven ohne Stein
120 g grüne Oliven ohne Stein
1 große Knoblauchzehe
3 EL gehackte frische Petersilie
2 EL Kapern in Salzlake, abgespült und abgetropft
1 kleines Glas (50 g) Sardellenfilets, abgetropft
Saft von ½ Limette
1 Prise Zucker
frisch gemahlener schwarzer Pfeffer
8 Scheiben allergenfreies Baguette (S. 170–171) oder 8 halbe Scheiben Focaccia (S. 173)

Zum Garnieren
1 kleine Zwiebel, sehr fein gehackt
Saft von ½ Limette

ZUBEREITUNGSZEIT 10 Minuten
GARZEIT 3–4 Minuten
ERGIBT 8 Stück

1 Alle Zutaten für die Tapenade im Mixer oder in der Küchenmaschine zu einer Paste verarbeiten.
2 Die Zwiebelwürfel mit dem Limettensaft mischen und mindestens 1 Stunde ziehen lassen.
3 Das Brot mit Öl einpinseln und toasten. Jede Scheibe mit einem Löffel Tapenade bestreichen und mit Limettenzwiebeln bestreuen.

TIPP Sie können die Brotscheiben natürlich auch im Backofen rösten: Vorbereitete Scheiben auf ein Backblech legen und etwa 15 Minuten bei 180 °C rösten, bis sie knusprig und goldbraun sind; dabei einmal wenden.

Paprika-Zucchini-Tomaten-Crostini

1 EL Olivenöl, plus etwas Öl zum Einpinseln
2 Schalotten, fein gehackt
1 kleine rote oder gelbe Paprikaschote, von den Samen befreit und gewürfelt
1 Zucchini, gewürfelt
1 TL gehackter frischer Rosmarin
2 TL Balsamico-Essig
Salz und frisch gemahlener schwarzer Pfeffer
8 Scheiben allergenfreies Baguette (S. 170–171) oder 8 halbe Scheiben Focaccia (S. 173)
1 Knoblauchzehe, halbiert
1 EL Paste aus sonnengetrockneten Tomaten

ZUBEREITUNGSZEIT 15 Minuten
GARZEIT 7–8 Minuten
ERGIBT 8 Stück

1 Das Öl in einer Pfanne erhitzen. Schalotten-, Paprika- und Zucchiniwürfel und Rosmarin zugeben und bei mittlerer Hitze unter Rühren etwa 4 Minuten anbraten, bis das Gemüse gerade weich ist. Mit dem Balsamico-Essig, Salz und Pfeffer würzen.
2 Die Brotscheiben beidseitig mit dem Knoblauch einreiben, mit Olivenöl einpinseln und toasten. Die gerösteten Brotscheiben mit etwas Tomatenpaste bestreichen und die warme Gemüsemischung darauf verteilen.

Kalifornisches Temaki-Sushi

Es macht Spaß, dieses Sushi zuzubereiten. Bei dieser Sushi-Art werden Algenblätter wie Tüten um die Füllung gefaltet. Dazu reicht man Wasabi-Paste, Sojasauce und eingelegten Ingwer. Servieren Sie diese Sushis als Appetithäppchen, oder richten Sie eine größere Menge der Zutaten auf Tellern an – dann können sich Ihre Gäste ihre eigene Vorspeise zusammenstellen.

    milcheiweiß-, ei-, gluten- & nussfrei

- 1 Prise Salz
- 1 TL Zucker
- 1 EL Sushi-Essig
- 150 g Sushi-Reis (Rundkorn), gewaschen
- ¼ TL Wasabi-Paste
- 8 TL Mayonnaise (allergenfreie Varianten siehe S. 210)
- 4 Blätter Nori-Algen, halbiert
- 4 Salatblätter, in 2,5 cm große Stücke zerzupft
- 8 Riesengarnelen, gegart und geschält
- 8 TL Lachsrogen
- 1 Stück Salatgurke (5 cm), die Kerne herausgeschabt und und die Gurke in dünne Stifte geschnitten
- ¼ Avocado, in 8 Scheiben geschnitten, in Zitronensaft gewendet

ZUBEREITUNGSZEIT 40 Minuten
GARZEIT 20 Minuten
FÜR 8 Personen

1. Salz und Zucker unter Rühren in dem Essig auflösen.
2. Reis und 300 ml Wasser in einem Topf zum Kochen bringen. Umrühren und bei kleinster Hitze 15–20 Minuten zugedeckt köcheln lassen, bis das Wasser aufgesogen und der Reis klebrig ist. Vom Herd nehmen und zugedeckt 10 Minuten ruhen lassen. Den Essig zugeben und den Reis mit einer Gabel lockern.
3. Die Wasabi-Paste mit der Mayonnaise verrühren.
4. Ein halbes Blatt Nori mit der rauen Seite nach oben auf die linke Handfläche legen. 1 gehäuften Esslöffel Reis auf der linken Hälfte verteilen, dann 1 Teelöffel Wasabi-Mayonnaise von der unteren linken Ecke aus in einer diagonalen Linie bis zur oberen rechten Ecke auf dem Reis verteilen.
5. 1 Stück Salatblatt, 1 Garnele, 1 Teelöffel Rogen, ein paar Gurkenstifte und 1 Scheibe Avocado auf das obere Reis-Dreieck geben (die Mayonnaise ist die Grenze).
6. Die untere linke Ecke des Nori-Blattes anheben und unter Zuhilfenahme des linken Daumens bis zur rechten oberen Ecke der mit Reis bedeckten Fläche führen. Dann die obere rechte Ecke der unbelegten Algenblatthälfte darüberschlagen und das Nori-Blatt tütenförmig einrollen. Die Blattenden mit Wasser befeuchten und fixieren.
7. Mit den übrigen Nori-Blättern genauso verfahren.

VARIANTEN Natürlich können Sie die Algenblätter auch mit anderen Zutaten füllen, z. B. mit rohem Fisch in Sushi-Qualität, bissfest gegartem Spargel, in dünne Scheiben geschnittenen Möhren oder mit Shiitake- oder anderen Pilzen, die Sie in einer mit Sojasauce gewürzten Brühe gegart haben. Auch Krebsfleisch, Frühlingszwiebeln, Zuckerschoten, Seidentofu oder frittierter Tofu und Sesam eignen sich als Füllung.

ACHTUNG Bei Allergien auf Fisch und Meeresfrüchte sind Varianten mit Gemüse oder Tofu (siehe oben) eine gute Alternative. Bei Glutenunverträglichkeit sollten Sie glutenfreie Sojasauce verwenden.

Sesam- oder Sojaallergiker lassen den Sesam bzw. die Sojasauce weg.

TIPP Japanische Zutaten wie Nori-Algen und Wasabi-Paste finden Sie in Asia-Läden, gut sortierten Lebensmittelabteilungen großer Kaufhäuser und in vielen Bioläden.

Pfannkuchen mit Räucherlachs

Diese kleinen Buchweizenpfannkuchen kommen aus Osteuropa und werden Blini genannt. Man isst sie dort traditionell mit saurer Sahne, Kaviar und gehackten Zwiebeln. Mit Räucherlachs und Schnittlauch serviert wie hier, ergeben sie eine eindrucksvolle Vorspeise. Buchweizen ist kein Getreide und enthält kein Gluten. Das Mehl hat ein nussartiges Aroma und kann mit Weizenmehl gemischt werden.

   ei-, gluten- & nussfrei

Für die Pfannkuchen
200 g Buchweizenmehl
1 Prise Zucker
1 Prise Salz
1½ TL Trockenhefe
30 g Butter
450 ml Milch
2 EL warmes Wasser
nussfreies Pflanzenöl zum Braten

Für den Belag
12 dünne Scheiben Räucherlachs
2–3 Zwiebeln, fein gehackt
150 g saure Sahne

Zum Garnieren
frischer Schnittlauch
Zitronenspalten

ZUBEREITUNGSZEIT 10 Minuten plus Gehzeit
GARZEIT 30 Minuten
FÜR 6 Personen (ergibt etwa 30 Stück von 5 cm Ø)

1. Das Mehl in eine große Schüssel sieben und mit Zucker, Salz und Trockenhefe mischen.
2. Die Butter in einem kleinen Topf zerlassen, vom Herd nehmen und die Milch hineinrühren. Die Flüssigkeit sollte warm, aber nicht heiß sein.
3. Das Milch-Butter-Gemisch nach und nach unter die Mehlmischung rühren, sodass ein dickflüssiger, cremiger Teig entsteht. Die Schüssel mit Frischhaltefolie abdecken und an einem warmen Ort etwa 1 Stunde gehen lassen, bis der Teig das doppelte Volumen hat.
4. Den Teig erneut durchrühren und das Wasser gut unterschlagen.
5. Etwas Öl in einer großen Pfanne mit schwerem Boden erhitzen. Überschüssiges Öl abgießen. Jeweils 3 Esslöffel Teig (für 3 Blini von etwa 5 cm Durchmesser) in die Pfanne geben, mit dem Löffel leicht verteilen und backen, bis der Teig fest zu werden beginnt und Bläschen erscheinen. Die Blini wenden, kurz von der anderen Seite backen und auf einen Teller gleiten lassen. Den Teller auf einen Topf mit siedendem Wasser stellen, während Sie die restlichen Blini backen.
6. Die Blini auf Teller verteilen und mit Räucherlachsröllchen, gehackter Zwiebel und einem Löffel saurer Sahne anrichten. Jede Portion mit einer Zitronenspalte und Schnittlauch garnieren.

 milcheiweißfrei
auch ei-, gluten- & nussfrei

Folgen Sie dem Rezept links, aber ersetzen Sie die Butter durch milcheiweißfreies Streichfett und die Kuhmilch durch Soja- oder Reismilch. Mit milcheiweißfreiem Saure-Sahne-Ersatz, Seidentofu oder Sojajoghurt servieren.

Bei Sojaallergie auf die Nicht-Soja-Produkte ausweichen.

TIPP Es kann sein, dass Sie die ersten Blini wegwerfen müssen. Wie bei Pfannkuchen dienen sie vor allem dazu, die Pfanne »einzubacken«.

Drei Blini pro Person reichen als Vorspeise. Der Rest lässt sich gut einfrieren und kann auf einem Teller, den Sie auf einen Topf mit siedendem Wasser stellen, oder in der Mikrowelle erwärmt werden.

Mexikanische Hähnchenrollen

Dieses Gericht, Fajitas genannt, vereint alle Aromen Mexikos: in Kreuzkümmel, Chili und Koriander gebratenes Hähnchenfleisch mit Paprika, Zwiebeln und Knoblauch, dazu kühle, cremige Guacamole. Die heiße Füllung wird in angewärmte (gekaufte oder selbst gemachte) Tortillas eingerollt – fertig ist eine Vorspeise oder leichte Hauptmahlzeit. Die Fajitas schmecken auch mit gebratenen Rinderstreifen köstlich.

    milcheiweiß-, ei-, gluten- & nussfrei

Für die Hähnchenfüllung
3 EL Olivenöl
1 rote Zwiebel, in halbe Ringe geschnitten
1 Knoblauchzehe, zerdrückt
2 große rote Paprikaschoten, halbiert, von den Samen befreit und in Streifen geschnitten
2 große grüne Paprikaschoten, halbiert, von den Samen befreit und in Streifen geschnitten
4 Tomaten, geachtelt
4 Hähnchenbrustfilets ohne Haut, in Streifen geschnitten
¼ TL Chilipulver
½ TL gemahlener Kreuzkümmel
½ TL gemahlene Koriandersamen
½ TL getrockneter Oregano

Für die Guacamole
1 große reife Avocado, halbiert und entsteint
Saft von ½ Zitrone
2 EL frische Schnittlauchröllchen
Salz und frisch gemahlener schwarzer Pfeffer
einige Tropfen Tabasco (falls gewünscht)

Zum Servieren
8 Tortillas (S. 68)
1 großer grüner Salat

ZUBEREITUNGSZEIT 20 Minuten
GARZEIT 8 Minuten
FÜR 4 Personen

SERVIERVORSCHLÄGE Statt mit Guacamole können Sie die Fajitas auch mit einem Löffel saurer Sahne oder Naturjoghurt servieren (Milcheiweißallergiker nehmen die entsprechenden milcheiweißfreien Produkte). Auch in Streifen geschnittener Salat und geriebener Cheddar (bzw. milcheiweißfreier Käseersatz) eignen sich als Füllung.

ACHTUNG Manche Menschen reagieren sensibel auf Chili. Im Zweifel das Chilipulver weglassen.

1. Für die Guacamole das Avocadofruchtfleisch mit dem Zitronensaft und dem Schnittlauch in eine kleine Schüssel geben und zu Mus zerdrücken. Abschmecken. Für mehr Schärfe mit einigen Tropfen Tabasco würzen.
2. Das Öl in einer Pfanne oder im Wok erhitzen. Zwiebel, Knoblauch, Paprika- und Tomatenstücke zugeben und etwa 4 Minuten unter Rühren garen, bis das Gemüse fast weich ist. Die Hähnchenstreifen hinzufügen und 2 Minuten mitbraten. Mit Kräutern und Gewürzen abschmecken.
3. Inzwischen die Tortillas auf einem zugedeckten Teller über einem Topf mit siedendem Wasser erwärmen oder in Küchenpapier eingewickelt in der Mikrowelle erhitzen.
4. Die Füllung auf den Tortillas verteilen, je einen Löffel Guacamole darübergeben und die Tortillas aufrollen. Mit der »Nahtstelle« nach unten auf vorgewärmte Teller legen und mit grünem Salat servieren.

Pikante Hähnchenkeulen

Diese Hähnchenschlegel eignen sich nicht nur, um eine ganze Horde zu verköstigen, sie haben außerdem den Vorteil, dass sie kein einziges der vier großen Allergene enthalten. Mit einer gebackenen Kartoffel serviert, wird ein sättigendes Mittag- oder Abendessen daraus, mit gegrillten Maiskolben zubereitet, eignen sie sich wunderbar für Ihre nächste Grillparty.

    milcheiweiß-, ei-, gluten- & nussfrei

3 EL Maiskeimöl oder anderes neutrales, nussfreies Öl
2 EL Zuckerrohrsirup
4 EL Tomatenmark
1 TL Senfpulver
2 EL Weinessig
2 TL Worcestershire-Sauce
¼ TL Pimentón (mexikanisches Paprikapulver mit Rauscharoma)
Salz und frisch gemahlener schwarzer Pfeffer
8 Hähnchenunterschenkel

ZUBEREITUNGSZEIT 5 Minuten plus Kühlzeit
GARZEIT 14–16 Minuten
FÜR 4 Personen

1 Alle Zutaten (mit Ausnahme der Hähnchenschenkel) in einem flachen, verschließbaren Gefäß mischen.
2 Die Hähnchenschlegel mehrfach einschneiden (so nimmt das Fleisch die Aromen besser auf und gart gleichmäßig), in die Marinade legen und sorgfältig darin wenden.
3 Zugedeckt mindestens 4 Stunden oder über Nacht im Kühlschrank ziehen lassen.
4 Die Schlegel aus der Marinade nehmen. Überschüssige Marinade ablaufen lassen.
5 Die Hähnchenschenkel unter dem vorgeheizten Backofengrill oder auf dem Holzkohlengrill von jeder Seite 7–8 Minuten grillen, bis sie braun werden und klarer Saft austritt, wenn Sie mit einem Spieß in die dickste Stelle stechen.

ACHTUNG Senfpulver, Worcestershire-Sauce und Pimentón können Gluten enthalten. Wählen Sie glutenfreie Produkte.

SERVIERVORSCHLAG Hähnchenschenkel schmecken mit gegrillten Maiskolben besonders köstlich: die Kolben in einer Mischung aus Salz, Pfeffer und Chilipulver wenden, mit Limettensaft beträufeln und unter dem Backofengrill oder auf dem Grillrost grillen. (Manche Menschen reagieren sensibel auf Chili; Chilipulver daher notfalls weglassen.)

»Pikantes Fingerfood, das der ganzen Familie schmeckt.«

Würstchen im Soja-Honig-Mantel

Wenn Sie dieses Gericht als Vorspeise oder Partysnack reichen möchten, nehmen Sie am besten Cocktail-Würstchen. Mit großen Würstchen zubereitet und mit Beilagen wie Kartoffelpüree, gedünstetem Gemüse und Gemüsesauce (S. 215) serviert, wird ein leckeres Hauptgericht daraus. Wer Kinder bewirtet, kann mit Linsen oder Bohnen und Pommes frites als Beilagen nichts falsch machen.

   **milcheiweiß-, ei- & nussfrei**

500 g Cocktail-Würstchen
1 EL Sojasauce
1 EL klarer Honig
1 EL Sesam

ZUBEREITUNGSZEIT 2 Minuten
GARZEIT 30 Minuten
FÜR 4 Personen

1 Den Backofen auf 180 °C vorheizen. Die Würstchen nebeneinander in eine Grillschale legen und im Ofen etwa 10 Minuten backen, bis sie gerade braun zu werden beginnen.
2 Die Sojasauce mit dem Honig verrühren. Die Würstchen aus dem Ofen nehmen, mit der Soja-Honig-Mischung übergießen und darin wenden, dann zurück in den Ofen stellen und rund 15–20 Minuten backen, bis die Würstchen glasiert und gebräunt sind. Dabei ein- bis zweimal wenden.
3 Mit Sesam bestreut servieren.

 glutenfrei

auch milcheiweiß-, ei- & nussfrei

Nehmen Sie reine Schweinswürstchen oder andere glutenfreie Würstchen und glutenfreie Sojasauce sowie, falls gewünscht, glutenfreien Senf.

ACHTUNG Manche Menschen reagieren allergisch auf Sesam oder Soja.

»Vor allem Kinder lieben diese Würstchen mit dem köstlichen Grillaroma.«

Gegrillte Polenta-Schnitten

Aus diesen Polenta-Schnitten lassen sich köstliche Kanapees machen: Besonders gut schmecken sie mit Parmesan, Rucola und bissfest gedünstetem grünem Gemüse, mit luftgetrocknetem Schinken, Pesto (S. 211) oder einem Crostini-Belag (Rezepte siehe S. 72–73). Wenn Sie diesem Rezept nur bis Schritt 2 folgen, erhalten Sie Maisbrei – eine wunderbare Beilage zu Eintopfgerichten.

   ei-, gluten- & nussfrei

1 EL Olivenöl, plus etwas Öl zum Einpinseln
½ TL Salz
100 g Polenta (Maisgrieß)
1 gehäufter EL frisch geriebener Parmesan
Salz und Pfeffer

ZUBEREITUNGSZEIT 20 Minuten
BACKZEIT 4–5 Minuten
FÜR 4 Personen

1 400 ml Wasser, Olivenöl und Salz in einem mittelgroßen Topf zum Kochen bringen.
2 Die Polenta unter ständigem Rühren langsam in das kochende Wasser rieseln lassen. Die Hitze reduzieren und die Polenta unter Rühren 15 Minuten köcheln lassen, bis sie einzudicken beginnt. Den geriebenen Parmesan unterrühren. Den Maisbrei mit Salz und Pfeffer abschmecken und vom Herd nehmen.
3 Den Brei auf einem großen, flachen Teller oder einem Backblech gleichmäßig zu einem runden Kuchen von etwa 2 cm Dicke verstreichen und mit dem Rücken eines großen Löffels glätten. (In diesem Zustand kann die Polenta bis zu 24 Stunden im Kühlschrank aufbewahrt werden.)
4 Die Polenta in Streifen oder Tortenstücke schneiden, dünn mit Olivenöl einpinseln und von beiden Seiten unter dem vorgeheizten Backofengrill 4–5 Minuten goldbraun grillen. Mit beliebigem Belag servieren.

 milcheiweißfrei
auch ei-, gluten- & nussfrei

Ersetzen Sie den Parmesan durch die gleiche Menge milcheiweißfreien Käse. Ich habe das Rezept mit milcheiweißfreiem Parmesan und milcheiweißfreiem Cheddar probiert. Beide Varianten schmeckten gut – der Parmesanersatz kann allerdings ziemlich salzig sein.

VARIANTE Wenn Sie weiche Polenta bevorzugen, folgen Sie dem Rezept nur bis Schritt 2. Maisbrei passt besonders gut zu saucenreichen Gerichten und Eintöpfen, ist aber auch eine klassische Beilage zu Ossobuco (S. 118).

Party-Dip

Dieser reichhaltige, farbenprächtige Party-Dip mit seinen vielfältigen Aromen kommt in einer hohen Glasschüssel besonders gut zur Geltung. Wenn es schneller gehen muss, verwenden Sie fertige Guacamole statt der Avocados und Salsa aus dem Glas statt der Tomaten. Servieren Sie Tortilla-Chips (S. 70) oder getoastetes Fladenbrot dazu.

   ei-, gluten- & nussfrei

3 Avocados
Saft von 1 Limette oder Zitrone
1 Dose (etwa 450 g) mexikanisches Bohnenpüree
500 g saure Sahne
¼ TL Chilipulver
2 grüne Paprikaschoten, von den Samen befreit und fein gewürfelt
350 g schwarze Oliven ohne Stein, halbiert

8 Tomaten, gewürfelt
½ rote Zwiebel, gehackt
750 g Cheddar oder mittelalter Gouda, grob gerieben

Zum Garnieren
Koriandergrün, gehackt
Frühlingszwiebeln, gehackt

ZUBEREITUNGSZEIT 20 Minuten
FÜR 16–20 Personen

 milcheiweißfrei
auch ei-, gluten- & nussfrei

Folgen Sie dem Rezept links, aber nehmen Sie statt der sauren Sahne dieselbe Menge milcheiweißfreie saure Sahne oder Sojajoghurt, und ersetzen Sie den Käse durch dieselbe Menge milcheiweißfreien Käseersatz.

1 Die Avocados schälen, entsteinen und das Fruchtfleisch mit einer Gabel zerdrücken. Limetten- oder Zitronensaft unterrühren.
2 Das Bohnenpüree auf dem Boden einer großen Glasschüssel verteilen. Erst das Avocadomus, dann die saure Sahne darüberschichten und mit Chilipulver besprenkeln.
3 Die gewürfelten Paprikaschoten zunächst am Rand der Schüssel verteilen, damit sie gut zu sehen sind, dann den Rest gleichmäßig auf der sauren Sahne verteilen. Zuerst die halbierten Oliven, dann die Tomaten- und Zwiebelwürfel und als letzte Schicht den geriebenen Käse in die Schüssel geben. Den Dip mit Koriandergrün und gehackten Frühlingszwiebeln garnieren und gut gekühlt servieren.
◀ **Abbildung links**

ACHTUNG Manche Menschen reagieren sensibel auf Chili. Bei Bedarf kann das Chilipulver durch die gleiche Menge gemahlenen Kreuzkümmel ersetzt werden.

VARIANTE Wer es feuriger mag, schichtet mit den Paprikawürfeln 3 Esslöffel gehackte Jalapeño-Schoten in die Schüssel und ersetzt das Chilipulver durch 25 g Taco-Gewürz.

Speck-Zwiebel-Quiche

Eine üppige Quiche mit Eiern, Sahne und Mürbeteigboden erwartet man in diesem Buch wohl kaum. Doch auch Allergiker dürfen sich die Speck-Zwiebel-Quiche unbesorgt schmecken lassen: Alle vier Varianten haben einen knusprigen Teig und eine cremige Sauce, die die Füllung aus Schinkenspeck, Zwiebeln, Kräutern und Käse umgibt.

 nussfrei

1 Portion nuss- und eifreier Mürbeteig (S. 180)
1 EL neutrales, nussfreies Öl
2 Zwiebeln, gehackt
6 Scheiben durchwachsener Speck, gewürfelt
3 Eier
350 g Sahne
120 g Hartkäse, z. B. Emmentaler, gerieben
2 EL gehackte frische Petersilie
1 EL gehackter frischer Salbei
Salz und frisch gemahlener schwarzer Pfeffer

ZUBEREITUNGSZEIT 30 Minuten plus Kühlzeit für den Teig
BACKZEIT 35 Minuten
FÜR 6–8 Personen

1 Den Backofen auf 200 °C vorheizen.
2 Den Mürbeteig ausrollen und eine Quiche-Form mit 25 cm Durchmesser damit auslegen. Die Form auf einen Gitterrost stellen. Den Teigboden mit einer Gabel einstechen, mit Pergamentpapier und Hülsenfrüchten abdecken und 10 Minuten im Ofen blindbacken. Das Papier und die Hülsenfrüchte entfernen, den Teig weitere 5 Minuten backen, bis er goldbraun und trocken ist, und aus dem Ofen nehmen. Die Temperatur auf 190 °C reduzieren.
3 Inzwischen das Öl in einer Pfanne erhitzen und die Zwiebelwürfel darin 2 Minuten unter Rühren glasig dünsten. Den gewürfelten Speck zugeben und weitere 2 Minuten braten. Speck und Zwiebeln aus der Pfanne nehmen und in ein Sieb geben.
4 Die Eier mit der Sahne, der Hälfte des Käses und den Kräutern verrühren. Mit Salz und Pfeffer würzen.
5 Die Speck-Zwiebel-Mischung auf dem Teig verteilen und mit der Eier-Sahne-Sauce übergießen. Die Quiche mit dem restlichen Käse bestreuen und im Ofen etwa 35 Minuten backen, bis der Belag fest wird und braun zu werden beginnt. Warm oder kalt servieren.

 milcheiweißfrei
auch nussfrei

Folgen Sie dem Rezept links, aber verwenden Sie milcheiweißfreien Mürbeteig (S. 180). Ersetzen Sie die Sahne durch Sojasahne und den geriebenen Käse durch ein milcheiweißfreies Ersatzprodukt.

 eifrei
auch nussfrei

Folgen Sie dem Rezept links, aber lassen Sie die Eier weg. In Schritt 4 verrühren Sie 1½ TL Xanthan mit 6 Esslöffeln Kartoffelmehl und 200 ml Wasser mit dem Handrührgerät zu einer dicken, weißen Masse, sodass beim Herausziehen der Quirle weiche Spitzen stehen bleiben. 350 g Sahne und 1 Esslöffel Dijonsenf einarbeiten. Die Hälfte des Käses, die Kräuter, Salz und Pfeffer unterrühren. Mit Schritt 5 fortfahren.

 glutenfrei
auch nussfrei

Folgen Sie dem Rezept links, aber verwenden Sie glutenfreien Mürbeteig (S. 182).

ACHTUNG Bei Sojaallergie auf sojafreie Ersatzprodukte ausweichen.

Gazpacho

Gazpacho ist eine kalte spanische Tomatensuppe, die im Handumdrehen zubereitet ist: perfekt für heiße Sommertage. Jede Region Spaniens hat ihr eigenes Rezept – dieses hier basiert auf der andalusischen Version. Servieren Sie die Suppe in Schüsseln mit einer Garnierung aus fein gehacktem Gemüse oder in Gläsern, wie es in spanischen Restaurants und Bars üblich ist.

   milcheiweiß-, ei- & nussfrei

- 1 kg frische, reife Tomaten, gehäutet und geviertelt
- ½ kleine Zwiebel, geviertelt
- ½ grüne oder rote Paprikaschote, von den Samen befreit und geviertelt
- 1 Salatgurke, geschält, die Kerne herausgeschabt, die Gurke geviertelt
- 2 Knoblauchzehen, geschält und halbiert
- 150 ml Olivenöl
- 1 kleines altbackenes Brötchen oder eine dicke Scheibe altbackenes Brot (etwa 50 g), in Wasser eingeweicht
- 3 EL Weinessig
- 1 große Prise Zucker
- ½ rote oder grüne Chilischote (nach Belieben), von den Samen befreit und gehackt
- Salz und frisch gemahlener schwarzer Pfeffer
- Eiswasser zum Verdünnen (nach Belieben)

Zum Garnieren
eine Auswahl aus folgenden Zutaten: kleine Croûtons, fein gewürfelte Tomaten, rote und grüne Paprikaschoten, Gurke, Zwiebel oder gehackte Petersilie

ZUBEREITUNGSZEIT 15 Minuten plus Kühlzeit
FÜR 4–6 Personen

 glutenfrei

auch milcheiweiß-, ei- & nussfrei

Folgen Sie dem Rezept links, aber nehmen Sie glutenfreies Brot oder Brötchen und für die Garnitur glutenfreie Croûtons.

ACHTUNG Manche Menschen reagieren sensibel auf Chili. Im Zweifelsfall weglassen.

1. Tomaten, Zwiebel, Paprika, Gurke, Knoblauch, Olivenöl, das ausgedrückte Brot oder Brötchen, Essig, Zucker und, falls gewünscht, gehackte Chilischote in der Küchenmaschine zu einer glatten Masse verarbeiten. Mit Salz und Pfeffer abschmecken. Vor dem Servieren mindestens 2 Stunden kühlen. Die Suppe, falls gewünscht, mit etwas Eiswasser verdünnen.
2. Die Suppe mit den gewählten Zutaten garnieren oder diese in kleinen Schüsseln auf dem Tisch arrangieren, sodass sich die Gäste nach Belieben bedienen können.

SERVIERVORSCHLAG Wenn keine Eiallergie besteht, eignen sich auch hart gekochte, fein gehackte Eier als Garnitur.

BEILAGEN, VORSPEISEN & LEICHTE GERICHTE

Lauch-Kürbis-Suppe

Selbst gekochte Suppen sind ebenso köstlich wie nahrhaft und verlangen eigentlich nach einer hausgemachten Brühe, aber wenn es schnell gehen muss, tut es auch eine hochwertige Instant-Fleisch- oder Gemüsebrühe. Für Gäste garniere ich die Suppe großzügig mit Kräutern, Samen, Schinkenspeck und Sahne. Ein Tipp für Glutenempfindliche: Legen Sie sich für Suppen und Salate einen Vorrat glutenfreier Croûtons zu.

   ei-, gluten- & nussfrei

1 EL nussfreies, neutrales Pflanzenöl
1 großer Butternuss-Kürbis
2 EL Butter
2 Stangen Lauch (nur weiße Teile), fein gehackt
1½ TL Currypulver
½ TL gemahlener Kreuzkümmel
1 l Hühner- oder Gemüsebrühe
1 TL Rohrzucker (nach Belieben)
Salz und frisch gemahlener schwarzer Pfeffer
2 EL gehacktes Koriandergrün oder Petersilie
3 EL Sahne

ZUBEREITUNGSZEIT 75 Minuten
GARZEIT 20 Minuten plus Zeit zum Wiedererhitzen
FÜR 8 Personen

1 Den Backofen auf 190 °C vorheizen. Den Kürbis längs halbieren und die Kerne mit einem Löffel herauskratzen. Die Schnittflächen mit Öl einpinseln. Die Kürbishälften mit der Schnittfläche nach unten auf ein Backblech legen und rund 60 Minuten backen, bis sie weich sind. Abkühlen lassen, dann das Fruchtfleisch aus der Schale lösen.
2 Die Butter in einem Topf mit schwerem Boden zerlassen. Den Lauch zugeben und etwa 3 Minuten garen, aber nicht braun werden lassen. Currypulver und Kreuzkümmel hinzufügen und alles 1 Minute dünsten.
3 Kürbisfruchtfleisch, Brühe oder Fond und, falls gewünscht, Melasse bzw. Rohrzucker zugeben. Die Suppe leicht salzen und pfeffern, zum Kochen bringen, dann die Hitze reduzieren und die Suppe zugedeckt 20 Minuten köcheln lassen.
4 Die Suppe mit einem Pürierstab oder im Mixer (dann in zwei Portionen) zu einer glatten Flüssigkeit verarbeiten, in den Topf zurückgeben und die gehackten Kräuter und die Sahne unterrühren. Abschmecken und, falls nötig, nachwürzen. Die Suppe erneut erhitzen, aber nicht kochen lassen. In vorgewärmte Suppenschalen füllen und großzügig garnieren (siehe Serviervorschlag rechts).
Abbildung rechts ▸

 milcheiweißfrei

auch ei-, gluten- & nussfrei

Folgen Sie dem Rezept links, aber ersetzen Sie die Butter durch milcheiweißfreies Streichfett und die Sahne durch Sojasahne.

SERVIERVORSCHLAG Servieren Sie diese Suppe mit einem Klecks Crème double, gehackter Petersilie oder Koriandergrün, gerösteten Kürbiskernen oder kross gebratenem Schinkenspeck (wie abgebildet).

ACHTUNG Brühwürfel können Milcheiweiß und/oder Gluten und/oder Sellerie enthalten. Weil Currypulver Chili enthält und manche Menschen sensibel darauf reagieren, sollten Sie das Currypulver im Zweifel weglassen.

Bei Sojaallergie auf ein sojafreies Ersatzprodukt ausweichen.

Knuspriger Kalmar

Wer glaubt, eine Ei- oder Weizenunverträglichkeit bedeutet den Verzicht auf knusprig frittierte Speisen, sollte es mit diesem Rezept versuchen. Inspiriert von einem chinesischen Gericht, werden Meeresfrüchte mit gewürztem Maismehl paniert und frittiert. Servieren Sie süße Chilisauce und Limettenspalten dazu – oder Mayonnaise (S. 210), in die Sie einen Spritzer Chilisauce und Limettensaft rühren.

    milcheiweiß-, ei-, gluten- & nussfrei

50 g Maismehl
½ TL Chilipulver
½ TL Fünf-Gewürze-Pulver
½ TL gemahlene Kurkuma
½ TL Selleriesalz
Salz und frisch gemahlener schwarzer Pfeffer
4 große Kalmare (ca. 1 kg), gesäubert, geöffnet, Tentakel in kurze Stücke geschnitten
Maiskeimöl oder anderes nussfreies, neutrales Öl zum Frittieren

Zum Garnieren
frisches Koriandergrün, grob gehackt
rote Paprika- oder Chilischote, von den Samen befreit und fein gehackt
Schale von ½ unbehandelten Limette, gerieben oder in Zesten gerissen
1 Limette, in Spalten

ZUBEREITUNGSZEIT 15 Minuten
GARZEIT 5 Minuten
FÜR 4–6 Personen

1 Maismehl, Chilipulver, Fünf-Gewürze-Pulver, Kurkuma, Selleriesalz, Salz und Pfeffer mischen.
2 Die Kalmare waschen und trocken tupfen. Den Mantel umstülpen, die Oberfläche mit einem scharfen Messer kreuzweise einritzen und das Fleisch in 2,5 cm große Stücke schneiden.
3 Das Öl in einer Fritteuse oder im Wok auf 190 °C erhitzen (Probe: ein Würfel altbackenes Brot sollte in 20 Sekunden braun werden).
4 Die Kalmarstücke in der Maismehl-Gewürz-Mischung wenden und portionsweise 45–60 Sekunden im heißen Öl goldbraun frittieren (Faustregel: Die Stücke sind gar, wenn das Blubbern nachlässt). Vorsicht: Zu langes Frittieren verleiht dem Kalmar eine gummiartige Konsistenz.
5 Die fertigen Portionen auf Küchenpapier abtropfen lassen und im lauwarmen Backofen warm stellen, bis alle Stücke frittiert sind. Den Kalmar auf vorgewärmten Tellern anrichten und mit fein gehackten Paprika- oder Chilischoten, gehacktem Koriandergrün, Limettenschale und Limettenspalten garnieren.

ACHTUNG Manche Menschen reagieren empfindlich auf Chili. Lassen Sie das Chilipulver und die Chilischoten im Zweifel weg. Das Gericht eignet sich nicht für Schalentier-Allergiker.
  Sellerie-Allergiker lassen auch das Selleriesalz weg.

TIPP Wenn Sie keine großen Kalmare finden, kaufen Sie Babykalmare: Tentakel abschneiden und das harte Stück am Tentakelansatz entfernen. Die Kalmare öffnen, umstülpen und einschneiden, wie im Rezept angegeben, jedoch ganz lassen (nach dem Frittieren werden sich die Tentakel wunderschön kringeln). Natürlich können Sie auch Tintenfischringe kaufen, in gewürztem Maismehl wenden und frittieren.

Frische Frühlingsrollen

Diese erfrischende Vorspeise, eine vietnamesische Spezialität, besteht hauptsächlich aus Garnelen, Kräutern und Schweinefleisch, die in weiches Reispapier gewickelt werden. Anders als die meisten Frühlingsrollen werden diese nicht frittiert. Reichen Sie Vietnamesischen Dip (S. 210), Hoisin-Sauce oder, falls keine Unverträglichkeit besteht, Erdnusssauce dazu.

    milcheiweiß-, ei-, gluten- & nussfrei

Reispapierhüllen (Banh trang, Ø 20 cm)
4 große Salatblätter, halbiert
30 g Reis-Vermicelli (Fadennudeln), nach Packungsanweisung gekocht und abgetropft
1 Möhre, geschält und in feine Stifte geschnitten
100 g gekochtes Schweinefleisch (am besten Schweinebauch), in dünne Streifen geschnitten
30 g Bohnensprossen
8 Blätter Thai-Basilikum (nach Belieben)
16–24 mittelgroße gekochte Garnelen
8 Zweige Koriander
8 Blättchen Minze

ZUBEREITUNGSZEIT 40 Minuten
GARZEIT 5 Minuten für die Vermicelli
FÜR 4 Personen (als Vorspeise), ergibt 8 Stück

1 Die Reispapierhüllen einzeln etwa 20 Sekunden lang in eine flache Schüssel mit warmem Wasser tauchen, dann auf Küchenpapier legen.
2 Ein halbes Salatblatt auf den unteren Rand einer Reispapierhülle legen. Je einen Esslöffel Vermicelli und Möhrenstifte auf das Salatblatt geben, darauf einige Streifen Schweinefleisch, ein paar Bohnensprossen und nach Belieben ein Basilikumblatt.
3 Den unteren Rand des Reispapiers über die Füllung rollen, dabei die Seiten nach innen einschlagen. Sie sollten jetzt den Anfang eines dünnen Zylinders vor sich haben.
4 2–3 Garnelen, einen Zweig Koriandergrün und ein Minzeblatt hinter den gerollten Teil des Reispapiers legen und weiter rollen. Wenn der Zylinder fertig gerollt ist, schimmern die Garnelen und die Kräuter hindurch.
5 Die fertige Rolle mit der Nahtstelle nach unten auf einen großen, flachen Teller legen und mit einem feuchten Geschirrtuch bedecken, während Sie die übrigen Rollen herstellen.
6 Nach Möglichkeit sofort servieren (die Frühlingsrollen lassen sich bei Zimmertemperatur unter Frischhaltefolie bis zu 2 Stunden aufbewahren).

TIPP Reispapier lässt sich am besten aufrollen, wenn es gerade biegsam und weich wird. Setzen Sie die Füllung auf den unteren Rand des Papiers und schlagen Sie die Seiten sauber ein (Anfänger sollten ein paar zusätzliche Reispapierhüllen zum Üben einkalkulieren).

ACHTUNG Dieses Gericht ist ungeeignet für Menschen, die allergisch gegen Krustentiere sind. Lassen Sie, falls nötig, die Garnelen weg, und nehmen Sie stattdessen mehr Schweinefleisch oder Sojasprossen. Soja-Allergiker lassen die Bohnensprossen weg.

Tabbouleh

Traditionell wird dieser sommerliche orientalische Salat mit Weizenbulgur zubereitet. Die glutenfreie Variante mit Quinoa hat ein leicht nussiges Aroma und ist genauso köstlich.

   milcheiweiß-, ei- & nussfrei

55 g Weizenbulgur
120 g frische Petersilie, gehackt
15 g frische Minze, gehackt
1 kleine Zwiebel, gehackt
4 Frühlingszwiebeln, gehackt
4 Tomaten, gehackt
4 EL Olivenöl
4 EL Zitronensaft
Salz und frisch gemahlener schwarzer Pfeffer

ZUBEREITUNGSZEIT 10 Minuten
GARZEIT 5–10 Minuten
FÜR 4 Personen

1 Den Bulgur in ein Sieb geben, waschen und abtropfen lassen. 125 ml Wasser zum Kochen bringen, den Bulgur zugeben und auf kleiner Hitze 5–10 Minuten köcheln lassen, bis er weich ist und das Kochwasser aufgesogen hat.
2 Den gegarten Bulgur in eine Schüssel füllen und abkühlen lassen.
3 Die übrigen Zutaten unterheben und den Salat mit Salz und Pfeffer abschmecken. Kühl stellen und am selben Tag servieren.

 glutenfrei
auch milcheiweiß-, ei- & nussfrei

Folgen Sie dem Rezept links, aber ersetzen Sie den Bulgur durch Quinoa, das Sie in 150 ml Wasser etwa 5–10 Minuten garen, bis das Wasser aufgesogen ist.

TIPP In libanesischen Restaurants wird Tabbouleh manchmal auf Salatblättern serviert: Geben Sie einen Löffel Tabbouleh auf ein Salatblatt, wickeln Sie das Salatblatt um die Füllung, und essen Sie es mit den Fingern.

Gurken-Wakame-Salat

Dieser leichte, frische Salat (abgebildet auf S. 100) ist eine Variante des beliebten japanischen Salats Sunomono (wörtlich: »Sachen aus Essig«) und ein perfekter Begleiter zu gegrilltem Fisch und Fleisch.

    milcheiweiß-, ei-, gluten- & nussfrei

15 g getrocknete Wakame-Algen
1 Salatgurke, geschält, Kerne herausgeschabt, Fruchtfleisch gewürfelt
3 Frühlingszwiebeln (nach Belieben), in Ringe geschnitten

Für das Dressing
2 EL Reisessig
2 TL Mirin (Reiswein)
2 TL Sojasauce
½ TL klarer Honig

ZUBEREITUNGSZEIT 15 Minuten
FÜR 4 Personen

1 Die Wakame-Algen in einer Schüssel mit lauwarmem Wasser 10–15 Minuten einweichen. Abtropfen lassen, harte Stängel entfernen und die Algen in Streifen schneiden. Mit den Gurkenwürfeln und den Frühlingszwiebeln (falls verwendet) in eine Salatschüssel geben.
2 Aus den Dressing-Zutaten eine Sauce rühren und über den Salat gießen. Vorsichtig mischen und sofort servieren.

TIPP Wakame, auch »Meeresgemüse« genannt, bekommt man in Asialäden und gut sortierten Bioläden. In warmem Wasser eingeweicht, sehen sie aus wie glänzend grünes Gemüse, das ein wenig an Spinat erinnert, aber nicht gekocht werden muss.

SERVIERVORSCHLÄGE Der Salat schmeckt besonders gut zu Lachs, der in Miso mariniert wurde (S. 101). Bestreuen Sie ihn mit Sesamsamen oder, falls Sie Sesam nicht vertragen, mit dünnen Scheibchen eingelegtem Ingwer.

Orientalischer Salat

Dieser schlichte Salat bekommt durch zwei besondere Zutaten Farbe und Pfiff: Eingelegte weiße Rüben, die ihr leuchtendes Rot der Marinade aus Rote-Bete-Saft verdanken, sorgen für eine scharfe Note. Das tiefrote Sumachpulver, ein beliebtes, aus den gleichnamigen Beeren hergestelltes orientalisches Gewürz, schmeckt angenehm zitronig, kann aber notfalls durch Paprikapulver ersetzt werden.

    milcheiweiß-, ei-, gluten- & nussfrei

- 1 eingelegte weiße Rübe (in Orientläden erhältlich), abgetropft und fein gewürfelt
- 1–1½ Salatgurken, geschält, Kerne herausgeschabt, das Fruchtfleisch in dünne Scheiben geschnitten
- 2 Tomaten, fein gewürfelt, oder 8–10 Kirschtomaten, halbiert
- 1 Frühlingszwiebel, in Ringe geschnitten
- 4 EL Zitronensaft
- 2 EL Olivenöl
- Salz und frisch gemahlener schwarzer Pfeffer
- Sumach- oder Paprikapulver (nach Belieben)

ZUBEREITUNGSZEIT 5 Minuten
FÜR 4 Personen

1. Die zerkleinerten Gemüse mischen.
2. Den Salat vor dem Servieren mit Zitronensaft und Öl beträufeln und mit Salz und Pfeffer abschmecken. Mit Sumachpulver oder Paprikapulver bestreut servieren.

SERVIERVORSCHLÄGE Servieren Sie diesen Salat als Vorspeise, z. B. mit Paprika-Dip (S. 211) oder Humus und Fladenbrot, oder als Beilage zu gegrillten Lammkoteletts.

Abbildung rechts mit Lammkoteletts

»In einer Glasschüssel serviert, kommt dieser Salat besonders gut zur Geltung.«

Walisisches Kartoffelgratin

Bei dieser Version des klassischen französischen Gratin dauphinois wird – was kaum überraschen dürfte – Lauch, das Nationalgemüse der Waliser, verarbeitet. Der Wermut unterstreicht die kräftigen Aromen des Lauchs, und die Kartoffeln sind oben wunderbar knusprig und darunter schön cremig. Das Gratin passt gut zu Walisischem Honiglamm (S. 132), zu Braten und deftigen Eintöpfen.

   ei-, gluten- & nussfrei

 milcheiweißfrei
auch ei-, gluten- & nussfrei

1½ EL neutrales nussfreies Öl, plus etwas Öl zum Einfetten
500 g Lauch (nur die weißen Teile, ergibt ca. 350 g), fein gehackt
600 g Sahne
1 Lorbeerblatt
2 EL trockener Wermut
900 g mehlig kochende Kartoffeln, geschält und in dünne Scheiben geschnitten
2 Knoblauchzehen, fein gehackt
Salz und frisch gemahlener schwarzer Pfeffer
Muskatnuss, frisch gerieben

ZUBEREITUNGSZEIT 30 Minuten
GARZEIT 75 Minuten
FÜR 4–6 Personen

Folgen Sie dem Rezept links, aber ersetzen Sie die Schlagsahne durch die gleiche Menge Sojasahne.

ACHTUNG Bei Sojaallergie auf ein sojafreies Ersatzprodukt ausweichen.

TIPP Muskatnuss ist eine Frucht, keine Nuss, und wird daher auch von Nussallergikern vertragen.

1 Den Backofen auf 180 °C vorheizen. Eine 1,2-Liter-Gratinform mit Öl einpinseln.
2 Das Öl in einem Topf mit schwerem Boden erhitzen und den Lauch darin anbraten, bis er weich ist, aber noch keine Farbe angenommen hat.
3 Sahne, Lorbeerblatt und Wermut zugeben und alles 5 Minuten köcheln lassen.
4 Die Kartoffelscheiben in die kochende Sahnemischung geben und vorsichtig mit einem großen Löffel unterheben, sodass alle Kartoffeln gleichmäßig mit Sahne überzogen sind.
5 Die Hälfte der Kartoffel-Sahne-Masse in die Gratinform füllen. Mit gehacktem Knoblauch, Salz und Pfeffer würzen. Die zweite Hälfte der Kartoffeln darüberschichten und mit Salz, Pfeffer und geriebener Muskatnuss würzen.
6 Das Gratin im Ofen etwa 75 Minuten backen, bis die Oberfläche braun zu werden beginnt und die Flüssigkeit sichtbar kocht. Die Kartoffeln sollten weich sein, wenn man mit einem Messer in die Mitte des Gratins sticht.

Ofenkartoffeln mit Knoblauch

Diese Kartoffeln haben alles, was Ofenkartoffeln haben sollten – sie sind außen knusprig und goldbraun und innen schön weich. Sie passen zu Braten, Grill- und Schmorgerichten und Eintöpfen. Bestreuen Sie sie zur Abwechslung 20 Minuten vor Ende der Garzeit mit Rosmarin- oder Salbeiblättern oder etwas Paprikapulver, oder beträufeln Sie sie vor dem Servieren mit ein wenig Balsamico-Essig.

    milcheiweiß-, ei-, gluten- & nussfrei

4 EL Olivenöl
8 mittelgroße Kartoffeln, geschält und geviertelt
1 Knoblauchknolle, in Zehen zerteilt
Meersalz

ZUBEREITUNGSZEIT 8 Minuten
GARZEIT 30–40 Minuten
FÜR 4–6 Personen

1 Den Backofen auf 220 °C vorheizen.
2 Das Öl in eine große Schmorpfanne geben und im Ofen heiß werden lassen.
3 Die Kartoffeln 2 Minuten in Wasser kochen. Abgießen, mit kaltem Wasser abschrecken und mit einem Geschirrtuch gut abtrocknen.
4 Die Kartoffeln und die ungeschälten Knoblauchzehen vorsichtig in das heiße Öl in der Schmorpfanne geben und wenden, bis sie gleichmäßig mit Öl überzogen sind. Mit Meersalz bestreuen und zurück in den Ofen stellen.
5 Die Ofenkartoffeln 30–40 Minuten backen, bis sie schön gebräunt sind und knusprig zu werden beginnen. Zwischendurch zweimal wenden.

»Ob Eintopf oder Sonntagsbraten – mit knusprigen Ofenkartoffeln schmeckt es doppelt so gut.«

BEILAGEN, VORSPEISEN & LEICHTE GERICHTE

Fischauflauf

Diese köstliche Kombination aus weißem Fisch und Garnelen in cremiger, mit Petersilie gewürzter Béchamelsauce unter einer goldbraunen Kartoffelkruste ist ein großartiges Mittag- oder Abendessen. Sorgen Sie mit geeigneten Beilagen, z. B. einem gemischten, pikanten Blattsalat oder einem Tomatensalat, für reizvolle farbliche und geschmackliche Kontraste.

  ei- & nussfrei

50 g Kabeljau, Heilbutt oder anderer weißfleischiger Fisch, filetiert
250 g geräucherter Schellfisch oder anderer Räucherfisch
500 ml Milch
1 kleine Zwiebel, grob gehackt
1 Lorbeerblatt (nach Belieben)
100 g Butter
30 g Weizenmehl Type 405
1,5 kg Kartoffeln, geschält und geviertelt
2 EL Sahne oder Milch
Salz und frisch gemahlener schwarzer Pfeffer
225 g Garnelen, gegart und geschält
1 EL Kapern in Salzlake (nach Belieben), abgetropft, abgespült und gehackt
2 EL gehackte frische Petersilienblätter
15 g Parmesan (nach Belieben), frisch gerieben

ZUBEREITUNGSZEIT 75 Minuten
GARZEIT 45 Minuten
FÜR 4–6 Personen

1 Den Backofen auf 190 °C vorheizen.
2 Den Fisch 5 Minuten in der Milch pochieren, bis er fast gar ist. Dann mit einem Schaumlöffel herausnehmen und auf einen Teller legen. Nach dem Abkühlen häuten, in große Stücke schneiden und in eine feuerfeste 1,5-Liter-Auflaufform füllen.
3 Die Zwiebel und das Lorbeerblatt in die Fischmilch geben. Die Flüssigkeit zum Kochen bringen, dann vom Herd nehmen und 10 Minuten ziehen lassen, anschließend durch ein Sieb gießen.
4 Für die Béchamelsauce 50 g Butter in einem Topf zerlassen, das Mehl zugeben und unter Rühren 1 Minute anschwitzen. Nach und nach die Fischmilch zugießen. Zum Kochen bringen und unter Rühren 2 Minuten kochen lassen. Vom Herd nehmen.
5 In der Zwischenzeit die Kartoffeln kochen. Mit der restlichen Butter und der Sahne oder Milch zu Püree stampfen und mit Salz und Pfeffer würzen.
6 Garnelen, Kapern und Petersilie zu dem Fisch geben, mit Salz und Pfeffer würzen und mit der Béchamelsauce übergießen. Das Kartoffelpüree darüber verteilen, den Auflauf nach Belieben mit Parmesan bestreuen und 45 Minuten backen, bis die Oberfläche knusprig ist.
Abbildung rechts ▶

 milcheiweißfrei
auch ei- & nussfrei

Folgen Sie dem Rezept links, aber ersetzen Sie die Butter durch milcheiweißfreies Streichfett, die Kuhmilch durch Soja-, Reis- oder Hafermilch und die Sahne durch Sojasahne. Nehmen Sie veganen Parmesan.

 glutenfrei
auch ei- & nussfrei

Folgen Sie dem Rezept links, aber nehmen Sie für die Béchamelsauce glutenfreie helle Mehlmischung oder Reismehl und Maisstärke zu gleichen Teilen. Vielleicht müssen Sie etwas mehr Milch zugeben.

ACHTUNG Wenn eine Krustentier-Allergie besteht, lassen Sie die Garnelen weg und nehmen stattdessen insgesamt 1,25 kg Fisch.
Bei Sojaallergie auf Soja-Ersatzprodukte ausweichen.

Indischer Fisch in Joghurtmarinade

Dieses schnelle Fischgericht eignet sich wunderbar als leichtes Abendessen. In vielen Restaurants wird für Tandoori-Fisch, wie dieses Gericht in Indien heißt, Lebensmittelfarbe benutzt, um das leuchtende Orange zu erzeugen. Doch ich finde, der natürliche goldene Senfton der Gewürze ist genauso attraktiv. Lassen Sie den Fisch mindestens 2 Stunden in der würzigen Joghurtmarinade ziehen.

   ei-, gluten- & nussfrei

Für die Marinade
250 g Naturjoghurt
2 EL nussfreies Pflanzenöl
2 Knoblauchzehen, zerdrückt
2 TL geriebener frischer Ingwer
1 TL Garam Masala
½ TL gemahlene Kurkuma
½ TL Chili- oder Paprikapulver

Für den Auflauf
4 weiße Fischfilets à ca. 225 g, nach Belieben ohne Haut

Zitronen- oder Limettenspalten (zum Garnieren)

Zum Servieren
1 Portion ei-, gluten- und nussfreie Raita (S. 213)

ZUBEREITUNGSZEIT 5 Minuten plus Marinierzeit
GARZEIT 15 Minuten
FÜR 4 Personen

 milcheiweißfrei
auch ei-, gluten- & nussfrei

Folgen Sie dem Rezept links, aber ersetzen Sie den Joghurt durch Sojajoghurt. Verwenden Sie das Rezept für milcheiweißfreie Raita auf S. 213. Bei Sojaallergie auf sojafreien Joghurt ausweichen.

SERVIERVORSCHLAG Servieren Sie den Fisch mit gekochtem Reis oder Kokosreis und gedünstetem grünem Gemüse.

1 Alle Zutaten für die Marinade in einer metallfreien Schüssel mischen. Den Fisch sorgfältig in der Marinade wenden.
2 Den Fisch zugedeckt mindestens 2 Stunden oder über Nacht im Kühlschrank ziehen lassen.
3 Die Raita nach Rezept (S. 213) zubereiten.
4 Den Backofen auf 220 °C vorheizen. Die Fischfilets aus der Marinade nehmen. Überschüssige Marinade abtropfen lassen. Den Fisch in eine feuerfeste Form legen und auf der obersten Schiene etwa 15 Minuten backen, bis er sich mit einer Gabel leicht zerteilen lässt. Auf vorgewärmten Tellern anrichten und mit Zitronen- oder Limettenspalten garnieren. Den Fisch mit Raita, einem kleinen Salat und weiteren Beilagen (siehe Vorschlag rechts) servieren.

ACHTUNG Manche Menschen reagieren sensibel auf Chili. Ersetzen Sie das Chilipulver bei Bedarf durch Paprikapulver.

TIPP Wenn Sie Lebensmittelfarbe benutzen möchten, fügen Sie 1 Teelöffel gelbe und 1½ Teelöffel rote Lebensmittelfarbe zur Marinade hinzu. Achten Sie darauf, dass keine der Farben den allergenen Farbstoff Tartrazin enthält.

Marinierte Schwertfischsteaks

Dieses von der asiatischen Küche inspirierte Fischgericht eignet sich wunderbar für eine Grillparty, da Sie die Salsa schon im Voraus zubereiten können und der Fisch in wenigen Minuten gar ist (Achtung, er wird leicht zu trocken!). Servieren Sie die Schwertfischsteaks mit der Salsa, Limettenspalten und Salat oder Nudeln.

    milcheiweiß-, ei-, gluten- & nussfrei

2 Schwertfischsteaks à 450 g, 2,5–4 cm dick, halbiert
neutrales, nussfreies Öl zum Einpinseln der Steaks

Für die Marinade
- 2 EL glutenfreie Tamari- oder Sojasauce
- 1 EL thailändische Fischsauce
- 1 EL Sesamöl
- 1 kleine rote Zwiebel, fein gehackt
- 2 Knoblauchzehen, fein gehackt
- 2 TL Reisessig
- 2 TL Mirin (süßer Reiswein) oder trockener Sherry
- 2 EL gehacktes Koriandergrün
- 1 getrocknete rote Chilischote, zerkrümelt

Für die asiatische Salsa verde
- 30 g frische Korianderblättchen, grob gehackt
- 1½ EL geriebener frischer Ingwer
- 2 EL Reisessig
- 2 TL feinster Zucker
- 4 EL neutrales, nussfreies Öl
- 6 Frühlingszwiebeln, fein gehackt
- 1 TL Limettensaft
- Salz und frisch gemahlener schwarzer Pfeffer

ZUBEREITUNGSZEIT 10 Minuten plus Marinierzeit
GARZEIT 8–10 Minuten
FÜR 4 Personen

ACHTUNG Manche Menschen reagieren allergisch auf Sesam. In diesem Fall sollte das Sesamöl durch ein neutrales, nussfreies Öl ersetzt werden. Wählen Sie bei Bedarf glutenfreie Soja- oder Tamari-Sauce.
  Bei Sojaallergie die Sojasauce weglassen. Bei Chili-Empfindlichkeit auf die Chili verzichten.

TIPP Diese Steaks schmecken auch vom Holzkohlengrill wunderbar. Der Grillrost sollte sich 5–7,5 cm über den Holzkohlen befinden. Den Fisch von jeder Seite 4–5 Minuten grillen, dabei immer wieder mit Öl bestreichen.

1 Die Zutaten für die Marinade in einer flachen metallfreien Schüssel vermischen. Die Steaks mindestens 1 Stunde in der Marinade ziehen lassen, zwischendurch ein- bis zweimal wenden. Die Marinade vor dem Grillen von den Steaks abtropfen lassen.

2 Den Backofengrill vorheizen. Den Fisch mit etwa 10 cm Abstand von der Heizspirale von jeder Seite 4–5 Minuten grillen, bis er gar ist. Dabei gelegentlich mit Öl einpinseln.

3 Für die Salsa verde Korianderblättchen, Ingwer, Reisessig, Zucker und Öl in der Küchenmaschine zu grobem Mus verarbeiten. Gehackte Frühlingszwiebeln und Limettensaft unterrühren und die Salsa mit Salz und Pfeffer abschmecken.

Marinierte Lachsfilets

Das Marinieren von Fisch in Miso und Sake ist eine traditionelle japanische Zubereitungsform, die mit Lachs besonders gut funktioniert. Miso, eine salzige Paste aus fermentierten Sojabohnen, besitzt eine leichte Schärfe und einen an Karamell erinnernden Nachgeschmack, der mit der knusprigen Kruste des Fischs wunderbar harmoniert. Die Zubereitung ist kinderleicht, das Gericht aber eindrucksvoll.

    milcheiweiß-, ei-, gluten- & nussfrei

3 EL Mirin (süßer Reiswein)
2 EL Sake
3 EL Zucker
125 g mildes, helles Reismiso
4 Lachsfilets (mit Haut) à etwa 170 g
Gurken-Wakame-Salat (S. 91)

ZUBEREITUNGSZEIT 5 Minuten plus Kühl- und Marinierzeit
GARZEIT 6 Minuten
FÜR 4 Personen

TIPP Wenn helles Miso (blassgolden) schwer zu bekommen ist, nehmen Sie für dieses Rezept ruhig eine dunklere Mischung. Verwenden Sie aber kein »rotes« Miso (in Wirklichkeit eher braun), das ausgesprochen salzig ist.

SERVIERVORSCHLAG Geeignete Beilagen sind Reis, Nudeln (bei Ei- und Weizenunverträglichkeiten geeignete Produkte nehmen), würzige Salate, z. B. Mizuna (japanischer Blattkohl) oder Brunnenkresse, geraspelter Daikon (japanischer Rettich), weiße Rüben oder Radieschen. Wer Sesam verträgt, kann die Beilagen stilecht mit schwarzen und weißen Sesamsamen bestreuen.

1 Für die Marinade Mirin und Sake in einen kleinen Topf gießen. Den Zucker hinzufügen und die Flüssigkeit langsam erhitzen, dabei rühren, bis sich der Zucker aufgelöst hat.
2 Die Flüssigkeit zum Kochen bringen, vom Herd nehmen und die Misopaste einrühren, bis sie sich vollständig mit der Flüssigkeit verbunden hat. Abkühlen lassen.
3 Die Lachsfilets nebeneinander in eine metallfreie Schale legen und mit der Marinade übergießen. Die Filets sorgfältig in der Marinade wenden und im Kühlschrank mindestens 4 Stunden oder über Nacht ziehen lassen.
4 Zum Garen den Backofengrill anheizen. Alufolie auf den Gitterrost legen und den Fisch mit der Haut nach oben daraufhlegen. Die Filets 3 Minuten grillen.
5 Die Filets wenden und weitere 3 Minuten grillen, bis der Fisch hellbraun zu werden beginnt und sich mit einer Gabel leicht zerteilen lässt.
6 Mit dem Gurken-Wakame-Salat von Seite 91 (Abbildung links) servieren.

ACHTUNG Miso wird je nach Sorte aus unterschiedlichen Getreidearten hergestellt, so gibt es z. B. auch – glutenhaltiges – Gersten- und Weizenmiso. Lesen Sie also die Zutatenliste genau.

Heilbutt in Kartoffelkruste

Bei diesem unglaublich einfachen, aber eindrucksvollen Gericht, das keines der vier großen Allergene enthält, garen saftige Heilbuttfilets unter einer goldbraunen Kartoffelkruste. Als Beilage gibt es geschmorte Rote Beten. Bereiten Sie den Fisch erst in der Bratpfanne zu und schieben Sie ihn dann in den Ofen, wo die Roten Beten schon garen.

    milcheiweiß-, ei-, gluten- & nussfrei

Für die geschmorten Roten Beten
4 gleich große Rote Beten (insgesamt etwa 500 g), gewaschen, aber ungeputzt und ungeschält
2 EL Balsamico-Essig

Für den Fischauflauf
4 dicke Heilbuttfilets à etwa 200 g (nach Belieben gehäutet)
Salz und frisch gemahlener schwarzer Pfeffer
2 große Kartoffeln, gewaschen und gebürstet
3 EL neutrales, nussfreies Öl

ZUBEREITUNGSZEIT 20 Minuten
GARZEIT 75 Minuten
FÜR 4 Personen

SERVIERVORSCHLAG Zu den Heilbuttfilets schmecken auf mediterrane Art zubereitete grüne Bohnen: Bohnen etwa 6 Minuten bissfest dämpfen und mit Olivenöl und dem Saft und der Schale einer unbehandelten Zitrone würzen.

1 Den Backofen auf 200 °C vorheizen.
2 Die Roten Beten einzeln in Alufolie wickeln. Bevor Sie die Folie schließen, jeweils 1 Esslöffel Wasser über jede Knolle träufeln.
3 Die eingewickelten Rote Beten auf ein Backblech legen und etwa 1 Stunde im Ofen schmoren, bis sie gar sind. Die Schale sollte sich leicht lösen lassen.
4 Sprossdeckel und Wurzelende von den Roten Beten abschneiden, die Knollen vierteln und warm stellen. Direkt vor dem Servieren mit dem Balsamico-Essig beträufeln und mit Salz und Pfeffer würzen.
5 Wenn die Roten Beten etwa 40 Minuten im Ofen sind, die Heilbuttfilets salzen und pfeffern.
6 Die Kartoffeln grob raspeln, gut ausdrücken und mit Küchenpapier trocken tupfen.
7 Auf jedes Filet eine dicke, gleichmäßige Schicht Kartoffelraspeln geben und andrücken.
8 Das Öl in der Pfanne fast bis zum Rauchpunkt erhitzen.
9 Die Filets mithilfe zweier Pfannenwender vorsichtig mit der Kartoffelseite nach unten in die Pfanne legen.
10 Die Filets etwa 5 Minuten braten, bis die Kartoffelkruste goldbraun ist, dann vorsichtig wenden.
11 Die Bratpfanne (falls feuerfest) mit den Filets in den Ofen stellen oder die Filets in eine Grillpfanne legen und 8–10 Minuten im Ofen garen, bis sie gerade gar sind.
12 Den Fisch mit dem Rote-Bete-Gemüse auf vorgewärmten Tellern anrichten. Dazu passen grüne Bohnen (siehe Serviervorschlag).

Garnelenpäckchen

Die Füllung dieser köstlichen Päckchen besteht aus gehackten Garnelen, Frühlingszwiebeln, frischem Ingwer und thailändischer Fischsauce. Die Päckchen werden kurz in kochendem Wasser gegart und mit süßer Chilisauce serviert – eine reizvolle Vorspeise oder, mit Pfannengemüse als Beilage, ein leichtes Hauptgericht. Tapiokamehl wird in der asiatischen Küche häufig verwendet und ist glutenfrei.

   milcheiweiß-, ei- & nussfrei

Für die Päckchen
60 g Weizenmehl Type 405, plus etwas Mehl zum Bestauben
60 g Tapiokamehl
1 Prise Salz

Für die Füllung
2 Frühlingszwiebeln, plus 4 Frühlingszwiebeln zum Garnieren (nach Belieben)
200 g rohe geschälte Riesengarnelen, gehackt
½ TL geriebener frischer Ingwer
1 TL thailändische Fischsauce

Für die Chilisauce
110 g Zucker
1 TL getrocknete Chilischoten, zerkrümelt
1 EL edelsüßes Paprikapulver
1 TL geriebener frischer Ingwer
1 große Knoblauchzehe, zerdrückt
1 EL thailändische Fischsauce
1–2 EL Limettensaft

ZUBEREITUNGSZEIT 30 Minuten plus Ruhezeit für den Teig
GARZEIT 5 Minuten
FÜR 4–6 Personen

1. Mehl, Tapiokamehl und Salz in eine Schüssel geben und mit 125 ml warmem Wasser verrühren. Den Teig auf einer bemehlten Arbeitsfläche kneten, bis er glatt und elastisch ist. In Frischhaltefolie wickeln und 30 Minuten ruhen lassen.
2. Für die Füllung die Frühlingszwiebeln fein hacken. Mit den gehackten Garnelen, dem Ingwer und der Fischsauce mischen.
3. Für die Chilisauce den Zucker mit 125 ml Wasser in einem Topf unter Rühren erhitzen, bis der Zucker sich aufgelöst hat. Die übrigen Zutaten ohne Limettensaft zugeben, zum Kochen bringen, etwa 1 Minute kochen lassen und mit Limettensaft abschmecken, in vier Schälchen gießen und abkühlen lassen.
4. Den Teig auf einer bemehlten Arbeitsfläche in 24 Stücke teilen und zu dünnen Pfannkuchen von 6 cm Durchmesser ausrollen. Einen Löffel Füllung auf jedes Teigstück geben. Die Ränder mit Wasser bepinseln und über der Füllung zusammendrücken.
5. In einem großen Topf Wasser mit 1 Prise Salz zum Kochen bringen. Die Päckchen im siedenden Wasser 5 Minuten garen, dabei vorsichtig umrühren. Wenn sie gar sind, steigen sie nach oben.
6. Die Päckchen mit einem Schaumlöffel aus dem Topf nehmen und auf vorgewärmten Tellern anrichten. Nach Belieben mit Frühlingszwiebeln (siehe rechts) garnieren und mit einem Schälchen Chilisauce servieren.

 glutenfrei
auch milcheiweiß-, ei- & nussfrei

Folgen Sie dem Rezept links, aber ersetzen Sie das Weizenmehl durch 60 g glutenfreie helle Mehlmischung plus etwas glutenfreies Mehl zum Bestauben. Fügen Sie 2 Teelöffel Xanthan und zusätzlich 3–4 Teelöffel warmes Wasser hinzu. Dieser Teig muss vor der Weiterverarbeitung nicht ruhen.

ACHTUNG Manche Menschen sind allergisch auf Krustentiere! Andere reagieren sensibel auf Chili – im Zweifel weglassen.

SERVIERVORSCHLAG 4 Frühlingszwiebeln putzen, die grünen Teile bis auf ca. 7,5 cm abschneiden und die weißen Enden mehrfach längs einschneiden, sodass »Fransen« entstehen. In eine Schüssel mit Eiswasser legen, damit sich die Enden aufrollen.

TIPPS Wer möchte, kann das Tapiokamehl durch normales Mehl ersetzen.
Wenn die Chilisauce zu dickflüssig gerät, können Sie sie mit etwas kaltem Wasser verdünnen. Natürlich können Sie auch gekaufte Chilisauce verwenden. Sie enthält normalerweise weder Ei noch Milcheiweiß, noch Gluten, trotzdem sollten Sie das Etikett sorgfältig lesen.

Meeresfrüchte mit würzigen Linsen

Eine sehr delikate Kombination aus aromatischen Linsen und Meeresfrüchten – perfekt für eine schnelle Vorspeise. Die korallenroten Linsen nehmen beim Kochen eine hübsche senfgelbe Farbe an. Dieses von den Aromen eines indischen Masoor dhal inspirierte Gericht lässt sich auch mit grünen, braunen oder Puy-Linsen zubereiten, dann ändern sich jedoch die Garzeiten.

   ei-, gluten- & nussfrei

12 große Jakobsmuscheln ohne Schalen
12 Riesengarnelen, geschält
3 EL süße Chilisauce (nach Belieben)
3 EL Limettensaft (nach Belieben)
15 g Butter
1 Zwiebel, fein gehackt
2 Knoblauchzehen, gehackt
1 EL fein gehackter frischer Ingwer
1 TL gemahlener Kreuzkümmel
1 TL gemahlene Koriandersamen

½ TL Chilipulver, Cayennepfeffer oder rosenscharfes Paprikapulver
200 g rote Linsen
1 l Wasser oder Brühe
1 EL Limetten- oder Zitronensaft
2 EL Crème double
Salz und Pfeffer
neutrales, nussfreies Pflanzenöl zum Grillen der Muscheln
1 TL fein gehackte rote Chilischote
2 EL frische Korianderblättchen

ZUBEREITUNGSZEIT 10 Minuten
GARZEIT 30 Minuten
FÜR 4 Personen

1 Das Muschelfleisch mit Küchenpapier trocken tupfen. Die Garnelen nach Belieben in Chilisauce und Limettensaft marinieren.
2 Die Butter in einem Topf zerlassen. Zwiebelwürfel, Knoblauch und Ingwer 2 Minuten unter Rühren darin garen. Die Gewürze zugeben und 1 Minute unter Rühren mitdünsten. Die Linsen mit dem Wasser oder der Brühe zugeben. Alles zum Kochen bringen und etwa 25 Minuten bei kleiner Hitze unter gelegentlichem Rühren köcheln lassen, bis die Linsen gar, aber nicht zerfallen sind. Vom Herd nehmen, Zitronensaft und Crème double unterziehen und kräftig salzen und pfeffern. In eine Schüssel füllen und warm stellen.
3 Den Grill auf mittlerer Stufe vorheizen.
4 Das Muschelfleisch je nach Größe quer in 2–3 Scheiben schneiden und mit Öl einpinseln.
5 Im Ofen die Garnelen von jeder Seite etwa 2 Minuten grillen, bis sie kräftig rosafarben sind. Die Muschelscheiben von jeder Seite 30 Sekunden grillen.
6 Die Linsen mit gehackter Chilischote und Korianderblättchen bestreuen und sofort servieren

◀ **Abbildung links**

 milcheiweißfrei
auch ei-, gluten- & nussfrei

Folgen Sie dem Rezept links, aber ersetzen Sie die Crème double durch die gleiche Menge Sojasahne.

TIPP Sie können die Meeresfrüchte auch auf dem Holzkohlengrill zubereiten: Grillen Sie die Garnelen 2 Minuten von jeder Seite (der Rost sollte sich etwa 10 cm über den Holzkohlen befinden). Die Muschelstücke auf Holzspieße stecken, mit Öl einpinseln und mit 7,5 cm Abstand von den Kohlen von jeder Seite ½–1 Minute grillen, dabei einmal wenden.

ACHTUNG Hülsenfrüchte werden zum Teil in Fabriken verarbeitet, die auch glutenhaltige Produkte herstellen oder verpacken. Vorsicht bei Allergien gegen Meeresfrüchte: Garnelen gehören zu den Krustentieren, Muscheln zu den Weichtieren. Manche Menschen reagieren sensibel auf Chili – im Zweifelsfall weglassen.
  Bei Sojaallergie auf ein Soja-Ersatzprodukt ausweichen.

Hähnchenpastete

Ein klassisches Familiengericht, das sich auch ideal zur Bewirtung von Freunden eignet. Das verwendete Gemüse wird zunächst sautiert und das Hähnchenfleisch in Geflügelbrühe und Wein pochiert – das verleiht dieser Pastete mit ihrer wunderbar knusprigen, glasierten Mürbeteigkruste ein besonderes Aroma.

 nussfrei

2 EL nussfreies Pflanzenöl
150 g kleine Champignons
2 Stangen Lauch, in dünne Ringe geschnitten
600 ml Geflügelbrühe
150 ml trockener Weißwein
1 Lorbeerblatt
2 Möhren, in Scheiben geschnitten
1 kg Hähnchenbrustfilets, in mundgerechte Stücke geschnitten
3½ EL Maisstärke
Salz und frisch gemahlener schwarzer Pfeffer
½ TL gehackter frischer Thymian
1 Portion ei- und nussfreier Mürbeteig (S. 180)
1 Ei, verquirlt

ZUBEREITUNGSZEIT 40 Minuten
GARZEIT 40 Minuten
FÜR 6 Personen

1 Den Backofen auf 200 °C vorheizen.
2 Das Öl in einem Topf erhitzen, die Pilze darin 5 Minuten braten, herausnehmen und beiseitestellen. Den Lauch im selben Topf 2 Minuten unter Rühren andünsten. Herausnehmen und beiseitestellen. Brühe, Wein, Lorbeerblatt und Möhren in den Topf geben, zum Kochen bringen, die Hitze reduzieren und alles 5 Minuten köcheln lassen. Das Hähnchenfleisch dazugeben und 5 Minuten mitgaren. Fleisch und Möhren herausnehmen.
3 Die Maisstärke mit 4 Esslöffeln der Kochflüssigkeit anrühren, in den Topf gießen und unter Rühren 3 Minuten kochen lassen, bis die Flüssigkeit eindickt. Würzen und vom Herd nehmen.
4 Hähnchenfleisch, Gemüse und Sauce in eine tiefe 1,7-Liter-Pastetenform füllen und den Thymian unterrühren.
5 Den Teig auf einer bemehlten Arbeitsfläche 5 mm dick ausrollen. Einen passenden »Deckel« ausschneiden. Die Reste wieder ausrollen und einen 1 cm breiten Teigstreifen für den oberen Rand der Form zuschneiden. Den Rand der Form mit Wasser anfeuchten, den Teigstreifen darauflegen und anfeuchten.
6 Den Teigdeckel darauflegen und an den Teigstreifen drücken. Den Teigdeckel in der Mitte einschneiden, damit der Dampf entweichen kann und mit dem verquirlten Ei bestreichen.
7 Die Pastete etwa 40 Minuten backen.

ACHTUNG bei Brühwürfel wegen Spuren von Milcheiweiß, Gluten, Sellerie.

 milcheiweißfrei
auch nussfrei

Folgen Sie dem Rezept links, aber verwenden Sie milcheiweißfreien Mürbeteig (S. 180).

 eifrei
auch nussfrei

Folgen Sie dem Rezept links. Bestreichen Sie die Pastete statt mit verquirltem Ei aber mit 2 Esslöffeln Milch oder, wenn Sie eine glänzendere Oberfläche wünschen, mit einer Gelatine-Glasur: Dazu 2 Esslöffel Wasser in eine kleine Schüssel geben, 1 Esslöffel gemahlene Gelatine hineinrieseln und 5 Minuten quellen lassen. Dann die Schüssel in einen Topf mit siedendem Wasser stellen und rühren, bis die Gelatine vollständig gelöst ist. Die Pastete mit der Gelatine einpinseln, dabei aufpassen, dass sich die Glasur nicht in den Vertiefungen sammelt.

 glutenfrei
auch nussfrei

Folgen Sie dem Rezept links, verwenden Sie jedoch glutenfreien Mürbeteig (S. 182). Die glutenfreie Pastetenkruste bekommt aufgrund des Maismehls eine gelbliche Farbe.

Oliven-Kichererbsen-Hähnchen

Milde Gewürze, Kichererbsen, Zitrone und grüne Oliven prägen das typische nordafrikanische Aroma dieses ebenso unkomplizierten wie köstlichen Eintopfgerichts, das im Sommer wie im Winter schmeckt. Dazu passt Reis, Couscous (eine glutenfreie Variante finden Sie auf S. 135) oder Basmatireis-Pilaw (S. 144).

    milcheiweiß-, ei-, gluten- & nussfrei

4 EL Olivenöl
4 Hähnchenbrüste mit Knochen und Haut
1 Zwiebel, gehackt
2 Knoblauchzehen, zerdrückt
1 TL gemahlener Kreuzkümmel
2 TL gemahlene Kurkuma
½ TL Koriandersamen, zerdrückt
4 Kardamomkapseln, leicht zerdrückt
250 ml Geflügelbrühe
Saft von 1 Zitrone
1 Dose (etwa 425 g) Kichererbsen, abgetropft und abgespült
12 grüne Oliven ohne Stein (salzige Oliven 2 Stunden in Wasser einweichen)
Salz und frisch gemahlener schwarzer Pfeffer

ZUBEREITUNGSZEIT 12 Minuten
GARZEIT 40–50 Minuten
FÜR 4 Personen

1 2 Esslöffel Öl in einer großen feuerfesten Kasserolle erhitzen und die Hähnchenbrüste von beiden Seiten anbraten. Mit einem Schaumlöffel herausnehmen und beiseitestellen.

2 Das restliche Öl erhitzen, Zwiebelwürfel und Knoblauch 2 Minuten darin anbraten. Kreuzkümmel, Kurkuma, Koriander und Kardamom zugeben und alles 1 Minute bei milder Hitze garen.

3 Brühe, Zitronensaft, Kichererbsen und die Hähnchenbrüste zugeben, alles zum Kochen bringen, dann die Hitze reduzieren und den Eintopf 40–50 Minuten köcheln lassen, bis das Hähnchenfleisch zart ist. 10 Minuten vor Ende der Garzeit die Oliven zugeben.

4 Den Eintopf vor dem Servieren mit Salz und Pfeffer abschmecken.

ACHTUNG Brühwürfel können Spuren von Milcheiweiß oder Gluten enthalten.

VARIANTE Ein zitronigeres Aroma erhält man, wenn man die ausgepressten Hälften einer unbehandelten Zitrone mit in den Topf gibt (vor dem Servieren herausnehmen).

»Dieser Eintopf verströmt seine orientalischen Aromen, sobald Sie den Topfdeckel heben.«

Zitronen-Thymian-Hähnchen

Dieses Gericht ist nicht nur äußerst schmackhaft, sondern auch sehr vielseitig und schnell zubereitet. Aus geschmacklichen Gründen sollten Sie möglichst Geflügelfleisch mit Knochen verwenden und auch die Haut dranlassen, da sie beim Grillen wunderbar knusprig wird. Nudeln oder Reis und ein pikant angemachter Salat passen gut dazu.

    milcheiweiß-, ei-, gluten- & nussfrei

Saft von 1 unbehandelten Zitrone
1 Knoblauchzehe, zerdrückt
2 TL frische Thymianblättchen
½ TL fein gehackter frischer Rosmarin
4 EL Olivenöl
8 Hähnchenober- und unterschenkel oder 4 Hähnchenbrüste mit Knochen und Haut
Salz und Pfeffer
fein geriebene Schale von 1 unbehandelten Zitrone

ZUBEREITUNGSZEIT 5 Minuten plus Marinierzeit
GARZEIT 18–20 Minuten (gegrillt), 30 Minuten (geschmort)
FÜR 4 Personen

SERVIERVORSCHLAG Servieren Sie einen Salat aus gewürfelten Tomaten, Kichererbsen und hauchdünn geschnittenen Zwiebelringen, angemacht mit Olivenöl und Weinessig, oder einen gemischten grünen Salat mit Honig-Senf-Dressing dazu.

1 Zitronensaft (heben Sie die ausgedrückten Zitronenhälften für später auf), Knoblauch, Kräuter, 2 Esslöffel Öl und etwas Salz und Pfeffer in einer flachen, metallfreien Schüssel verrühren und das Hähnchenfleisch darin mindestens 1 Stunde marinieren.

2 Den Backofengrill auf mittlerer Stufe vorheizen. Die Hähnchenteile 10 Minuten mit der Haut nach unten etwa 10 cm von der Heizspirale entfernt grillen, wenden, mit etwas Marinade bepinseln und weitere 8–10 Minuten grillen, bis das Fleisch gar ist. Alternative: Die Hähnchenteile im Backofen bei 190 °C etwa 30 Minuten schmoren. Die ausgedrückten Zitronenhälften mit in den Schmortopf geben.

3 Das Geflügel auf vorgewärmten Tellern anrichten und mit dem ausgetretenen Fleischsaft begießen. Mit der geriebenen Zitronenschale garniert servieren.

VARIANTE Ersetzen Sie Thymian und Rosmarin durch eine Handvoll zerzupfte Basilikumblätter, die Sie 10 Minuten vor Ende der Garzeit über das Geflügel streuen.

Thailändisches Hähnchencurry

Ein authentisches Thai-Curry, in dem Kokos, Fischsauce, Ingwer, Curry und Kräuter für das charakteristische Aroma sorgen. Ich habe die winzigen thailändischen Auberginen durch rote und gelbe Paprikaschoten ersetzt. Grüne Currypaste und in Streifen geschnittene rote Chilischoten verleihen dieser Variante das gewisse Etwas. Wer es noch schärfer mag, kann zusätzlich grüne Chilischoten verwenden.

    milcheiweiß-, ei-, gluten- & nussfrei

- 2 Dosen (à 400 ml) Kokosmilch
- 500 g Hähnchenbrustfilets, ohne Haut, in 2,5 cm große Würfel geschnitten
- 4 Kaffir-Limetten-Blätter, davon 2 in feine Streifen geschnitten
- etwas nussfreies Pflanzenöl
- 2–3 rote, orangefarbene oder gelbe Paprikaschoten, in Streifen geschnitten (nach Belieben)
- 2 EL thailändische grüne Currypaste
- 3 EL thailändische Fischsauce
- 2 TL Palmzucker oder brauner Zucker
- 2,5 cm frischer Galgant, geschält und in feine Streifen geschnitten
- 3–4 grüne Chilischoten, von den Samen befreit und fein geschnitten (nach Belieben)
- 150 g Zuckerschoten (nach Belieben)
- 1 rote Chilischote, von den Samen befreit, in feine Streifen geschnitten
- 10–12 Blättchen Thai-Basilikum

ZUBEREITUNGSZEIT 10 Minuten
GARZEIT 20 Minuten
FÜR 4 Personen

TIPPS Wenn Sie keinen Galgant (eine ingwerähnliche Wurzel) bekommen, nehmen Sie ein 1 cm großes Stück frischen Ingwer. Die geriebene Schale von ½ unbehandelten Limette ist ein guter Ersatz für die Kaffir-Limetten-Blätter.

Milder wird das Curry, wenn Sie die rote Chilischote durch ein Viertel einer roten Paprikaschote ersetzen.

ACHTUNG Manche Menschen reagieren empfindlich auf Chili – im Zweifelsfall weglassen.

1. Beide Kokosmilchdosen öffnen und die dicke Creme, die oben schwimmt, in einen Topf geben. Die dünnflüssige Milch in einen Messbecher gießen.
2. Hähnchenfleisch und 2 ganze Kaffir-Limetten-Blätter zu der Kokoscreme geben und bei starker Mittelhitze 10 Minuten garen. Das Hähnchenfleisch mit einem Schaumlöffel auf einen Teller legen.
3. Die Kokoscreme weiter kochen, bis sich das Öl absetzt (das sieht zunächst aus, als wäre die Creme geronnen). Beiseitestellen.
4. Im Wok oder in einer großen Pfanne die Paprikastreifen (falls verwendet) in Öl etwa 3 Minuten braten und herausnehmen. Die Currypaste mit 1 Esslöffel der Kokosmilch 1–2 Minuten anbraten, bis sie duftet. Fischsauce und Zucker unterrühren. Die restliche Kokosmilch, Galgant und, falls verwendet, den grünen Chili und die Zuckerschoten zugeben. Umrühren und bei mittlerer Hitze 5 Minuten garen. Paprikastreifen, Hähnchenfleisch und Kokoscreme dazugeben und alles etwa 5 Minuten köcheln lassen. Kurz vor Ende der Garzeit die gehackten Limettenblätter, die roten Chilistreifen und das Basilikum über das Gericht streuen.
5. Sofort mit gedämpftem oder gekochtem Reis servieren.

Ein herzerwärmendes Gericht für die ganze Familie und für Festessen mit Freunden: Brathähnchen in Olivenöl (S. 114), Bällchen aus glutenfreier Maronenfüllung (S. 214), Ofenkartoffeln mit Knoblauch und Meersalz (S. 95), gedünstete grüne Bohnen und Gemüsesauce (S. 215).

Brathähnchen in Olivenöl

Natürlich hat jeder sein eigenes Lieblingsrezept für Geflügel. Dieses familienfesttaugliche Geflügelgericht hat den Vorteil, von Natur aus keins der vier Allergene zu enthalten. Geeignete Beilagen für Feiern im Familien- oder Freundeskreis sind Gemüsesauce (S. 215), Ofenkartoffeln mit Knoblauch und Meersalz (S. 95), gedünstete grüne Bohnen und Bällchen aus Maronenfüllung (S. 214).

    milcheiweiß-, ei-, gluten- & nussfrei

1,1–1,4 kg schweres Hähnchen aus Freilandhaltung
1 unbehandelte Zitrone
1 Zwiebel, halbiert
frische Petersilie, frischer Kerbel oder Majoran
4 EL Olivenöl
Salz und frisch gemahlener schwarzer Pfeffer

ZUBEREITUNGSZEIT 5 Minuten
GARZEIT 60 Minuten
FÜR 4 Personen

1 Den Backofen auf 220 °C vorheizen.
2 Die Zitrone halbieren, auspressen und das Hähnchen mit dem Saft beträufeln. Die ausgepressten Schalen entweder zusammen mit den Zwiebelhälften in die Bauchhöhle des Hähnchens stecken oder zu dem Hähnchen in den Schmortopf legen.
3 Die Kräuter fein hacken und mit ein wenig Olivenöl vermischen. Die Brusthaut des Hähnchens vorsichtig anheben und die Kräuter darunterschieben.
4 Das Hähnchen mit Olivenöl einreiben und großzügig mit Salz und Pfeffer würzen.
5 Das Hähnchen etwa 60 Minuten im Ofen goldbraun schmoren. Wenn man mit einem Spieß in den Schenkel sticht, sollte klarer Fleischsaft austreten.

◀ **Abbildung vorangehende Seite**

»Knusprige, goldbraune Haut, zartes weißes Fleisch und ein Hauch Zitrone im Bratensaft – ein perfektes Brathähnchen.«

Ente mit Äpfeln und Sellerie

Dieses festliche Gericht für besondere Gelegenheiten schmeckt nicht nur fantastisch, es ist mit seinen satten herbstlichen Farben auch ein wahrer Augenschmaus: Die Ente wird auf einem Bett aus sautierten Äpfeln und Sellerie und mit einer tiefroten Rotwein-Feigen-Sauce serviert. Die Zubereitung ist denkbar einfach, und wenn Sie die Sauce im Voraus zubereiten, beträgt die Garzeit kaum 20 Minuten.

   ei-, gluten- & nussfrei

Für die Sauce
250 ml Rotwein
125 ml Geflügelfond oder gute Instant-Hühnerbrühe
1 Zweig Thymian oder 1 Bouquet garni
1 Zwiebel, geviertelt
5 cm unbehandelte Orangenschale
4 getrocknete Feigen, halbiert

Für die Ente
2 große Äpfel
700 g Knollensellerie
1 EL Wein- oder Apfelessig
30 g Butter
4 mittelgroße Entenbrüste mit Haut

ZUBEREITUNGSZEIT 25 Minuten
GARZEIT 50 Minuten
FÜR 4 Personen

1 Die Zutaten für die Sauce in einen Topf geben und zum Kochen bringen. Dann bei sehr schwacher Hitze 30 Minuten köcheln lassen, bis die Feigen weich sind. Zwiebel, Thymian oder Bouquet garni und Orangenschale herausnehmen. Die Feigen mit 6–8 Esslöffeln der Flüssigkeit im Mixer pürieren und zurück in die Sauce geben. Beiseitestellen.
2 Die Äpfel schälen und in 1 cm große Würfel schneiden. Den Sellerie schälen, in 1 cm große Würfel schneiden und mit Wasser, das mit dem Essig vermischt ist, übergießen. Die Selleriestücke 3–5 Minuten bissfest dämpfen.
3 Die Apfelwürfel in der Butter goldbraun anbraten.
4 Die Entenbrüste mit der Haut nach unten in eine große Pfanne legen und bei mittlerer Hitze braten. Sobald Fett austritt, für etwa 5 Minuten auf starke Mittelhitze schalten. Wenn die Haut braun ist, die Brüste wenden und weitere 10–12 Minuten braten. Die Entenbrüste aus der Pfanne nehmen und warm stellen. Das überschüssige Fett weggießen und die Sauce in die Pfanne geben. Aufkochen und 1–2 Minuten einkochen lassen. Würzen, umfüllen und warm stellen.
5 Die Sellerie- und Apfelstücke in die Pfanne geben und kurz pfannenrühren und in Schüsseln füllen.
6 Die Entenbrüste in dünne Scheiben schneiden und auf die Sellerie-Apfel-Mischungen legen. Mit der Sauce umgießen und sofort servieren.

 milcheiweißfrei
auch ei-, gluten- & nussfrei

Folgen Sie dem Rezept links, doch ersetzen Sie in Schritt 3 die Butter durch 2 Esslöffel Olivenöl.

TIPP Wenn Sie das Gericht besonders effektvoll anrichten möchten, geben Sie das Apfel-Sellerie-Gemüse auf vorgewärmte Einzelteller, richten Sie die in dünne Scheiben geschnittenen Entenbrüste fächerartig darauf an und umgießen Sie das Gemüse halbmondförmig mit der Rotwein-Feigen-Sauce.

VARIANTE Mit 50 g gehackter Entenleberpastete, die Sie mit der Apfel-Sellerie-Mischung kurz pfannenrühren, bekommt das Gericht einen edlen Touch.

ACHTUNG Bei Sellerie-Allergie den Knollensellerie durch Kartoffeln ersetzen. Entenleberpastete kann Butter enthalten. Wenn Sie Brühwürfel verwenden, prüfen Sie, ob diese Gluten, Milcheiweiß oder Sellerie enthalten.

Kalbsleber auf venezianische Art

Fegato alla Veneziana ist eine äußerst schmackhafte und überdies im Handumdrehen zubereitete Variante von gebratener Leber mit Zwiebeln. Der Essig ist entscheidend und sollte daher keinesfalls weggelassen werden. Servieren Sie gegrillte Polenta-Schnitten (S. 81) dazu wie in Venedig oder Kartoffelpüree und gedünsteten Spinat oder geschmorten italienischen Kohl (Cavolo nero).

   ei-, gluten- & nussfrei

2 EL Olivenöl
2 milde Zwiebeln, in feine Ringe geschnitten
8–12 sehr dünne Scheiben Kalbsleber (insgesamt 500 g), von Adern und Sehnen befreit
Meersalz und frisch gemahlener schwarzer Pfeffer
50 g Butter
2 EL Rotweinessig

Zum Garnieren
frische Petersilie oder Salbei, gehackt

ZUBEREITUNGSZEIT 5 Minuten
GARZEIT 12 Minuten
FÜR 4 Personen

 milcheiweißfrei
auch ei-, gluten- & nussfrei

Folgen Sie dem Rezept links, aber ersetzen Sie in Schritt 3 die Butter durch 2½ Esslöffel Olivenöl.

1 Das Olivenöl in einer großen Pfanne bei mittlerer Hitze heiß werden lassen. Die Zwiebelringe unter Rühren 8–10 Minuten darin anbraten, bis sie weich sind und eine goldbraune Farbe angenommen haben. Mit einem Schaumlöffel aus der Pfanne nehmen und auf einem vorgewärmten Teller beiseitestellen.
2 Die Leberscheiben mit Meersalz und Pfeffer würzen.
3 Die Herdplatte auf mittlere bis starke Hitze schalten und die Butter in die Pfanne geben. Sobald die Butter schäumt, die Leberscheiben darin portionsweise von jeder Seite rund 15 Sekunden braten (Achtung: In der heißen Pfanne wird die Leber schnell zu braun).
4 Die Zwiebeln an den Pfannenrand legen und kurz im heißen Fett wieder erhitzen. Mit dem Rotweinessig beträufeln. Einkochen lassen.
5 Die Leberscheiben und Zwiebeln auf vorgewärmten Tellern anrichten, mit dem Bratensaft begießen und mit Petersilie oder Salbei bestreut servieren.

ACHTUNG Ersetzen Sie den Rotweinessig nicht durch Essig auf Malz- oder Getreidebasis. Das schmeckt nicht nur nicht, sondern birgt auch Gefahren für glutensensible Esser.

Sauce Bolognese

Nicht nur zu Spaghetti schmeckt diese klassische Fleischsauce köstlich, sie passt auch zu jeder anderen Pasta, die genügend Oberfläche bietet, um die Sauce gut aufzunehmen. Eine echte Bolognese muss lange köcheln. Servieren Sie sie stilgerecht mit Parmesan – mittlerweile gibt es einige richtig gute milcheiweißfreie Sorten.

   ei-, gluten- & nussfrei

2 EL Olivenöl
1 Zwiebel, fein gehackt
2 Knoblauchzehen, fein gehackt
1 Möhre, fein gehackt
50 g Frühstücksspeck, Pancetta oder Schinken, in 2 cm große Stücke geschnitten
300 g mageres Rinderhack
100 g Hühnerlebern, gesäubert und gehackt
150 ml trockener Weißwein
1 Dose (etwa 400 g) Tomaten, in Stücken, mit Saft
2 EL Tomatenmark
Meersalz und frisch gemahlener schwarzer Pfeffer
¼ TL frisch geriebene Muskatnuss
1 Lorbeerblatt
4 EL Sahne

Zum Servieren
Pasta beliebiger Sorte
Parmesan, frisch gerieben
frische Petersilie, gehackt, zum Garnieren (nach Belieben)

ZUBEREITUNGSZEIT 20 Minuten
GARZEIT 2 Stunden
FÜR 4 Personen

 milcheiweißfrei
auch ei-, gluten- & nussfrei

Folgen Sie dem Rezept links, aber ersetzen Sie die Sahne durch Sojasahne, und nehmen Sie milcheiweißfreien Parmesan (auch »veganer Parmesan« genannt) – Achtung, er kann ziemlich salzig sein.

ACHTUNG Bei Sojaallergie die Sojasahne durch ein sojafreies Produkt ersetzen.

1 1 Esslöffel Öl in einer feuerfesten Kasserolle oder einem Topf mit schwerem Boden erhitzen. Die Zwiebelwürfel 2 Minuten darin anbräunen. Knoblauch und Möhren hinzugeben und 2 Minuten mitgaren. Die Speckwürfel zugeben und alles weitere 2 Minuten braten. Das Gemüse und den Speck mit einem Schaumlöffel aus der Pfanne nehmen und beiseitestellen.
2 Das restliche Öl in den Topf geben und erhitzen. Das Hackfleisch darin unter ständigem Rühren anbraten, bis es braun und krümelig ist. Die gehackte Hühnerleber hinzufügen. Die Gemüse-Speck-Mischung zurück in den Topf geben und unterrühren.
3 Wein, Tomaten und Tomatenmark zugeben. Die Sauce mit Salz, Pfeffer und Muskatnuss würzen und das Lorbeerblatt dazugeben.
4 Alles unter Rühren zum Kochen bringen, dann die Hitze auf kleinste Stufe herunterschalten und die Sauce 75 Minuten unter gelegentlichem Umrühren leicht köcheln lassen, bis sie eine sämige Konsistenz hat. Die Sahne unterrühren und die Sauce weitere 45 Minuten schwach köcheln lassen.
5 Die Bolognese mit der gekochten Pasta mischen und nach Belieben mit Petersilie und frisch geriebenem Parmesan bestreut servieren.

Ossobuco

Dieser bei niedrigen Temperaturen gegarte Klassiker der italienischen Kochkunst zergeht förmlich auf der Zunge. Ich hätte nicht gedacht, dass man das berühmte Gericht noch verbessern könnte, bis ich ein italienisches Rezept fand, bei dem die reichhaltige Tomaten-Wein-Sauce mit fein gehackten Möhren und Sellerie verfeinert wird. Petersilie, Zitronenschale und Knoblauch sorgen für einen frischen Kontrast.

    milcheiweiß-, ei-, gluten- & nussfrei

- 2 EL nussfreies Pflanzenöl
- 4 große, mindestens 5 cm dicke Scheiben aus der Kalbshachse (Ossibuchi)
- 2 Möhren, sehr fein gewürfelt
- 1 Sellerieherz, sehr fein gewürfelt
- 250 ml trockener Weißwein
- 400 g Tomaten, gehäutet und gewürfelt, oder 1 Dose (etwa 400 g) Tomaten in Stücken
- 1 EL Tomatenmark
- Salz und frisch gemahlener schwarzer Pfeffer

Für die Gremolata
- abgeriebene Schale von 1 unbehandelten Zitrone
- 2 EL fein gehackte frische Petersilie
- 1 Knoblauchzehe, fein gehackt

ZUBEREITUNGSZEIT 15 Minuten
GARZEIT 1½–2 Stunden
FÜR 4 Personen

SERVIERVORSCHLAG Servieren Sie das Ossobuco mit Risotto alla milanese (Abbildung rechts, Rezept auf S. 145). Dazu das Mark aus den Markknochen kratzen und unter den Risotto rühren.

ACHTUNG Manche Menschen reagieren allergisch auf Sellerie.

TIPP Würzen Sie die Tomaten mit 1 Prise Zucker, um deren Aroma noch besser zur Geltung zu bringen.

1 Das Öl in einer Pfanne erhitzen und die Fleischscheiben darin von beiden Seiten anbraten. Aus der Pfanne nehmen und zur Seite stellen.

2 Das gewürfelte Gemüse 2 Minuten anbraten, aber nicht braun werden lassen.

3 Das Gemüse in einen Schmortopf füllen, der gerade groß genug ist, um das Kalbfleisch in einer Lage aufzunehmen (auf diese Weise wird nur wenig Flüssigkeit benötigt, und die Sauce wird nicht zu dünn). Das Kalbfleisch darauflegen.

4 Wein, Tomaten und Tomatenmark in einer Schüssel verrühren und mit Salz und Pfeffer würzen. Diese Mischung über das Fleisch und das Gemüse gießen – sie sollte das Fleisch gerade bedecken (falls nötig, mit Wein auffüllen).

5 Zum Kochen bringen, dann die Hitze reduzieren. Die Flüssigkeit sollte gerade noch kochen. Zugedeckt 1½–2 Stunden sanft köcheln lassen, dabei den Deckel nach der ersten Stunde abnehmen. Das Ossobuco ist gar, wenn das Fleisch zart ist und sich von den Knochen löst und die Sauce etwas eingekocht ist. Abschmecken und, falls nötig, nachwürzen.

6 Für die Gremolata die Zitronenschale mit Petersilie und Knoblauch mischen und kurz vor dem Servieren über das Fleisch streuen.

Vitello tonnato

Ein eindrucksvoller Klassiker aus kaltem Kalbfleisch in cremiger Thunfischmayonnaise – mit etwas Reis oder ein paar neuen Kartoffeln und einem grünen Salat ideal für heiße Sommertage. Auf dem kalten Buffet wirkt Vitello tonnato besonders dekorativ, wenn Sie die Scheiben fächerartig anrichten, mit der Sauce übergießen und mit Kapern und hauchdünn geschnittener Zitrone garnieren.

   milcheiweiß-, gluten- & nussfrei

3 EL Olivenöl
700 g mageres Kalbfleisch ohne Knochen (Nuss)
1 Zwiebel, geviertelt
1 Möhre, gewürfelt
1 Stange Staudensellerie, gewürfelt
75 ml trockener Weißwein
75 ml Kalbsfond
1 Lorbeerblatt
Salz und frisch gemahlener schwarzer Pfeffer

Für die Sauce
200 g Thunfisch bester Qualität, in Öl, abgetropft
2 EL Zitronensaft
3 Sardellenfilets, gehackt
1 EL Kapern in Salzlake, plus einige Kapern zum Garnieren
Salz und frisch gemahlener schwarzer Pfeffer
125 g Mayonnaise aus dem Glas oder 1 Portion Mayonnaise (S. 210) oder ¼ Portion Aïoli (S. 209)
Bratensaft von dem Kalbfleisch (zum Verdünnen der Sauce)

Zum Garnieren
½ Zitrone (nach Belieben), in dünne Scheiben geschnitten
frische Petersilie (nach Belieben), grob gehackt

ZUBEREITUNGSZEIT 15 Minuten plus Kühlzeit
GARZEIT 60 Minuten
FÜR 4 Personen

 eifrei

auch milcheiweiß-, gluten- & nussfrei

Folgen Sie dem Rezept links, aber nehmen Sie eifreie Mayonnaise (aus dem Glas oder 1 Portion eifreie Mayonnaise von S. 210) oder ¼ Portion eifreie Aïoli (S. 209).

ACHTUNG Manche Menschen reagieren allergisch auf Sellerie.

TIPPS Am besten eignet sich Kalbsnuss oder -rücken.

Wenn Sie das Gericht schon am Vortag zubereiten, können Sie das Kalbfleisch schneiden und über Nacht in einem Drittel der Sauce ziehen lassen – so wird es besonders aromatisch.

1 Den Backofen auf 180 °C vorheizen. Das Öl in einer Pfanne erhitzen und das Kalbfleisch darin rasch von allen Seiten anbraten.
2 Zwiebel-, Möhren- und Selleriewürfel in einen großen Schmortopf geben und das Fleisch darauflegen. Wein, Fond, Lorbeerblatt und etwas Salz und Pfeffer zugeben und zugedeckt im Ofen 1 Stunde schmoren, dabei ein- oder zweimal mit dem ausgetretenen Saft übergießen. Aus dem Ofen nehmen und in der Flüssigkeit abkühlen lassen. Den Kalbsbraten in Alufolie wickeln und kalt stellen. Die Bratenflüssigkeit durch ein Sieb streichen und aufheben. Das Gemüse wegwerfen.
3 Den Thunfisch, den Zitronensaft, die Sardellenfilets und die Kapern pürieren und abschmecken. Mayonnaise oder Aïoli unterrühren und mit 5–6 Esslöffeln Bratenflüssigkeit verdünnen.
4 Das Fleisch in dünne Scheiben schneiden und auf einer Platte anrichten. Die Thunfischsauce darüber verteilen und alles mit Zitronenscheiben, Kapern und Petersilie garnieren.

Hackbraten

Mit seiner knusprigen Kruste, unter der sich saftiges Fleisch verbirgt, ist dieser Hackbraten ein richtiges Familienessen und ein echter Seelentröster dazu, vor allem, wenn Sie ihn mit Kartoffelpüree und Gemüsesauce (S. 215) servieren. Frische Tomatensauce oder ein großer Klecks Ketchup passen auch gut dazu. Reste schmecken in Scheiben geschnitten als Brotbelag oder kalt mit grünem Salat oder Krautsalat.

  milcheiweiß- & nussfrei

1 EL nussfreies Pflanzenöl, plus etwas Öl zum Einfetten
1 Zwiebel, gehackt
500 g Rinderhack
200 g Schweinehack oder Wurstbrät
1 EL Worcestershire-Sauce (nach Belieben)
2 Knoblauchzehen, zerdrückt
80 g Semmelbrösel
1 TL gehackter frischer Thymian oder ½ TL getrockneter Thymian
6 EL gehackte frische Petersilie
3 EL Tomatenketchup
3 EL passierte Tomaten
Salz und frisch gemahlener schwarzer Pfeffer
1 Ei, verquirlt

ZUBEREITUNGSZEIT 10 Minuten
GARZEIT 60–75 Minuten
FÜR 4–6 Personen

1 Den Backofen auf 180 °C vorheizen. Wenn der Hackbraten oben knusprig und an den Seiten weich sein soll, eine 23 x 16 cm große Kastenform mit Backpapier auslegen. Für einen handgeformten Laib mit rundherum knuspriger Kruste ein Backblech mit Backpapier auslegen.
2 Die Zwiebelwürfel im heißen Öl 4 Minuten golbbraun anbraten.
3 Das Hackfleisch in einer Schüssel mit Worcestershire-Sauce (nach Belieben), mit Knoblauch, Semmelbröseln, Kräutern, Ketchup und passierten Tomaten verrühren und kräftig mit Salz und Pfeffer würzen. Das verquirlte Ei unterrühren.
4 Die Mischung in die vorbereitete Form füllen oder zu einem etwa 23 x 16 cm großen Laib formen und auf das Blech legen.
5 Den Hackbraten im Ofen 60–75 Minuten backen, bis er eine braune Kruste hat und sich (falls eine Form verwendet wird) von den Seiten zu lösen beginnt.
6 Den Hackbraten auf eine vorgewärmte Platte legen und mit eventuell vorhandenem Bratensaft übergießen. In Scheiben schneiden und mit Kartoffelpüree und Gemüsesauce servieren.

ACHTUNG Tomatenketchup kann Spuren von Weizen und Milcheiweiß enthalten. Achten Sie darauf, dass Sie gegebenenfalls glutenfreie Worcestershire-Sauce verwenden.

 eifrei
auch milcheiweiß- & nussfrei

Folgen Sie dem Rezept links, aber ersetzen Sie das verquirlte Ei durch 1 Esslöffel Kartoffelmehl, das Sie mit 2 Esslöffeln Wasser anrühren und in Schritt 3 hinzufügen.

 glutenfrei
auch milchweiß- & nussfrei

Folgen Sie dem Rezept links, aber nehmen Sie glutenfreie Semmelbrösel. Wenn Sie Wurstbrät verwenden, achten Sie darauf, dass es keine glutenhaltigen Füllstoffe enthält.

VARIANTEN Sie können den Hackbraten auch mit gehackten grünen Paprikaschoten, fein gehackter Chilischote (falls Chili vertragen wird), Käse (oder milcheiweißfreiem bzw. auch sojafreiem Käseersatz) oder sautierten gehackten Champignons anreichern. Es empfiehlt sich, probeweise zunächst 1 Teelöffel der Mischung zu braten und abzuschmecken, bevor Sie den Braten formen und garen.

Chili con Carne

Dieses üppige Chili mit Tomaten und Bohnen schmeckt der ganzen Familie und lässt Ihnen viele Freiheiten bei den Zutaten und Beilagen. Ob in ein Chili con Carne nun Rinderhack oder lieber klein geschnittenes Rindfleisch, eher rote oder auf jeden Fall grüne Paprikaschoten hineingehören, ist eine echte Glaubensfrage. Entscheiden Sie selbst!

    milcheiweiß-, ei-, gluten- & nussfrei

- 1 EL Maiskeim- oder anderes nussfreies Pflanzenöl
- 2 Zwiebeln, fein gehackt
- 2 Knoblauchzehen, fein gehackt
- 1 rote oder grüne Paprikaschote, von den Samen befreit und gewürfelt
- 2 TL scharfes Chilipulver oder 2 EL mildes Chiligewürz
- ½ TL Chiliflocken
- ½ TL gemahlener Kreuzkümmel
- 500 g mageres Rinderhack oder klein geschnittenes mageres Rindfleisch
- 1 Dose (etwa 400 g) Tomaten, in Stücken
- 200 g Tomatenmark
- 1 Dose (etwa 400 g) Kidneybohnen, abgetropft und abgespült
- Salz

ZUBEREITUNGSZEIT 12 Minuten
GARZEIT 2 Stunden
FÜR 4 Personen

1. Das Öl in einem großen Topf erhitzen. Zwiebeln, Knoblauch, Paprika und Gewürze etwa 4 Minuten darin anbraten, bis das Gemüse weich ist. Das Rindfleisch zugeben und kräftig anbraten, dabei zu einer krümeligen Masse zerkleinern.
2. Die übrigen Zutaten und 200 ml Wasser zugeben und abschmecken. Das Chili zum Kochen bringen, die Hitze reduzieren und alles zugedeckt 1 Stunde unter gelegentlichem Rühren köcheln lassen. Dann ohne Deckel nochmals 1 Stunde köcheln lassen, bis es eine sämige Konsistenz hat; dabei gelegentlich rühren. Abschmecken.

SERVIERVORSCHLÄGE Servieren Sie das Chili mit Maisbrot (S. 174–176) oder Langkornreis. Garnieren Sie das Chili nach Belieben mit Zitronenspalten, Petersilie, Avocado- und Tomatenwürfeln, Frühlingszwiebeln, Guacamole oder Salsa oder ganz traditionell mit einem Klecks saurer Sahne oder geriebenem Käse (bei Milcheiweißallergie und Sojaallergie die entsprechenden milcheiweißfreien und sojafreien Produkte verwenden).

ACHTUNG Manche Menschen reagieren sensibel auf Chili. Wenn Sie das Chilipulver und die Chiliflocken weglassen, erhalten Sie eine Art Hackfleischsauce – immer noch köstlich, aber sicherlich kein Chili con Carne.

TIPPS Dieses Gericht kann man wunderbar vorkochen, denn es schmeckt aufgewärmt sogar noch besser. Wenn Sie 2 Dosen Kidneybohnen hinzufügen, werden 5–6 Leute satt.
  Die hier vorgeschlagene Version ist recht scharf. Sie können statt des Chilipulvers auch milderes Chiligewürz verwenden.

Vietnamesischer Rindfleischtopf

Dieses delikate Rindfleisch-Gericht wärmt an kalten Winterabenden und ist ausgefallen genug, um Gäste damit zu bewirten. Die vietnamesische Küche zeichnet sich weniger durch pikante Schärfe als durch ihre subtilen Aromen aus. Hier würzen frischer Ingwer, Zitronengras, Curry und Chilipulver die reichhaltige Sauce, und schon beim Kochen durchzieht köstlicher Zimtduft die Küche.

    milcheiweiß-, ei-, gluten- & nussfrei

Für die Marinade
2 EL geriebener frischer Ingwer
2 Stängel Zitronengras, sehr fein gehackt
2 TL milde Currypaste oder mildes Currypulver
2 TL gemahlener Zimt
2 TL brauner Zucker
4 EL Tomatenmark
2 rote Chilischoten, von den Samen befreit und fein gehackt
2 EL thailändische Fischsauce

Für den Eintopf
900 g mageres Rindfleisch aus der Hüfte, gewürfelt
3 EL Maiskeim- oder anderes nussfreies Öl
1 große Zwiebel, gehackt
3 Knoblauchzehen, zerdrückt
1 TL Salz
2–4 Sternanis
frisch gemahlener schwarzer Pfeffer
2 Möhren, grob gewürfelt
2 Kartoffeln, grob gewürfelt
1 Daikon (milder japanischer Rettich) oder 2 kleine weiße Rüben, grob gewürfelt

ZUBEREITUNGSZEIT 15 Minuten plus Marinierzeit
GARZEIT 90 Minuten
FÜR 4–6 Personen

TIPP Wie die meisten Eintopfgerichte schmeckt auch dieses aufgewärmt noch besser – gut, wenn Sie viele Gäste stressfrei bewirten möchten.

SERVIERVORSCHLÄGE Reichen Sie Reis und Asiatischen Krautsalat (S. 212) zu diesem Eintopf. Mit frischen Frühlingsrollen (S. 90) als Vorspeise und Kokossorbet (S. 159) als Dessert wird ein stilvolles und allergenfreies Menü mit fernöstlichem Touch daraus. Auch Nudeln oder Baguette (S. 170–171) eignen sich als Beilagen.

ACHTUNG Manche Menschen reagieren sensibel auf Chili – im Zweifel weglassen.

1 Alle Zutaten für die Marinade in einer großen Schüssel mischen. Die Fleischstücke zugeben und in der Marinade wenden, bis sie gleichmäßig mit Marinade überzogen sind. Mindestens 1 Stunde oder über Nacht ziehen lassen.

2 1 Esslöffel Öl in einer Kasserolle erhitzen. Zwiebel und Knoblauch hinzufügen und unter Rühren etwa 2 Minuten glasig schwitzen. Mit einem Schaumlöffel herausnehmen.

3 Das übrige Öl zugeben und erhitzen. Die Hälfte des Rindfleischs darin rasch rundherum anbraten. Herausnehmen und die zweite Hälfte des Fleischs anbraten. Das angebratene Fleisch, die Marinade, Knoblauch und Zwiebel in den Topf geben. 750 ml Wasser zugießen und den Eintopf mit Salz, Sternanis und reichlich Pfeffer würzen, zum Kochen bringen. Die Hitze reduzieren und den Eintopf zugedeckt 1 Stunde köcheln lassen.

4 Die vorbereiteten Gemüse hinzufügen und alles weitere 30 Minuten sanft köcheln lassen. Falls nötig, den Eintopf bei offenem Deckel 1–2 Minuten stärker kochen lassen, damit die Garflüssigkeit einkocht. Abschmecken und direkt aus dem Topf servieren.

Chinesische Spareribs

Servieren Sie dieses köstlich-klebrige Fingerfood auf einer großen Platte, z. B. auf einem Bett aus chinesischem Blattkohl (oder Blattsalat), mit Frühlingszwiebeln und geröstetem Sesam bestreut. Die Rippchen können im Backofen geschmort oder vorgegart und dann auf den Holzkohlengrill gelegt werden. Denken Sie an Papierservietten und Fingerschalen!

 milcheiweiß-, ei- & nussfrei

 glutenfrei
auch milcheiweiß-, ei- & nussfrei

Für die Marinade
4 EL Sojasauce
2 EL Reisessig
4 Stücke kandierter Ingwer in Sirup, abgetropft und sehr fein gehackt oder durch die Knoblauchpresse gedrückt
4 Knoblauchzehen, zerdrückt
150 ml Hoisin-Sauce
1 TL Fünf-Gewürze-Pulver
1,8 kg Spareribs (450 g pro Person)

Zum Garnieren
Frühlingszwiebeln, in Ringe geschnitten
Sesam (nach Belieben)

ZUBEREITUNGSZEIT 8 Minuten plus Marinierzeit
GARZEIT 90 Minuten
FÜR 4 Personen

Folgen Sie dem Rezept links, aber verwenden Sie eine glutenfreie Sojasauce. Manche Hoisin-Saucen können Malzessig oder Weizen enthalten und sind damit ungeeignet für Menschen, die Gluten nicht vertragen. Machen Sie die Sauce einfach selbst:

Hoisin-Sauce
4 EL glutenfreie Sojasauce
4 EL schwarze oder gelbe Bohnenpaste
2 EL Zuckerrohrsirup
2 TL Reisessig
¼ TL Knoblauchpulver
2 TL Sesamöl
¼ TL Chilisauce (falls gewünscht)
reichlich schwarzer Pfeffer
Alle Zutaten zu einer glatten Sauce verarbeiten.

ACHTUNG Wenn Sie Sesam nicht vertragen, lassen Sie ihn weg und nehmen Sie Maiskeim- statt Sesamöl für die Hoisin-Sauce (falls Sie diese selbst machen). Manche Menschen reagieren empfindlich auf Chili, in diesem Fall die Chilisauce weglassen. Achten Sie darauf, dass die schwarze oder gelbe Bohnenpaste kein Gluten enthält.

Wegen der Soja- und Hoisin-Sauce nicht geeignet für Soja-Allergiker.

1 Die Zutaten für die Marinade in einer großen, flachen metallfreien Schüssel mischen. Die Rippchen in die Marinade legen und im Kühlschrank mindestens 3 Stunden ziehen lassen, dabei gelegentlich wenden.
2 Den Backofen auf 190 °C vorheizen.
3 Ein Stück Alufolie in eine Schmorpfanne legen, die Rippchen mit der Marinade darauflegen und locker einwickeln.
4 Die Spareribs im Backofen 1 Stunde schmoren. Danach die Folie öffnen und die Rippchen wenden.
5 Den Backofen auf 220 °C schalten und die Rippchen in der geöffneten Folie weitere 30 Minuten garen, bis sie glasiert und klebrig sind. Zwischendurch einmal wenden.
6 Mit Frühlingszwiebeln und Sesam (nach Belieben) bestreuen und sofort servieren.

TIPP Für die Zubereitung auf dem Holzkohlengrill die Schritte 1 bis 4 nach dem Rezept befolgen. Zum Fertiggaren die Spareribs mit der restlichen Marinade einpinseln und auf den Holzkohlengrill legen (wenn man sie roh auf den Grill legt, werden sie nicht so zart). Grillen Sie das Fleisch langsam und nicht zu dicht an den Holzkohlen, weil zu starke Hitze die Marinade karamellisieren und verbrennen lässt.

Schweinebraten mit Fenchel

Aromatischer Fenchel und saftiges Schweinefleisch sind eine unschlagbare Kombination. In diesem Gericht finden sowohl Fenchelsamen als auch Fenchelknollen Verwendung. Aus der Garflüssigkeit wird eine delikate Bratensauce. Reichen Sie Möhren und Ofenkartoffeln mit Knoblauch und Meersalz (S. 95) zu diesem Braten – fertig ist das Festmahl!

    milcheiweiß-, ei-, gluten- & nussfrei

3 Fenchelknollen
6 EL Olivenöl
1 EL brauner Zucker
1,1 kg Schweinebraten, entbeint und ohne Schwarte
1 TL Salz
1 EL zerstoßene schwarze Pfefferkörner
3 EL Fenchelsamen
1 EL fein gehackter frischer Rosmarin
250 ml Gemüse- oder Hühnerbrühe
250 ml trockener Weißwein
Zitronensaft (nach Belieben)

ZUBEREITUNGSZEIT 10 Minuten
GARZEIT 100 Minuten (einschließlich Sauce)
FÜR 6–8 Personen

TIPPS Mageres Schweinefleisch kann leicht übergaren und austrocknen, daher sollten Sie zu Fleisch greifen, das von einer Fettschicht überzogen ist, die mitgegart wird.

Krustenbratenfans braten die Schwarte mit: dazu die Schwarte vor dem Braten einritzen und salzen.

ACHTUNG Brühwürfel können Spuren von Milcheiweiß, Gluten und Sellerie enthalten.

1 Den Backofen auf 190 °C vorheizen.
2 Die Fenchelknollen vorbereiten: Das fedrige Grün abschneiden, die Knollen je nach Größe längs vierteln oder sechsteln, den Strunk entfernen. Die Fenchelstücke in einer Schüssel in 4 Esslöffeln Olivenöl und braunem Zucker wenden.
3 Das Fleisch aufrollen und die Rolle an vier oder fünf Stellen mit Garn fixieren, so gart der Braten gleichmäßiger und sieht schöner aus.
4 Das übrige Öl in einer Schmorpfanne erhitzen. Den Braten rasch von allen Seiten anbraten. Salz, Pfeffer, Fenchelsamen und Rosmarin auf einem großen flachen Teller mischen. Den Braten darin wenden, dabei die Gewürze mit den Händen gut andrücken. Den Braten auf einem Gitterrost in die Schmorpfanne legen und mit den Fenchelstücken umlegen.
5 Im Ofen etwa 1½ Stunden schmoren, bis das Fleisch gar und der Fenchel goldbraun, aber noch bissfest ist. Den Fenchel zwischendurch einmal wenden. Den Braten mit dem Fenchelgemüse auf eine Tranchierplatte legen und warm stellen. Das Fett aus der Schmorpfanne abschöpfen. Mit einem Holzlöffel den Bratensaft mit der Brühe und dem Wein zu einer Sauce rühren. Die Sauce durch ein Sieb streichen, in einen Topf gießen und 5 Minuten sprudelnd kochen lassen, bis sie auf die Hälfte eingekocht ist. Würzen und nach Belieben Zitronensaft zugeben.
6 Den Braten aufschneiden, auf vorgewärmten Tellern zusammen mit dem Fenchel anrichten und mit der Sauce begießen.

Moussaka

Diese berühmte griechische Spezialität kann gut im Voraus zubereitet werden, besonders wenn Sie viele Leute zu verköstigen haben. Der Auflauf aus Auberginen, mild gewürztem Lammhack und cremiger Béchamelsauce sollte ganz heiß serviert werden und braucht nicht mehr als einen knackigen Salat als Beilage.

  ei- & nussfrei

3 Auberginen
Salz
Olivenöl
2 große Zwiebeln, gehackt
3 Knoblauchzehen, fein gehackt
½ TL gemahlener Zimt
¼ TL rosenscharfes Paprika- oder mildes Chilipulver
500 g Lammhack
1 EL Tomatenmark
200 ml Rotwein
frisch gemahlener schwarzer Pfeffer
½ TL getrockneter Oregano
6 EL Weizenmehl
1 Portion Béchamelsauce (S. 208)
75 g Feta, zerkrümelt, oder frisch geriebener Parmesan

ZUBEREITUNGSZEIT 75 Minuten
GARZEIT 40 Minuten
FÜR 6 Personen

1 Die Auberginen längs in 5 mm dicke Scheiben schneiden, in ein Sieb legen, mit Salz bestreuen und 30 Minuten ruhen lassen, abspülen und mit Küchenpapier trocken tupfen. So werden Bitterstoffe entfernt und die Auberginen bräunen besser.

2 2 EL Olivenöl in einer Pfanne erhitzen. Zwiebeln und Knoblauch 2 Minuten darin anbraten. Die Gewürze hinzufügen. Das Lammhackfleisch zugeben und braten, bis es Farbe annimmt. Tomatenmark und Wein dazugeben. Alles mit Salz und Pfeffer würzen, umrühren, zum Kochen bringen und ohne Deckel bei sehr schwacher Hitze unter gelegentlichem Rühren 40 Minuten köcheln lassen. Vom Herd nehmen und den Oregano unterrühren.

3 In der Zwischenzeit genügend Olivenöl erhitzen, dass der Boden einer Pfanne bedeckt ist, das Mehl salzen und pfeffern und die Auberginenscheiben darin wenden. Auberginen portionsweise goldbraun ausbacken und auf Küchenpapier abtropfen lassen.

4 Die Béchamelsauce zubereiten und den Feta oder Parmesan einrühren.

5 Den Backofen auf 190 °C vorheizen. Den Boden einer 20 x 25 cm großen Auflaufform mit Auberginenscheiben auslegen, darauf die Hälfte des Lammhacks verteilen. Eine weitere Lage Auberginen in die Form schichten und das restliche Fleisch darauf verteilen. Die oberste Schicht sollte aus Auberginen bestehen. Die Moussaka mit der Béchamelsauce übergießen und 40 Minuten backen.

Abbildung rechts ▶

 milcheiweißfrei
auch ei- & nussfrei

Folgen Sie dem Rezept links, aber verwenden Sie milcheiweißfreie Béchamelsauce (S. 208) und milcheiweißfreien Feta- oder Parmesanersatz.

 glutenfrei
auch ei- & nussfrei

Folgen Sie dem Rezept links, aber nehmen Sie zum Wenden der Auberginen Reis- statt Weizenmehl. Verwenden Sie glutenfreie Béchamelsauce (S. 208).

ACHTUNG Manche Menschen reagieren sensibel auf Chili. Falls nötig, verzichten Sie darauf.

TIPP Geizen Sie nicht mit Küchenpapier, wenn Sie die gebratenen Auberginen abtropfen lassen, sonst schwimmt die Moussaka in Öl.

SERVIERVORSCHLAG Zur Moussaka passt ein griechischer Salat mit Oliven und gewürfeltem Feta (bzw. einer milcheiweißfreien Variante).

Lamm-Kartoffel-Auflauf

Ein nicht nur in England heiß geliebter Auflauf: Würziges Lammhack gart mit fein gewürfelten Zwiebeln, Sellerie und Möhren unter einer Schicht aus feinstem Kartoffelpüree mit einem Hauch Muskatnuss. Strenge Regeln gibt es dabei nicht, verarbeiten Sie also ruhig gehackte Bratenreste, Gemüse und Gewürze nach Ihrem Geschmack.

  ei- & nussfrei

3 EL nussfreies Pflanzenöl
1 Zwiebel, gehackt
1 Stange Staudensellerie, fein gehackt
2 Möhren, grob geraspelt oder fein gewürfelt
1 EL gehackter frischer Thymian
750 g Lammhack
150 ml Rindfleisch- oder Gemüsebrühe
1 EL Weizenmehl
1 TL Worcestershire-Sauce
1 EL Tomatenmark
1 Lorbeerblatt
Salz und frisch gemahlener schwarzer Pfeffer

Für das Kartoffelpüree
1,25 kg mehlig kochende Kartoffeln, geschält, gewaschen und geviertelt
50 g Butter
1 EL Milch
1 große Prise frisch geriebene Muskatnuss

ZUBEREITUNGSZEIT 50 Minuten
GARZEIT 45 Minuten
FÜR 4–6 Personen

 milcheiweißfrei
auch ei- & nussfrei

Ersetzen Sie die Butter durch milcheiweißfreies Streichfett, die Milch durch Soja-, bei zusätzlicher Sojaallergie durch Reis- oder Hafermilch. Achten Sie auf milcheiweißfreie Brühwürfel.

 glutenfrei
auch ei- & nussfrei

Folgen Sie dem Rezept links, aber ersetzen Sie in Schritt 3 das Weizenmehl durch 1½ TL Maisstärke, die Sie mit 1 Esslöffel Wasser glattrühren.

TIPP Statt des Hackfleischs können Sie auch Bratenreste verwenden und entsprechend würzen.

ACHTUNG Brühwürfel können Spuren von Milcheiweiß, Gluten und Sellerie enthalten. Gluten-Empfindliche sollten darauf achten, nur glutenfreie Worcestershire-Sauce zu verwenden.
  Bei Sellerieallergie den Staudensellerie weglassen.

1 2 Esslöffel Öl in einer Pfanne mit schwerem Boden erhitzen. Zwiebel, Sellerie, Möhren und Thymian etwa 5 Minuten unter Rühren darin anbraten. Herausnehmen und beiseitestellen.

2 Das restliche Öl in der Pfanne erhitzen und das Lammhack darin unter Rühren krümelig braten.

3 Die Fleisch- oder Gemüsebrühe und das Mehl zum Fleisch geben. Das gedünstete Gemüse, Worcestershire-Sauce, Tomatenmark und Lorbeerblatt zugeben und mit Salz und Pfeffer würzen.

4 Die Mischung zum Kochen bringen und rühren, bis die Flüssigkeit einzudicken beginnt. Die Hitze reduzieren und alles zugedeckt 30 Minuten leicht köcheln lassen, dabei gelegentlich umrühren. Das Lorbeerblatt entfernen und die Fleisch-Gemüse-Mischung in eine flache, feuerfeste Form füllen.

5 Inzwischen die Kartoffeln in kochendem, leicht gesalzenem Wasser etwa 15 Minuten kochen. Abgießen und unter Zugabe von 40 g Butter und der Milch mit einem Kartoffelstampfer zu Püree verarbeiten. Mit Muskatnuss, Salz und Pfeffer abschmecken.

6 Den Backofen auf 180 °C vorheizen. Das Kartoffelpüree locker auf der Fleisch-Gemüse-Mischung verteilen und mit Butterflöckchen belegen. Den Auflauf etwa 45 Minuten leicht braun backen.

Lammcurry mit Spinat und Joghurt

Dieses Curry duftet unwiderstehlich nach den berauschenden Aromen Indiens. Das Lammfleisch wird mit Zwiebeln, Knoblauch, Kreuzkümmel, Koriander und Nelken gewürzt und unter Beigabe von frischem Ingwer, Spinat und Joghurt langsam gekocht, bis es so mürbe ist, dass es fast auf der Zunge zergeht. Mit Reis und Raita (S. 213) serviert, ist es ein echtes Fest für die Sinne.

   ei-, gluten- & nussfrei

120 ml neutrales, nussfreies Öl
2 Zwiebeln, fein gehackt
1½ TL gemahlener Kreuzkümmel
1 TL gemahlene Koriandersamen
1 Prise Cayennepfeffer
1 Prise gemahlene Gewürznelken
1 Lorbeerblatt
4 Knoblauchzehen, zerdrückt
2,5 cm frischer Ingwer, gerieben
700 g entbeinte Lammschulter oder -nacken, in 2,5 cm große Würfel geschnitten
150 g Naturjoghurt
700 g frischer Blattspinat oder aufgetauter Tiefkühl-Blattspinat
Salz und frisch gemahlener schwarzer Pfeffer
1 Prise Garam Masala
2 EL gehacktes Koriandergrün

ZUBEREITUNGSZEIT 10 Minuten
GARZEIT 45–60 Minuten
FÜR 4 Personen

 milcheiweißfrei
auch ei-, gluten- & nussfrei

Ersetzen Sie den Joghurt durch Sojajoghurt bzw. bei zusätzlicher Sojaallergie durch ein sojafreies Produkt. Wenn Sie Raita dazu servieren, nehmen Sie die milcheiweißfreie Variante.

ACHTUNG Cayennepfeffer ist aus Chilischoten hergestellt. Bei Chiliunverträglichkeit den Cayennepfeffer weglassen.

1 Das Öl in einem großen Schmortopf erhitzen. Die Zwiebeln darin 2 Minuten unter Rühren anbraten, aber nicht bräunen.
2 Kreuzkümmel, Koriander, Cayennepfeffer, Nelkenpulver und Lorbeerblatt zugeben und unter Rühren 1 Minute mitbraten.
3 Knoblauch und Ingwer hinzufügen und 1 Minute garen. Das Fleisch zugeben und 2 Minuten unter Rühren braten, bis es von allen Seiten gebräunt ist.
4 Den Joghurt unterrühren. Keine Sorge: Er wird zwar zunächst gerinnen, ergibt am Ende aber eine wunderbar sämige Sauce.
5 Frischen Blattspinat putzen, waschen und grob hacken, Tiefkühl-Spinat gut ausdrücken und hacken. Den Spinat in den Topf geben, unterrühren und garen, bis er zusammenfällt. Mit Salz und Pfeffer würzen.
6 Das Curry zugedeckt 45–60 Minuten bei schwacher Hitze sanft köcheln lassen, bis das Fleisch zart ist. Überschüssiges Fett abschöpfen. Wenn Sie das Gericht schon am Vortag zubereiten, lassen Sie es auf Zimmertemperatur abkühlen, bevor Sie es in den Kühlschrank stellen.
7 Das Curry vor dem Servieren, falls nötig, vorsichtig aufwärmen, dabei mehrfach umrühren. Garam Masala und Koriander unterrühren und das Curry mit gekochtem Reis oder (glutenfreiem) Fladenbrot, Chutney und Raita (S. 213) servieren.

Walisisches Honiglamm

Wir verbringen viel Zeit auf unserem Hof in Wales, der Supermärkte mit biologischem Lamm- und Rindfleisch beliefert. Dieses Rezept, in dem ich regionale Produkte verarbeitet habe, ist mein Tribut an die walisische Küche. Der Cidre verleiht der Bratensauce eine delikate Apfelnote. Servieren Sie das Honiglamm mit Walisischem Kartoffelgratin (S. 94) und Gemüse der Saison.

    milcheiweiß-, ei-, gluten- & nussfrei

1 EL neutrales, nussfreies Öl
4 EL klarer Honig
4 TL fein gehackter frischer Rosmarin
1 TL geriebener frischer Ingwer
1,8–2 kg Lammkeule
4 EL trockener Cidre

Für die Sauce
Bratensaft vom Fleisch
150 ml Fleisch- oder Gemüsebrühe
½ TL Maisstärke (nach Belieben)
Salz und frisch gemahlener Pfeffer

ZUBEREITUNGSZEIT 10 Minuten
GARZEIT 2–2½ Stunden
FÜR 6–8 Personen

TIPP Sie brauchen viel Alufolie, damit die Honigglasur nicht in den Schmortopf läuft, wo sie vermutlich anbrennt und der Bratensauce einen bitteren Beigeschmack verleiht.

ACHTUNG Manche Brühwürfel enthalten Spuren von Milcheiweiß, Gluten und Sellerie.

1 Den Backofen auf 190 °C vorheizen.

2 In einer kleinen Schüssel Öl, Honig, Rosmarin und Ingwer zu einer Paste verarbeiten.

3 Das Fleisch mit einem Spieß an mehreren Stellen einstechen und mit der Honigmischung einreiben.

4 Ein extragroßes Stück Alufolie (die ganze Keule sollte sich darin einwickeln lassen) in einen großen Schmortopf legen und die Lammkeule darauflegen. Den Cidre in den Topf gießen. Die Folie locker über dem Fleisch schließen und die Ränder sorgfältig falten.

5 Die Lammkeule 2–2½ Stunden schmoren, dabei zweimal mit dem ausgetretenen Bratensaft begießen. Am Ende der Garzeit sollte das Fleisch innen rosafarben sein.

6 Den Schmortopf aus dem Ofen nehmen, die Lammkeule auf eine Platte legen und an einem warmen Ort 20 Minuten ruhen lassen. Die Folie entfernen.

7 Um die Bratensauce zuzubereiten, den Schmortopf mit dem Bratensaft auf die Herdplatte stellen. Den Bratensaft mit der Gemüse- oder Fleischbrühe ergänzen und bei mittlerer Hitze etwas einkochen lassen. Wenn eine dickere Sauce gewünscht ist, ein wenig von der heißen Brühe in eine Tasse gießen, mit ½ TL Maisstärke verrühren und die Sauce damit andicken. Mit Salz und Pfeffer abschmecken. Warm stellen bis zum Servieren.

Lamm-Ragout

Obst, Nüsse und Fleisch verleihen diesem aromatischen Eintopfgericht seine charakteristische orientalische Note. Am besten verwendet man ein Nacken- oder Schulterstück und lässt es möglichst lange bei möglichst niedriger Temperatur schmoren. Als traditionelle Beilage empfiehlt sich Couscous. Safran-Quinoa-Couscous ist eine fantastische Alternative – ob Sie glutenfrei essen müssen oder nicht.

  milcheiweiß- & eifrei

4 EL Olivenöl
900 g Lammschulter- oder -nacken, in 2,5 cm große Würfel geschnitten
1 Zwiebel, fein gehackt
2 Knoblauchzehen, fein gehackt
1 TL gemahlener Kreuzkümmel
1 TL gemahlener Zimt
½ TL gemahlener Ingwer
500 ml Gemüse- oder Fleischbrühe
1 EL klarer Honig
2 EL Tomatenmark
5 cm Schale von 1 unbehandelten Orange
1 Zimtstange
Salz und frisch gemahlener Pfeffer
100 g entsteinte Pflaumen, halbiert
100 g getrocknete Aprikosen, halbiert
50 g blanchierte Mandeln, leicht geröstet
1 TL Orangenblütenwasser (nach Belieben)

Zum Garnieren
Sesam

Für das Couscous
250 g Couscous
300 ml kochendes Wasser

Zubereitungszeit 20 Minuten
Garzeit 75–90 Minuten
Für 4–6 Personen

1 Das Lammfleisch in einer ofenfesten Kasserolle mit schwerem Boden in 2 EL heißem Öl portionsweise anbraten, beiseitestellen.
2 Im restlichen Öl bei mittlerer Hitze Zwiebeln und Knoblauch anbraten, aber nicht bräunen (etwa 2 Minuten). Gemahlene Gewürze unterrühren und 1 Minute mitbraten.
3 Das Lammfleisch zurück in die Kasserolle geben, Brühe, Honig, Tomatenmark, Orangenschale und Zimtstange zufügen. Alles gut vermischen und mit Salz und Pfeffer würzen. Die Mischung aufkochen und bei geringer Hitze mit halb offenem Deckel 60–75 Minuten köcheln lassen. Pflaumen, Aprikosen, Mandeln und, nach Belieben, Orangenblütenwasser unterrühren und 15 Minuten garen, bis die Früchte weich sind.
4 Währenddessen das Couscous in eine Schüssel geben, salzen und mit kochendem Wasser übergießen. Gut durchrühren. Das Couscous zugedeckt auf einem Topf mit köchelndem Wasser mindestens 5 Minuten quellen lassen, bis es das gesamte Wasser aufgenommen hat bzw. so lange, bis das Ragout gar ist.
5 Couscous mit einer Gabel lockern. Ragout und Couscous auf vorgewärmte Teller geben und mit Sesam garniert servieren.

 nussfrei
auch milcheiweiß- & eifrei

Folgen Sie dem Rezept links, doch ersetzen Sie die Mandeln durch eine entsprechende Menge geröstete Pinienkerne. Im Zweifel auf beides verzichten.

 glutenfrei
auch milcheiweiß- & eifrei

Folgen Sie dem Rezept links, doch bereiten Sie als Beilage Safran-Quinoa-Couscous zu:
• 800 ml leicht gesalzenes Wasser erhitzen, ¼ Teelöffel gemahlenen Safran oder ½ Teelöffel Safranfäden unterrühren.
• Das Wasser zum Kochen bringen, 300 g Quinoa zugeben, bei schwacher Hitze zugedeckt etwa 10 Minuten garen. Vom Herd nehmen und 10 weitere Minuten quellen lassen.
• Vor dem Servieren mit einer Gabel auflockern.
◀ Abbildung links

ACHTUNG Gemüsebrühwürfel können Milcheiweiß bzw. Gluten bzw. Sellerie enthalten. Sesam bei einer entsprechenden Allergie weglassen.

Hackfleisch-Lasagne

Lasagne al forno, wie die Lasagne in Italien heißt, ist ein klassisches Pastagericht aus Schichten von Lasagneblättern, Hackfleisch, Béchamelsauce und Parmesan. Ragout und Sauce können im Voraus zubereitet werden. Wenn keine glutenfreien Lasagneblätter erhältlich sind, folgen Sie dem Rezept auf der übernächsten Seite oder ersetzen Sie die Lasagneblätter durch Polenta.

  ei- & nussfrei

Füllung
1 Portion Sauce Bolognese (S. 117) mit 400 g Hackfleisch, aber ohne Hühnerleber und Sahne

Sauce und Garnierung
1 Portion Béchamelsauce (S. 208)
50 g Parmesan, frisch gerieben

Zum Fertigstellen
280 g eifreie Lasagneblätter

ZUBEREITUNGSZEIT 2½ Stunden (inklusive Sauce Bolognese)
BACKZEIT 35–40 Minuten
FÜR 4–6 Personen

 milcheiweißfrei
auch ei- & nussfrei

Folgen Sie dem Rezept links, verwenden Sie dabei aber 1 Portion milcheiweißfreie Béchamelsauce (S. 208). Mit 50 g milcheiweißfreiem Parmesanersatz bestreuen.
Abbildung rechts ▸

 glutenfrei
siehe übernächste Seite

Sind keine glutenfreien Lasagneblätter erhältlich, folgen Sie dem Rezept auf der übernächsten Seite, oder ersetzen Sie die Pasta durch dünne Scheiben Polenta (S. 81).

1 Sauce Bolognese mit 400 g Hackfleisch, aber ohne Hühnerleber und Sahne gemäß dem Rezept auf S. 117 zubereiten.
2 Béchamelsauce gemäß dem Rezept auf Seite 208 zubereiten.
3 Den Backofen auf 190 °C vorheizen. Eine dünne Schicht Sauce Bolognese auf den Boden einer feuerfesten 1,4-Liter-Auflaufform geben und mit einer Schicht Lasagneblätter bedecken. Die Hälfte der verbliebenen Sauce darauf verteilen und mit einer Schicht Lasagneblätter bedecken. Diesen Arbeitsschritt wiederholen. Die Béchamelsauce über die Lasagne gießen und mit Parmesan bestreuen.
4 Die Lasagne 35–40 Minuten im Backofen backen, bis die Oberfläche goldbraun ist.

SERVIERVORSCHLAG Ein frischer grüner oder gemischter Salat ist eine perfekte Beilage.

Hackfleisch-Lasagne Fortsetzung

 glutenfrei
auch nussfrei

Für die Lasagneblätter
85 g glutenfreie Mehlmischung, plus etwas Mehl zum Bestauben
¾ TL Xanthan
1 Prise Salz
1 großes Ei, verquirlt
1 EL Olivenöl

ZUBEREITUNGSZEIT 2¾ Stunden (inklusive Zubereitung der Pasta, der Sauce Bolognese und der Béchamelsauce)
BACKZEIT 35–40 Minuten
FÜR 4–6 Personen

TIPPS Für die Zubereitung der Pasta eignet sich auch Buchweizenmehl. Wenn Sie den ausgerollten Teig in schmale Streifen schneiden, erhalten Sie Tagliatelle: 30 Minuten trocknen lassen, dann ein paar Minuten in leicht gesalzenem Wasser bissfest kochen.

1 Für die Pasta Mehl, Xanthan und Salz in eine Schüssel sieben. Ei und Öl zugeben und die Mischung zu einem festen Teig verarbeiten.
2 Den Teig kneten, bis er geschmeidig ist, in Frischhaltefolie wickeln und 30 Minuten ruhen lassen.
3 Den Teig möglichst dünn ausrollen und in 6 Rechtecke schneiden (15 x 7,5 cm). Eventuell verbliebene Teigreste mitverwerten. Die Lasagneblätter auf einer freien Fläche trocknen lassen und währenddessen die Bolognese (S. 117) und die glutenfreie Béchamelsauce (S. 208) zubereiten. Fortfahren, wie auf Seite 136 beschrieben.

»Wer Pasta noch nie selbst gemacht hat, wird überrascht sein, wie einfach das ist.«

Schellfisch-Spinat-Auflauf

Diesem traditionellen Gericht aus Nudeln, geräuchertem Schellfisch, Spinat und Sahne verleihen Frühlingszwiebeln und Pilze eine besondere Note. Der Auflauf wird mit Tomaten und Käse überbacken und kann im Voraus zubereitet werden. Sie brauchen ihn dann nur noch kurz vor dem Essen in den Ofen zu schieben. Für die glutenfreie Version eignet sich Maispasta.

  ei- & nussfrei

250 g geräucherter Schellfisch, enthäutet und entgrätet
300 ml Milch
250 g eifreie Nudeln aus Hartweizengrieß
30 g Butter
1 Bund Frühlingszwiebeln, fein gehackt
50 g kleine Champignons, in Scheiben geschnitten
30 g Mehl
4 EL Sahne
1 EL Zitronensaft
2 EL gehackte frische Petersilie
Salz und frisch gemahlener schwarzer Pfeffer
250 g Blattspinat (frisch oder tiefgefroren und aufgetaut), gehackt
50 g Cheddar oder Bergkäse, gerieben
2–3 Tomaten, in Scheiben geschnitten

ZUBEREITUNGSZEIT 20 Minuten
GARZEIT 35 Minuten
FÜR 4 Personen

1 Den Fisch in der Milch etwa 5 Minuten pochieren. Verbliebene Hautreste und Gräten entfernen. Die Milch zur Seite stellen.
2 Die Nudeln gemäß Packungsanweisung kochen und abgießen.
3 Die Butter in einem Topf schmelzen lassen. Die Frühlingszwiebeln zugeben und bei mittlerer Hitze unter stetigem Rühren 2 Minuten anbraten, bis sie weich, aber nicht braun sind.
4 Die Pilze hinzufügen und etwa 1 Minute mitbraten.
5 Den Topf vom Herd nehmen und das Mehl untermischen. Die Fischmilch unterrühren. Den Topf zurück auf den Herd stellen, die Sauce aufkochen und unter stetigem Rühren etwa 2 Minuten köcheln lassen. Sahne, Zitronensaft und Petersilie zugeben. Den Schellfisch und die gekochten Nudeln untermischen. Alles gut miteinander vermengen und vorsichtig abschmecken.
6 Den Backofen auf 190 °C vorheizen. Die Hälfte der Pastamischung in eine flache, feuerfeste 1,2-Liter-Auflaufform geben und mit Spinat bedecken (aufgetauten Spinat zunächst ausdrücken). Die restliche Nudelmischung darübergeben.
7 Den Auflauf mit Käse bestreuen, am Rand mit Tomatenscheiben garnieren und im Backofen etwa 35 Minuten backen, bis die Oberfläche goldbraun ist. Heiß servieren.

 milcheiweißfrei
auch ei- & nussfrei

Folgen Sie dem Rezept links, doch ersetzen Sie die Butter durch milcheiweißfreie Margarine, die Milch durch Soja-, Reis- oder Hafermilch und die Sahne durch Sojasahne. Damit die Sauce gehaltvoller wird, können Sie etwas mehr von der milcheiweißfreien Margarine zugeben. Zum Überbacken eignen sich milcheiweißfreier Cheddar- oder Parmesanersatz oder eine Mischung aus 4 Esslöffeln Semmelbröseln und 1 Esslöffel geschmolzener milcheiweißfreier Margarine oder beides.

 glutenfrei
auch ei- & nussfrei

Folgen Sie dem Rezept links, doch ersetzen Sie die Weizennudeln durch Reis- oder Maisnudeln und das Mehl durch Maismehl oder eine andere glutenfreie Mehlsorte.

ACHTUNG Achten Sie darauf, nicht aus Versehen Eiernudeln zu nehmen.
  Bei Milcheiweiß- und zusätzlicher Sojaallergie keine Ersatzprodukte auf Sojabasis verwenden.

Pasta mit Rucola

Wenn Sie kräftige mediterrane Aromen mögen, wird Ihnen dieses einfache, aber raffinierte Nudelgericht gefallen. Der pikante Knoblauch-Chili-Zitronenmix harmoniert ausgezeichnet mit den pfeffrigen Rucolablättern. Pasta und Sauce sind in weniger als 15 Minuten fertig – ein ideales Mittag- oder Abendessen, wenn man wenig Zeit zum Kochen hat.

  ei- & nussfrei

350 g Spaghetti
4 EL Olivenöl
4 Knoblauchzehen, fein gehackt
1 rote Chilischote, von den Samen befreit und gehackt
abgeriebene Schale von 1½ unbehandelten Zitronen
2 EL Zitronensaft
50 g Rucola, in 2,5 cm große Stücke zerzupft oder fein gehackt
30 g Parmesan, frisch gerieben, plus etwas Parmesan zum Servieren
Meersalz und frisch gemahlener schwarzer Pfeffer

ZUBEREITUNGSZEIT 3 Minuten
GARZEIT 10 Minuten
FÜR 4 Personen

1. Die Nudeln in einem großen Topf kochendem Salzwasser nach Packungsanweisung al dente kochen.
2. Währenddessen das Öl in einem kleinen Topf bei schwacher Hitze erwärmen. Knoblauch, Chili und Zitronenschale zufügen und anbraten, bis der Knoblauch weich ist (etwa 2 Minuten). Zitronensaft zufügen.
3. Die Nudeln abgießen, in eine Schüssel füllen und das aromatisierte Öl darübergeben. Rucolablätter und Parmesan gut unterheben.
4. Die Pasta mit Salz und Pfeffer würzen und sofort servieren. Extra Parmesan zum Darüberstreuen dazu reichen.

ACHTUNG Manche Menschen reagieren sensibel auf Chilischoten – im Zweifel einfach weglassen.

 milcheiweißfrei
auch ei- & nussfrei

Folgen Sie dem Rezept links, doch verwenden Sie statt des Parmesans eine entsprechende Menge milcheiweißfreien Parmesanersatz (siehe S. 218–219). Er ist möglicherweise recht salzig; es empfiehlt sich daher, das Gericht vor dem Würzen zu probieren.
◂ Abbildung links

TIPP Wenn Sie keinen Parmesanersatz bekommen, probieren Sie eine andere milcheiweißfreie Alternative aus, z. B. gewürfelten Feta- oder Mozzarellaersatz – besonders gut, mit schwarzen Oliven bestreut.

 glutenfrei
auch ei- & nussfrei

Folgen Sie dem Rezept links, doch ersetzen Sie die Spaghetti durch eine entsprechende Menge glutenfreie Nudeln. Mit Maisnudeln entfaltet sich das Aroma besonders gut. Auch Buchweizennudeln sind geeignet.

Nudelsuppe mit Ingwer

Dieses vielseitige Gericht wird rund um die Welt in Suppenbars und Restaurants angeboten. Es lässt sich mit jeder Art Nudeln zubereiten, von chinesischen Eiernudeln über Reisnudeln bis hin zu Buchweizennudeln für diejenigen, die kein Gluten vertragen. Die Zubereitung dauert nur wenige Minuten – Fast Food in vollendeter Form.

  milcheiweiß- & nussfrei

1 l Hühnerbrühe, gut gewürzt
10 g frischer Ingwer, geschält und in feine Stifte geschnitten
3 EL helle Sojasauce
1 Sternanis
200 g Nudeln
Salz
3 EL nussfreies Pflanzenöl
8 kleine Maiskolben, der Länge nach halbiert
10 Shiitakepilze, in Streifen geschnitten
2 Pak choi, grob gehackt

Zum Garnieren
4 Frühlingszwiebeln, diagonal in Scheiben geschnitten
30 g Bohnensprossen

ZUBEREITUNGSZEIT 10 Minuten
GARZEIT 12 Minuten
FÜR 4 Personen

1 Hühnerbrühe, Ingwerstreifen, Sojasauce und Sternanis 3 Minuten lang köcheln.
2 Die Nudeln gemäß der Packungsanleitung in Salzwasser bissfest garen und auf vier Schüsseln verteilen.
3 Einen Wok stark erhitzen und das Öl hineingießen. Den Mais darin goldbraun anbraten, dann die Pilze hinzugeben und 1–2 Minuten mitbraten.
4 Vorsichtig die Brühe in den Wok gießen. Den Pak choi zufügen, die Suppe zum Kochen bringen und etwa 1 Minute garen bzw. so lange, bis das Gemüse weich ist.
5 Brühe und Gemüse über die Nudeln schöpfen. Mit Frühlingszwiebeln und Bohnensprossen bestreuen und sofort servieren.

 eifrei
auch milcheiweiß- & nussfrei

Folgen Sie dem Rezept links, aber verwenden Sie keine chinesischen Nudeln oder Eiernudeln, sondern Reisnudeln, Udon-Nudeln oder Soba-Nudeln.

 glutenfrei
auch milcheiweiß- & nussfrei

Folgen Sie dem Rezept links, doch verwenden Sie ausschließlich Reis-, Mais- oder reine Buchweizennudeln sowie glutenfreie Sojasauce. **Abbildung rechts** mit breiten flachen Reisnudeln ▸

SERVIERVORSCHLAG Die Suppe mit 150 g gegrillten oder im Wok gebratenen Fisch-, Hähnchen- oder Entenfleischstreifen belegen. Wenn Sie Zeit haben, marinieren Sie das Fleisch zunächst in süßem Miso (siehe Schritt 1 und 2 des Rezepts von Seite 101).

ACHTUNG Gemüsebrühwürfel können Spuren von Milcheiweiß, Gluten und Sellerie enthalten.
Soja-Allergiker verzichten auf die Sojasauce und die Bohnensprossen.

Basmatireis-Pilaw

Dieser Pilaw mit getrockneten Cranberries, Johannisbeeren und Pinienkernen wird oft als »Juwelenreis« bezeichnet. Basmati- und Wildreis – in der glutenfreien Variante müssen Sie auf diesen verzichten – verleihen ihm einen besonderen Charakter. Kochen Sie die Reissorten getrennt oder kaufen Sie eine Reismischung, die Sie mit der gesamten Brühe köcheln lassen.

    milcheiweiß-, ei-, gluten- & nussfrei

1 l Hühner- oder Gemüsebrühe
2 EL neutrales, nussfreies Öl
1 Zwiebel, fein gehackt
1 Staudensellerieherz, fein gehackt
375 g weißer Basmatireis, gewaschen und abgetropft
Blätter von 2 Zweigen frischem Thymian
1 Lorbeerblatt
3 EL rote Johannisbeeren
2 EL getrocknete Cranberries
2 EL gehackte frische Petersilie
3 EL Pinienkerne, geröstet
Salz und frisch gemahlener schwarzer Pfeffer

ZUBEREITUNGSZEIT 10 Minuten
GARZEIT 50 Minuten
FÜR 6 Personen

1. Für die nicht glutenfreie Variante: 300 ml Brühe in einen Topf geben, zum Kochen bringen und 125 g Wildreis zufügen.
2. Den Reis zugedeckt bei geringer Hitze etwa 45–50 Minuten köcheln lassen, bis er die Flüssigkeit aufgesogen hat. Wenn nötig, den Deckel abnehmen und überschüssige Brühe verdampfen lassen. Der Reis sollte eine nussartige Konsistenz haben.
3. Ab hier auch glutenfrei: In einem anderen Topf in der Zwischenzeit das Öl erhitzen. Zwiebel und Sellerie 3 Minuten darin anbraten, bis sie weich, aber nicht braun sind. Den Basmatireis zufügen und rühren, bis die Körner vollständig mit Öl überzogen sind. Die Thymianblätter untermischen. Die (restliche) Brühe zugießen und zum Kochen bringen. Auf schwache Hitze schalten und das Lorbeerblatt, die Johannisbeeren und die Cranberries zufügen. Den Pilaw zugedeckt bei schwacher Hitze köcheln lassen, bis der Reis gar ist (etwa 10–12 Minuten).
4. Den Topf vom Herd nehmen. Petersilie und Pinienkerne und gegebenenfalls Wildreis zufügen. Den Pilaw mit Salz und Pfeffer abschmecken und mit einer Gabel auflockern.
5. Den Pilaw in vorgewärmten Schalen sofort servieren.

TIPP Wenn es für Sie nicht glutenfrei sein muss, verfeinern Sie diesen Pilaw mit 125 g Wildreis und reduzieren entsprechend die Menge Basmatireis auf 250 g.

Sie können die Zwiebeln auch in einem Stück Butter oder milcheiweißfreiem Streichfett andünsten.

ACHTUNG Sellerie-Allergiker lassen das Staudensellerieherz weg und geben eventuell mehr Petersilie hinzu.

Manche Menschen mit Nussallergie vertragen keine Pinienkerne. Im Zweifel weglassen. Wenn Sie Brühwürfel verwenden, achten Sie gegebenenfalls darauf, dass diese milcheiweiß-, gluten- und selleriefrei sind.

Risotto alla milanese

Echter Mailänder Risotto ist eine cremige, goldgelbe, nach Safran duftende Köstlichkeit, die besonders gut zu Ossobuco (S. 118) passt. Er wird unter stetigem Rühren mit Rundkornreis zubereitet, darf also nicht unbeaufsichtigt auf dem Herd stehen bleiben. Ohne Safran eignet sich das Rezept als Ausgangsbasis für eigene Risottovarianten mit Gemüse, Fleisch, Fisch oder Meeresfrüchten.

   ei-, gluten- & nussfrei

1 l Hühnerbrühe
150 ml trockener Weißwein
30 g Butter
2 EL Olivenöl
1 Zwiebel, fein gehackt
30 g gekochter Schinken, fein gehackt
350 g Rundkornreis, Arborio oder Carnaroli
½ gehäufter TL Safranfäden, gehackt, oder ½ gestrichener TL gemahlener Safran, in 2 EL heißem Wasser aufgelöst
frisch gemahlener schwarzer Pfeffer
2 EL frisch geriebener Parmesan
Salz

ZUBEREITUNGSZEIT 10 Minuten
GARZEIT 20 Minuten
FÜR 4 Personen

 milcheiweißfrei
auch ei-, gluten- & nussfrei

Folgen Sie dem Rezept links, doch ersetzen Sie die Butter durch die gleiche Menge milcheiweißfreies Streichfett und den Parmesan durch milcheiweißfreien Parmesanersatz. Besonders sämig wird der Risotto mit 2 EL Sojasahne (in Schritt 4 zusammen mit dem Safran zufügen).

ACHTUNG Brühwürfel können Spuren von Milcheiweiß, Gluten und Sellerie enthalten.

1 Brühe und Wein in einem Topf zum Kochen bringen.
2 Butter und Olivenöl in einem Topf mit schwerem Boden erhitzen; Zwiebel und Schinken darin anbraten, bis die Zwiebelwürfel glasig sind.
3 Den Reis dazugeben und 2 Minuten unterrühren, damit sich die Körner rundum mit Fett überziehen.
4 Eine Schöpfkelle Brühe zum Reis geben und rühren, bis die Flüssigkeit vom Reis aufgenommen ist. Einen weiteren Löffel Brühe zugeben. Stets rühren, damit der Reis nicht anhängt. Wenn die Hälfte der Flüssigkeit aufgebraucht ist, den Safran zufügen. Weiterhin löffelweise Brühe zugeben und rühren, bis der Reis zart und cremig, aber noch bissfest ist.
5 Den Risotto mit frisch gemahlenem schwarzem Pfeffer würzen. Den Parmesan unterrühren. Den Risotto vor dem Servieren noch einmal abschmecken und, falls nötig, salzen.
Abbildung mit Ossobuco auf Seite 119

Pflaumencrumble

Diesen Nachtisch sollten Sie allein schon wegen der himmlischen Düfte nach Herbstfrüchten, Zimt und Piment, die während des Garens die Küche durchziehen, ausprobieren. Er wird heiß serviert – am besten mit leicht geschlagener Sahne, Chantilly-Sahne (S. 216), Vanillesauce oder Vanilleeis. Wenn Sie Nüsse vertragen, probieren Sie als Beilage gekühlte Cashewcreme (S. 216).

  ei- & nussfrei

Für die Streusel
250 g Mehl Type 405
125 g kalte Butter, in 2,5 cm große Würfel geschnitten
100 g brauner Zucker oder Rohrzucker

Für die Füllung
1 kg entsteinte Pflaumen, halbiert
150 g Zucker
1 TL gemahlener Zimt
1 große Prise gemahlener Piment

ZUBEREITUNGSZEIT 10 Minuten
GARZEIT 45 Minuten
FÜR 4–6 Personen

1 Den Backofen auf 190 °C vorheizen.
2 Das Mehl in eine große Schüssel sieben, Butter zugeben und die Mischung mit den Fingern zu Streuseln verreiben. Zucker untermischen.
3 Die Pflaumen, den Zucker und die Gewürze vermengen, in eine feuerfeste Auflaufform geben und mit Streuseln bedecken. Etwa 45 Minuten backen, bis die Streusel goldbraun sind und der Crumble sichtbar blubbert.
Abbildung rechts ▶

TIPP Zur Abwechslung können Sie den Crumble mit 1 kg in Scheiben geschnittenen Kochäpfeln, vermischt mit 120 g Zucker und 2 Esslöffeln Wasser zubereiten, oder Sie nehmen 1 kg gezuckerten Rhabarber, vermischt mit 1 Esslöffel gehacktem kandiertem Ingwer.

SERVIERVORSCHLAG Mit Vanilleeis, Vanillesauce, Sahne oder mit milcheiweißfreien Toppings wie Chantilly-Sahne oder Cashewcreme (S. 216) servieren.

 micheiweißfrei
auch ei- & nussfrei

Folgen Sie dem Rezept links, aber ersetzen Sie die Butter durch die entsprechende Menge milcheiweißfreies Streichfett.

 glutenfrei
auch eifrei

Folgen Sie dem Rezept links, und bereiten Sie die Streusel aus folgenden Zutaten zu:
170 g glutenfreie helle Mehlmischung
85 g gemahlene Mandeln
85 g kalte Butter, in 2,5 cm große Würfel geschnitten
85 g brauner Zucker oder Rohrzucker

Apfeltarte

Dieser köstliche, vielseitige Klassiker aus der Normandie eignet sich als Dessert ebenso gut wie zum Kaffeeklatsch. Die Tarte wird warm oder lauwarm serviert und verströmt ein wunderbares Vanillearoma. Verwenden Sie säuerliche Äpfel wie z. B. Boskop oder Cox Orange für das Püree und rotschalige Äpfel für den dekorativen Belag. Mit Sahne oder Eiscreme servieren.

  ei- & nussfrei

- 1 Portion ei- und nussfreier Mürbeteig (S. 180), 30 Minuten gekühlt
- 700 g Speise- oder Kochäpfel, geschält, entkernt und klein geschnitten
- 200 g Zucker
- 1 Vanilleschote, der Länge nach aufgeschnitten
- 500 g Kochäpfel, geschält, entkernt und in ca. 3 mm dicke Scheiben geschnitten, oder rotschalige Äpfel, ungeschält und in dünne Scheiben geschnitten

ZUBEREITUNGSZEIT 50 Minuten (ohne Kühlzeit)
BACKZEIT 65 Minuten
FÜR 6–8 Personen

1. Den Backofen auf 200 °C vorheizen.
2. Den Mürbeteig ausrollen und eine Springform (Ø 25 cm) damit auslegen. Äpfel und 50 g Zucker in einem Topf mit schwerem Boden erhitzen. Das Mark aus der Vanilleschote kratzen und mit der Schote zu der Apfel-Zucker-Mischung geben. Die Mischung unter gelegentlichem Rühren etwa 15 Minuten sanft köcheln lassen, bis die Äpfel zerfallen. Wenn Sie Speiseäpfel verwenden, geben Sie 1–2 EL Wasser hinzu. Die Vanilleschote entfernen.
3. Die gekochten Äpfel mit einem Holzlöffel zu Mus zerdrücken und weitere 50 g Zucker unterrühren. Die Masse zum Abkühlen beiseitestellen. Das erkaltete Mus auf den Tarteboden streichen.
4. Die Apfelspalten kreisförmig auf das Mus schichten. Von außen nach innen arbeiten.
5. Die Tarte im heißen Ofen auf der mittleren Schiene 15 Minuten backen, aus dem Ofen nehmen und mit dem restlichen Zucker bestreuen. Auf der oberen Schiene weiterbacken, bis der Boden leicht gebräunt ist und die Äpfel zart sind, etwa 50 Minuten.

 milcheiweißfrei
auch ei- und nussfrei

Folgen Sie dem Rezept links, aber verwenden Sie milcheiweißfreien Mürbeteig (S. 180) und servieren Sie die Tarte mit Sojasahne oder milcheiweißfreier Eiscreme (bei Sojaallergie).

 glutenfrei
auch nussfrei

Folgen Sie dem Rezept links, doch verwenden Sie glutenfreien Mürbeteig (S. 182).
◀ Abbildung links

TIPP Sie können den Mürbeteig auch im Voraus zubereiten und mitsamt der Kuchenform einfrieren.

SERVIERVORSCHLAG Servieren Sie die Tarte heiß, warm oder kalt entweder pur oder mit leicht geschlagener Sahne, Crème fraîche oder Vanilleeis (bzw. einer milcheiweißfreien Alternative).

Klassischer Milchreis

Dieses beliebte Kinderessen ist in letzter Zeit wieder richtig populär geworden. Die milcheiweißfreie Version mit Reismilch ist besonders aromatisch. Wenn Sie den Milchreis wie Risotto zubereiten (vor dem Zugeben der Milch den Reis in Butter glasig schwitzen), wird er noch sämiger. Ein süßer Gaumenschmaus für jede Gelegenheit.

   ei-, gluten- & nussfrei

15 g Butter
75 g Zucker
100 g Milchreis oder ein anderer Rundkornreis
1 Vanilleschote
½ l Milch
1 Prise Salz
150 g Crème double

ZUBEREITUNGSZEIT 10 Minuten
GARZEIT 1½–2 Stunden
FÜR 4–6 Personen

1 Den Backofen auf 160 °C vorheizen.
2 Die Butter bei niedriger Hitze in einem feuerfesten 1,5 Liter fassenden Topf zerlassen. Den Zucker zufügen und gut mit der Butter vermischen. Den Reis gut unterrühren, sodass die Körner mit Butter und Zucker überzogen sind.
3 Die Vanilleschote längs aufritzen und das Mark herauskratzen. Mark und Schote zur Milch geben und umrühren. Die Vanillemilch über den Reis gießen und mit einem Holzlöffel umrühren, um die Reiskörner voneinander zu trennen.
4 Das Salz und die Crème double unterrühren und die Mischung bis knapp unter den Siedepunkt erhitzen. Die Vanilleschote entfernen. Den Milchreis im Backofen 1½–2 Stunden backen, bis er cremig und die Oberfläche gebräunt ist. Jeweils nach 30 und 60 Minuten einmal umrühren.
5 Pur oder mit einer Beilage (siehe rechts) servieren.

TIPP Weniger gehaltvoll wird der Milchreis, wenn Sie nur 90 g Crème double verwenden.

 milcheiweißfrei
auch ei-, gluten- & nussfrei

Folgen Sie dem Rezept links, aber ersetzen Sie die Butter durch eine entsprechende Menge milcheiweißfreies Streichfett, die Milch durch 250 ml Sojamilch und 250 ml Reismilch und die Crème double durch eine entsprechende Menge Sojasahne.

SERVIERVORSCHLÄGE Servieren Sie den Milchreis mit Sahne oder Sojasahne, Himbeer- oder Erdbeerkonfitüre, Obstkompott (siehe Kirschkompott, S. 161) oder Fruchtsauce.

VARIANTE In Schritt 4 mit der Crème double und dem Salz 2–3 Esslöffel Sultaninen zufügen. Die Vanilleschote durch die abgeriebene Schale von ½ unbehandelten Zitrone ersetzen oder den Milchreis mit frisch geriebener Muskatnuss bestauben.

ACHTUNG Bei Milcheiweiß- und zusätzlicher Sojaallergie auf die sojahaltigen Alternativen verzichten.

Pochierte Pfirsiche

Dieses wunderbare Obstdessert ist ausgesprochen vielseitig. Ich habe Pfirsiche dafür verwendet, hätte genauso gut aber auch Aprikosen, Nektarinen oder Pflaumen wählen können. Auch Birnen können pochiert werden, brauchen aber etwas länger. In hübschen Gläsern serviert, mit etwas Sirup beträufelt und mit Chantilly-Sahne (S. 216) oder Eiscreme garniert, ist pochiertes Obst einfach köstlich.

    milcheiweiß-, ei-, gluten- & nussfrei

4 Pfirsiche (etwa 500 g), ungeschält
200 g Zucker
dünn abgeschnittene Schale von ½ unbehandelten Zitrone
1 Vanilleschote

ZUBEREITUNGSZEIT 15–20 Minuten
GARZEIT 5–10 Minuten
FÜR 4 Personen

1 Das Pfirsichfruchtfleisch einmal rundherum bis zum Stein durchschneiden und die so entstandenen Hälften gegeneinander drehen, um das Fleisch vom Stein zu lösen. Stein entfernen.
2 250 ml Wasser, Zucker und Zitronenschale in einen großen Topf mit schwerem Boden geben. Die Vanilleschote längs aufschneiden, das Mark herauskratzen und zusammen mit der Schote in den Topf geben. Die Mischung bei schwacher Hitze rühren, bis der Zucker sich aufgelöst hat, dann aufkochen und 1 Minute kochen lassen. Die Hitze soweit reduzieren, dass der Saft nur noch leise köchelt.
3 Das Obst vorsichtig in den Topf geben und zugedeckt 5–10 Minuten mitköcheln lassen, bis das Fruchtfleisch weich ist (Cocktailspieß oder scharfes Messer hineinstechen). Die Garzeit hängt vom Reifegrad der Früchte ab. Wenn das Obst nicht vollständig mit Flüssigkeit bedeckt ist, muss es nach der Hälfte der Garzeit gewendet werden. Das Obst mit einem Schaumlöffel vorsichtig aus dem Topf nehmen und warm stellen.
4 Den Saft 2–3 Minuten kräftig einkochen lassen, bis er eine sirupartige Konsistenz hat. Vanilleschote und Zitronenschale entfernen. Mit einem Löffel den Sirup über den Früchten verteilen, warm servieren.

TIPPS Soll der Sirup nicht ganz so süß werden, verwenden Sie nur 100 g Zucker. Wer Pfirsiche ohne Haut bevorzugt, taucht die ungeschälten Früchte 10 Sekunden lang in kochendes und anschließend sofort in kaltes Wasser. Die Haut mit einem scharfen Messer abziehen und das Fruchtfleisch mit Zitronensaft einpinseln, damit es sich nicht verfärbt.

VARIANTEN Pochierte Aprikosen schmecken besonders gut mit der links genannten Vanille-Zitronen-Mischung oder mit braunem Zucker und einer großen Prise weißem Pfeffer.

Wer Pflaumen mit einem Stück Zimtstange und fein geriebener Orangenschale pochiert, erhält einen aromatischen rubinroten Sirup. Zu Früchten mit starkem Eigengeschmack passen Sternanis und Honig besonders gut.

Experimentieren Sie nach Lust und Laune mit frischem Ingwer, Safranfäden, Wein oder Spirituosen.

SERVIERVORSCHLÄGE Fruchtreste können Sie ins Frühstücksmüsli schneiden, zu Shakes pürieren oder, kurz und sehr heiß gegrillt, auf Zimttoast servieren.

Dekadente milcheiweißfreie Petits pots au chocolat (S. 154) mit milcheiweißfreier Chantilly-Sahne (S. 216).

Petits pots au chocolat

Mit diesen kalorienreichen, cremigen und ziemlich dekadenten Kreationen wird das Essen von Schokolade zu einer Art Kunst. Sie schmecken intensiv nach Schokotrüffeln und sind sehr einfach zuzubereiten. Zum Servieren eignen sich Glasschälchen, Espressotassen oder kleine Auflaufförmchen. Ein Traum von einem Dessert.

   ei-, gluten- & nussfrei

170 g nussfreie Bitterschokolade mit mindestens 70 % Kakaoanteil
1 EL Weinbrand
200 g Crème double

Zum Dekorieren
4–8 EL geschlagene Sahne oder Chantilly-Sahne (S. 216)
1 EL nussfreies Kakaopulver zum Bestauben

ZUBEREITUNGSZEIT 20 Minuten plus Kühlzeit
FÜR 4 Personen

1 Die Schokolade in eine Schüssel bröckeln und unter Rühren über einem Topf mit heißem Wasser schmelzen. Der Boden der Schüssel darf das Wasser nicht berühren.
2 Weinbrand und Crème double in einem Topf bis knapp unter den Siedepunkt erhitzen. Die geschmolzene Schokolade gut unterrühren.
3 Die Creme in vier Auflaufförmchen, Glasschüsselchen oder Espressotassen füllen und in den Kühlschrank stellen, bis sie fest geworden ist.
4 Jede Portion mit 1–2 EL geschlagener Sahne oder Chantilly-Sahne (S. 216) garnieren und mit Kakaopulver bestauben.

SERVIERVORSCHLAG Wenn Sie die Creme in Espressotassen servieren und stilecht garnieren möchten, besorgen Sie sich Schoko-Orangen-Sticks oder kleine Schokolöffel (im Feinkostladen erhältlich).

 milcheiweißfrei
auch ei-, gluten- & nussfrei

Folgen Sie dem Rezept links, doch verwenden Sie 225 g milcheiweißfreie Schokolade, und ersetzen Sie die Crème double durch 150 g Sojasahne. Als Garnierung eignet sich milcheiweißfreie Chantilly-Sahne (S. 216).
◂ Abbildung Seite 152-153 mit Chantilly-Sahne als Garnierung.

ACHTUNG Bei Milcheiweiß- und zusätzlicher Sojaallergie auf die sojahaltigen Alternativen verzichten.

Süße Maronenterrine

Dieses üppige Dessert eignet sich hervorragend für Partys, denn man kann es schon am Vortag zubereiten. Servieren Sie es, in dünne Scheiben geschnitten, von Vanillesahne umgeben. Viele Menschen mit Nussallergie vertragen Maronen. Wenn dies auch auf Sie zutrifft, legen Sie los! Wenn nicht, können Sie die am Ende des Rezepts beschriebene Variante ausprobieren.

   ei-, gluten- & nussfrei

etwas neutrales nussfreies Öl
200 g nussfreie Bitterschokolade
185 g Butter
225 g feinster Zucker
1 EL Weinbrand
750 g Maronen, gekocht und geschält oder aus der Dose (Abtropfgewicht)
125 ml Milch

Für die Vanillesahne
200 g Sahne
2 EL Puderzucker
½ TL gemahlene Vanille
½ Vanilleschote

ZUBEREITUNGSZEIT 20 Minuten plus Kühlzeit
FÜR 8–10 Personen

1 Eine 1,2-Liter-Terrine oder -Brotbackform möglichst faltenfrei mit Frischhaltefolie oder mit Pergamentpapier auslegen und diese(s) mit etwas Öl bestreichen.
2 Die Schokolade in eine Schüssel bröckeln und über einem Topf mit heißem Wasser schmelzen. Der Schüsselboden darf nicht mit dem Wasser in Berührung kommen. Butter, Zucker und Weinbrand zur Schokolade geben, alles gut miteinander vermengen und vom Herd nehmen.
3 Die Maronen mit der Milch in der Küchenmaschine pürieren.
4 Maronenpüree mit der Schokoladen-Weinbrand-Mischung zu einer glatten Creme verrühren. Die Creme in die vorbereitete Form gießen und über Nacht zugedeckt in den Kühlschrank stellen, damit sie fest wird.
5 Für die Vanillesahne Sahne, Puderzucker und gemahlene Vanille behutsam miteinander verrühren. Die Vanilleschote aufschneiden, auskratzen und das Mark zugeben. Die Sahne halb steif schlagen.
6 Die Terrine aus der Form stürzen und mit einem scharfen, kurz in kochendes Wasser getauchten Messer in dünne Scheiben schneiden. Jede Portion mit Vanillesahne umgießen.

VARIANTE Wenn Sie keine Maronen vertragen, ersetzen Sie sie durch eine entsprechende Menge Kuchenbrösel aus einem »sicheren« Kuchenrezept.

 milcheiweißfrei
auch ei-, gluten- & nussfrei

Folgen Sie dem Rezept links, aber ersetzen Sie die Butter durch eine entsprechende Menge milcheiweißfreies Streichfett und die Milch durch Sojamilch. Achten Sie darauf, milcheiweißfreie Schokolade zu verwenden. Für die Vanillesahne ersetzen Sie die Sahne durch eine entsprechende Menge Sojasahne und verdoppeln den Anteil gemahlener Vanille auf 1 Teelöffel, um den starken Eigengeschmack der Sojasahne zu übertönen.

ACHTUNG Bei Milcheiweiß- und zusätzlicher Sojaallergie auf die sojahaltigen Alternativen verzichten.

»Üppig in jeder Hinsicht – eine echte Versuchung für alle Naschkatzen.«

Grüntee-Eis

Dieses köstliche Dessert gibt es in jedem japanischen Restaurant. Seine intensive Farbe verdankt es zu Pulver gemahlenem Grüntee (Matcha), der bei japanischen Teezeremonien verwendet wird. Mit Grüntee-Blättern wird das Eis nicht ganz so farbintensiv. Pur oder mit Schokoladensauce beträufelt, krönt dieses Eis jedes Menü.

  gluten- & nussfrei

2 EL Matcha (Grüntee-Pulver)
300 ml Milch
1 Vanilleschote
2 Eigelb
100 g feinster Zucker

250 g Crème double oder Sahne
1 Prise Salz

ZUBEREITUNGSZEIT 30 Minuten plus Kühlzeit
ERGIBT etwa 750 ml

1 Das Teepulver in eine feuerfeste Schüssel geben. Die Milch bis knapp unter den Siedepunkt erhitzen und über das Pulver gießen.
2 Die Mischung glatt rühren, zurück in den Topf gießen und 15 Minuten ziehen lassen.
3 Die Vanilleschote der Länge nach aufschneiden und in den Topf geben. Die Mischung unter Rühren sanft erhitzen, damit das Mark sich aus der Vanilleschote löst. Die Schote herausnehmen, verbliebenes Mark herauskratzen und zur Milch geben. Die Milch in eine Schüssel gießen, den Topf abwaschen.
4 Die Eigelbe mit dem Zucker schaumig rühren. Die Tee-Milch-Mischung zurück in den Topf gießen, bis zum Siedepunkt erhitzen und in einem steten, dünnen Strahl unter die Eigelb-Zucker-Mischung rühren. Diese Masse zurück in den Topf geben und bei kleinster Hitze unter stetigem Rühren 8–10 Minuten erwärmen, bis sie zu stocken beginnt und an der Rückseite eines Löffels haften bleibt. Sie darf auf keinen Fall kochen.
5 Die Creme vom Herd nehmen und zum Abkühlen beiseitestellen.
6 Die Sahne oder Crème double mit dem Salz schlagen, bis weiche Spitzen stehen bleiben, wenn man den Quirl herauszieht, und mit einem Metalllöffel unter die erkaltete Creme ziehen.
7 Die Creme nach Gebrauchsanleitung in der Eismaschine gefrieren lassen oder in einen geeigneten Behälter füllen und in den Gefrierschrank stellen. Wenn die Creme an den Rändern zu erstarren beginnt (nach ca. 4 Stunden), mit einer Gabel durchrühren, um die Eiskristalle aufzulösen. Erneut gefrieren lassen, bis das Eis fest ist. Handgerührtes Eis 5–10 Minuten, mit der Eismaschine zubereitetes Eis 20 Minuten vor dem Servieren aus der Gefriertruhe nehmen.
Abbildung rechts ▶

 milcheiweißfrei
auch gluten- & nussfrei

Folgen Sie dem Rezept links, aber ersetzen Sie die Kuh- durch Soja- oder Reismilch, die Crème double durch Seidentofu und die Schlagsahne durch Sojasahne. Bei gleichzeitiger Sojaallergie nicht möglich!

 eifrei
auch gluten- & nussfrei

Folgen Sie dem Rezept links, Schritt 1–3. Sie benötigen nur die halbe Menge Zucker (50 g). Den Zucker in die Milch geben und rühren, bis er sich aufgelöst hat. Die Mischung abkühlen lassen und kalt stellen, dann 5 Esslöffel gesüßte Kondensmilch unterziehen. Mit Schritt 6 fortfahren. Diese Eiscreme schmilzt schneller als eine mit Eiern zubereitete.

TIPP Wenn Sie kein Grüntee-Pulver bekommen, lassen Sie 4 Beutel Grüntee 15 Minuten lang in 4 Esslöffel kochendem Wasser ziehen. Beides zur heißen Milch geben und mit Vanille aromatisieren. Die Teebeutel ausdrücken und wegwerfen. Fortfahren, wie links beschrieben.
  Schneller geht es, wenn Sie 2 Esslöffel Matcha mit 1 Liter gekaufter Vanilleeiscreme mischen.

Mango-Joghurt-Eis

Dieses mit geriebener Zitronenschale garnierte Mango-Joghurt-Eis ist ein Dessert mit intensivem tropischem Fruchtaroma. Es lässt sich schnell zubereiten, schmeckt viel besser als fertig gekauftes Mangoeis und eignet sich perfekt als Abschluss asiatischer, indischer oder mexikanischer Menüs, die nach einem kühlen, erfrischenden Ausklang verlangen.

   ei-, gluten- & nussfrei

3 reife Mangos à 200–250 g
125 g Zucker
abgeriebene Schale und Saft von 1 unbehandelten Zitrone
4 EL Naturjoghurt

ZUBEREITUNGSZEIT 7 Minuten plus Kühl- und Gefrierzeit
ERGIBT etwa 600 ml

1 Die Mangos schälen und das Fruchtfleisch vom Kern lösen. Schale und Kern wegwerfen. Es sollten etwa 400 g Fruchtfleisch sein.
2 Zucker und 125 ml Wasser in einem kleinen Topf unter Rühren erhitzen, bis der Zucker sich aufgelöst hat (ca. 2 Minuten). Das Zuckerwasser auf Raumtemperatur abkühlen lassen. Es ergibt etwa 200 ml Sirup.
3 Mangofruchtfleisch, Sirup, Zitronenschale, Zitronensaft und Joghurt in der Küchenmaschine pürieren.
4 Die Creme in die Eismaschine füllen und gemäß Gebrauchsanweisung gefrieren lassen. 20 Minuten vor dem Servieren aus dem Gefrierschrank nehmen und im Kühlschrank antauen lassen.

 milcheiweißfrei
auch ei-, gluten- & nussfrei

Folgen Sie dem Rezept links, aber ersetzen Sie den Joghurt durch eine entsprechende Menge milcheiweißfreien Joghurt.

TIPP Wer keine Eismaschine besitzt, kann das Eis in einem kältebeständigen Behälter zugedeckt im Gefrierschrank gefrieren lassen, bis es an den Rändern zu gefrieren beginnt. Das dauert etwa 3–4 Stunden. Mit einer Gabel durchrühren, um Eiskristalle zu zerkleinern, und erneut gefrieren lassen, bis das Eis fest ist. Wünschen Sie ein Eis von besonders cremiger Konsistenz, muss die Masse eine Stunde nach dem ersten Durchrühren bzw. wenn sich erneut Eiskristalle am Rand gebildet haben, noch einmal gerührt werden. Auf dieselbe Weise können Sie Kokossorbet (rechts) und Rhabarbersorbet (rechts) zubereiten.

»Nichts ist köstlicher an einem heißen Sommertag.«

Kokossorbet

Dieses köstliche, cremige Sorbet schmeckt fast wie echte Eiscreme. Es ist schnell zubereitet und vielseitig verwendbar. Servieren Sie es mit tropischem Obst.

    milcheiweiß-, ei-, gluten- & nussfrei

800 ml Kokosmilch oder 170 g Kokospuder, mit 600 ml Wasser zu einer dicken Kokosmilch verrührt
80 g Zucker
1 EL Kokosraspeln

1 EL Rum oder Rum mit Kokosaroma

ZUBEREITUNGSZEIT 5 Minuten plus Kühl- und Gefrierzeit
ERGIBT etwa 1 Liter

TIPP Es lohnt sich, Kokospuder zu verwenden, da Geschmack und Farbe hervorragend sind. Halten Sie Ausschau, ob Sie welches bekommen.

ACHTUNG Eine Kokosallergie tritt sehr selten auf, doch wenn Sie Gäste bewirten, die Sie nicht gut kennen, sollten Sie vorher lieber fragen.

1 Kokosmilch mit Zucker und Kokosraspeln bei mittlerer Hitze in einem Topf unter Rühren erhitzen, bis der Zucker sich auflöst (etwa 2 Minuten). Den Rum zufügen.

2 Auf Raumtemperatur abkühlen lassen und mindestens 30 Minuten kalt stellen. In der Eismaschine gefrieren lassen.

Rhabarbersorbet

Dieses Sorbet hat mehr zu bieten als eine schöne Farbe. Seine außergewöhnlich cremige Konsistenz und sein kräftiger Geschmack werden selbst die hartnäckigsten Rhabarber-Skeptiker überzeugen.

    milcheiweiß-, ei-, gluten- & nussfrei

Saft von 1 großen Zitrone
150 g Zucker
500 g frischer Rhabarber, geschält und in 2,5 cm große Stücke geschnitten
2 EL Glukosesirup

ZUBEREITUNGSZEIT 15 Minuten plus Kühl- und Gefrierzeit
GARZEIT 8 Minuten
ERGIBT etwa 1 Liter

1 250 ml Wasser, Zitronensaft und Zucker bei niedriger Hitze in einem Topf unter Rühren erhitzen, bis der Zucker sich auflöst. Den Rhabarber zugeben, alles zum Kochen bringen und 8 Minuten köcheln lassen bzw. bis der Rhabarber zu Mus zerfallen ist. Die Masse auf Raumtemperatur abkühlen lassen.

2 Die Mischung in der Küchenmaschine zu einer glatten Masse pürieren. Glukosesirup unterziehen und weitere 25 Sekunden mischen.

3 Die Creme in der Eismaschine nach Gebrauchsanleitung gefrieren lassen.

Panna cotta

Dieses gehaltvolle italienische Dessert zergeht auf der Zunge. Mit dunkelroter Kirschsauce garniert, sieht die glänzende helle Creme besonders appetitlich aus, vor allem, wenn sie auf eine Platte gestürzt wurde. Ein kalorienreiches Dessert für besondere Gelegenheiten – und ein wunderbarer Abschluss für ein leichtes Sommermenü.

   ei-, gluten- & nussfrei

nussfreies Pflanzenöl zum Einfetten
3 TL Gelatinepulver
500 g Sahne
50 g Zucker
1 Vanilleschote, der Länge nach aufgeschnitten
in sehr feine Streifen geschnittene Schale von ½ unbehandelten Limette

Für das Kompott
350 g frische Kirschen, entsteint, oder 400 g Kirschen aus dem Glas, abgetropft (3 EL Saft auffangen)
2 EL Schwarzkirschkonfitüre
3 EL Wasser oder bei Kirschen aus dem Glas: aufgefangener Saft
2 EL Puderzucker
Saft von ½ Limette
3 EL Weinbrand
2 TL Maisstärke

ZUBEREITUNGSZEIT 30 Minuten plus Kühlzeit
FÜR 4 Personen

 milcheiweißfrei
auch ei-, gluten- & nussfrei

Folgen Sie dem Rezept links, aber verwenden Sie Sojasahne statt Sahne. Bei gleichzeitiger Sojaallergie nicht möglich.

TIPP Für dieses Rezept können Sie auch tiefgefrorene Kirschen verwenden. Nach dem Auftauen verarbeiten, wie links beschrieben.

1 4 Auflaufförmchen einfetten. Das Gelatinepulver mit 2 EL kaltem Wasser in eine Schüssel geben und 5 Minuten quellen lassen.
2 In der Zwischenzeit die Hälfte der Sahne mit dem Zucker, der Vanilleschote und der Limettenschale in einem Topf unter stetigem Rühren erhitzen, bis der Zucker sich aufgelöst hat. Die Masse leicht köcheln lassen und vom Herd nehmen; etwas abkühlen lassen. Die Gelatine unterrühren, bis sie sich komplett aufgelöst hat. Die Creme zum Abkühlen beiseitestellen.
3 Die restliche Sahne schlagen, bis weiche Spitzen stehen bleiben, die erkaltete Panna cotta mit einem Metalllöffel unterziehen. Die Creme in die Förmchen gießen und kalt stellen.
4 Währenddessen das Kompott zubereiten. Die Kirschen mit der Konfitüre, dem Wasser oder Saft, Puderzucker und Limettensaft in einem Topf unter Rühren erhitzen, bis flüssiger Saft die Kirschen umgibt. Frische Kirschen nur 3 Minuten lang kochen.
5 Den Weinbrand mit der Stärke verquirlen und unter die Kirschen rühren. Kompott aufkochen, bis es etwas eindickt und klar wird. 1 Minute lang kochen und abkühlen lassen.
6 Die Panna cotta vorsichtig mit einer Messerspitze vom Förmchenrand lösen und stürzen. Mit Kirschkompott kalt servieren.

◀ **Abbildung links**

Crêpes

Crêpes sind sozusagen die »Light-Variante« der Amerikanischen Pfannkuchen von Seite 57. Sie lassen sich auf vielerlei Art servieren: mit Zitronensaft und Zucker, mit Chantilly-Sahne (S. 216), Eiscreme oder Schokoladensauce, pikant gefüllt oder mit Béchamelsauce (S. 208). Crêpes kann man problemlos einfrieren – mit Backpapier voneinander getrennt, damit sie nicht aneinanderkleben.

 nussfrei

120 g Weizenmehl Type 405
1 Prise Salz
2 Eier, leicht verquirlt
300 ml Milch
30 g Butter, geschmolzen, plus etwas Butter zum Backen

ZUBEREITUNGSZEIT 5 Minuten plus Ziehzeit
GARZEIT 30 Minuten
ERGIBT 12–15 Stück

1 Mehl und Salz in eine große Schüssel sieben.
2 Eine Mulde in die Mitte drücken, die Eier hineingeben und mit einem Schneebesen verrühren, dabei nach und nach das Mehl einarbeiten.
3 Die Milch zugießen und rühren, bis ein geschmeidiger, klümpchenfreier Teig entstanden ist. Er sollte die Konsistenz von Sahne haben.
4 Die geschmolzene Butter unterrühren. Den Teig zugedeckt an einem kühlen Ort mindestens ½ Stunde ruhen lassen.
5 Den Teig nochmals durchrühren. In einer Crêpes-Pfanne oder beschichteten Bratpfanne mit schwerem Boden etwas Butter erhitzen. Der Boden sollte gerade bedeckt sein. Überschüssige Butter abgießen.
6 Pro Crêpe 1–2 EL Teig in die Pfanne gießen und diese schnell schwenken, damit sich der Teig gleichmäßig auf dem Pfannenboden verteilt.
7 Die Crêpe höchstens 1 Minute lang sanft braten. Mit dem Pfannenwender umdrehen, sobald sie anfängt, Blasen zu werfen.
8 Die fertige Crêpe aus der Pfanne auf einen Teller gleiten lassen und warm stellen. Die Crêpes können gestapelt und mit Folie abgedeckt werden, damit sie warm bleiben.

TIPPS Verwenden Sie eine beschichte Pfanne – besonders wichtig ist dies bei der eifreien Variante. Es kann sein, dass Sie die ersten beiden Crêpes wegwerfen müssen.
  Süße Crêpes erhalten Sie, wenn Sie 2 Esslöffel feinsten Zucker in Schritt 3 zum Teig geben.

 milcheiweißfrei
auch nussfrei

Folgen Sie dem Rezept links, aber ersetzen Sie die Milch durch 300 ml Sojamilch (bei gleichzeitiger Sojaallergie durch Reis- bzw. Hafermilch), die geschmolzene Butter durch 2 Esslöffel zerlassenes milcheiweißfreies Streichfett oder 2 Esslöffel neutrales Öl oder 2 Esslöffel Kokoscreme (Kokosmilch ist zu dünn). Verwenden Sie neutrales, nussfreies Öl, z. B. Maiskeimöl, zum Braten.

 eifrei
auch nussfrei

Folgen Sie dem Rezept links, aber ersetzen Sie die Eier durch 4 Esslöffel Crème double, und verwenden Sie nur 250 ml Milch.
Abbildung rechts ▸

 glutenfrei
auch nussfrei

Folgen Sie dem Rezept links, und verwenden Sie:
150 g Reismehl
120 g Tapiokamehl
1 Prise Salz
3 Eier, leicht verquirlt
280 ml Milch
50 g Butter, zerlassen, plus etwas Butter zum Braten

Dunkles Vollkornbrot

Brot selbst zu backen ist wieder in Mode. Vielleicht, weil der Backautomat einem viel Arbeit erspart, vielleicht aber auch, weil es so unvergleichlich gut schmeckt. Ich habe mit dem Brotbacken angefangen, weil ich es leid war, auf jeder Packung vor »Spuren von …« gewarnt zu werden, doch inzwischen backe ich um des Geschmacks – und des Geruchs – willen! Hier das Rezept für ein rustikales Vollkornbrot.

   milcheiweiß-, ei- & nussfrei

 glutenfrei

250 g Vollkornweizenmehl Type 1700
100 g Weizenmehl Type 550
50 g Haferflocken
50 g Sesam
30 g Mohnsamen
½ TL Salz
1 EL Malzextrakt
2 EL Olivenöl plus etwas Olivenöl zum Einfetten
1 EL Trockenhefe
300 ml lauwarmes Wasser

Zubereitungszeit 5–10 Minuten plus Gehzeit
Backzeit 30 Minuten
Ergibt 1 Laib Brot

Die glutenfreie Variante hat eine wunderbare Konsistenz und schmeckt hervorragend. Sie lässt sich sogar in dünne Scheiben schneiden (siehe Rezept S. 166).

TIPP Wenn Sie einen Backautomaten benutzen, füllen Sie zuerst die feuchten, dann die trockenen Zutaten ein. Das Malz darf nicht in die Nähe der Hefe gelangen; das ist besonders von Bedeutung, wenn Sie die Zutaten vorher einfüllen und dann die Zeitschaltuhr stellen. Halten Sie sich an die Gebrauchsanweisung.

1 Die beiden Mehlsorten, Haferflocken, Sesam, Mohn und Salz in die Küchenmaschine (Knetaufsatz verwenden) oder in eine Schüssel geben.
2 Malz, Öl, Hefe und Wasser zugeben. Alle Zutaten zu einem weichen (nicht klebrigen) Teig verarbeiten und 1 Minute kneten. Oder den Teig mit dem Löffel anrühren und auf einer bemehlten Arbeitsfläche etwa 5 Minuten kneten, bis er weich und elastisch ist.
3 Den Teig in eine eingeölte Schüssel legen und zugedeckt etwa 45 Minuten an einem warmen Ort gehen lassen, bis sich sein Volumen verdoppelt hat.
4 Ein Backblech oder eine 900-g-Brotbackform einölen. Den Teig erneut durchkneten, zu einer Kugel bzw. zu einem Rechteck formen und aufs Backblech bzw. in die Backform legen. Mit eingeölter Frischhaltefolie bedeckt an einem warmen Ort gehen lassen, bis sich sein Volumen sichtbar vergrößert hat, etwa 30 Minuten.
5 In der Zwischenzeit den Backofen auf 220 °C vorheizen.
6 Die Frischhaltefolie entfernen. Bei einem runden Laib die Oberfläche kreuzweise einschneiden. Das Brot im Backofen etwa 30 Minuten goldbraun backen. Es ist fertig, wenn die Unterseite beim Daraufklopfen hohl klingt. Das Brot auf einem Kuchengitter auskühlen lassen.
Abbildung rechts ▶

ACHTUNG Nicht jeder verträgt Sesam. Im Zweifel weglassen oder stattdessen Kürbiskerne verwenden.

Dunkles Vollkornbrot Fortsetzung

 glutenfrei
auch milcheiweiß- & nussfrei

300 g braunes Reismehl
20 g Sojamehl
1 EL Xanthan
30 g Sesam
15 g Mohnsamen
1½ TL Salz
1 TL Zitronensaft
3 EL nussfreies neutrales Pflanzenöl plus etwas Öl zum Einfetten
1½ EL Zuckerrohrsirup
1 EL Trockenhefe
1 großes Ei, verquirlt
400 ml lauwarmes Wasser

ZUBEREITUNGSZEIT 6 Minuten plus Gehzeit
BACKZEIT 40 Minuten
ERGIBT 1 Laib Brot

1 Eine 900-g-Backform oder eine kleine Springform (Ø 20 cm) einfetten.
2 Die beiden Mehlsorten, Xanthan, Sesam, Mohn und Salz in der Küchenmaschine oder in einer Schüssel miteinander vermengen. Restliche Zutaten hinzufügen.
3 Alle Zutaten mit der Maschine zu einem klebrigen Teig verarbeiten und 1 Minute kneten. Oder die Zutaten mit einem Holzlöffel oder Handmixer vermengen und mindestens 1 Minute kneten.
4 Den Teig in die Form geben und die Oberfläche glattstreichen. Die Form locker mit eingeölter Frischhaltefolie bedecken und den Teig etwa 30 Minuten an einem warmen Ort gehen lassen, bis sich sein Volumen sichtbar vergrößert hat.
5 In der Zwischenzeit den Backofen auf 200 °C vorheizen. Die Frischhaltefolie entfernen und das Brot im Backofen etwa 40 Minuten backen. Es ist fertig, wenn die Unterseite beim Daraufklopfen hohl klingt. Das Brot auf einem Kuchengitter abkühlen lassen.

ACHTUNG Sesam im Zweifel weglassen und stattdessen 330 g Reismehl verwenden. Bei Sojaallergie das Sojamehl weglassen und 320 g Reismehl nehmen.

TIPP Auch dieses Brot können Sie im Backautomaten zubereiten. Richten Sie sich nach der Gebrauchsanweisung.

»Ein gesundes, schmackhaftes Bauernbrot, das sich leicht zubereiten lässt.«

Brot mit Natron

Brotteig, der mit Natron zubereitet wird, geht besonders schnell auf. Das Brot ist kross, schmeckt köstlich und lässt sich, in Stücke gebrochen – z. B. mit reichlich Butter und Marmelade – direkt aus dem Ofen genießen. Seine glutenfreie Variante steht bei Zöliakiepatienten hoch im Kurs. Am besten isst man es noch am Backtag, denn es wird schnell altbacken.

  ei- & nussfrei

250 g Weizenmehl Type 405, plus etwas Mehl zum Bestauben
250 g Vollkornweizenmehl Type 1700
1 TL Salz
2 TL Natron
2 TL Weinsteinpulver
1 TL Zucker
50 g Pflanzenfett oder Schmalz
300 ml Buttermilch
3 EL Milch oder nach Bedarf

ZUBEREITUNGSZEIT 8 Minuten
BACKZEIT 50 Minuten
ERGIBT 1 Laib Brot

1. Den Backofen auf 190 °C vorheizen.
2. Die beiden Mehlsorten, Salz, Natron, Weinsteinpulver und Zucker in eine große Schüssel sieben. Eventuelle, im Sieb verbliebene Kleiereste mit zugeben.
3. Pflanzenfett oder Schmalz mit den Fingern einarbeiten, bis die Mischung bröselig wird. In die Mitte eine Mulde drücken, die Buttermilch hineingießen und unterrühren. So viel Milch zufügen, dass ein weicher, aber nicht klebriger Teig entsteht. Je nachdem, wie saugfähig das Mehl ist, müssen Sie mehr oder weniger Milch zugeben. Arbeiten Sie möglichst schnell, denn die Treibmittel beginnen zu arbeiten, sobald die Flüssigkeit zugegeben wird, und der Teig soll vor dem Backen nicht schon vollständig aufgegangen sein.
4. Den Teig auf einer bemehlten Arbeitsfläche sehr kurz durchkneten. Nicht zu lange kneten, sonst wird das Brot schwer und fest.
5. Den Teig zu einer Kugel formen, auf ein gefettetes Backpapier legen und zu einem 5 cm dicken Fladen ausrollen. Mit Mehl bestauben.
6. Ein Messer in Mehl tauchen und in die Mitte des Fladens ein tiefes Kreuz schneiden, sodass das Brot sich nach dem Backen leicht auseinanderbrechen lässt.
7. Das Brot im Backofen in etwa 50 Minuten goldbraun backen. Es ist fertig, wenn der Boden beim Daraufklopfen hohl klingt.
8. Das Brot auf einem Kuchengitter leicht abkühlen lassen und mit einem Tuch bedecken, damit es nicht austrocknet.

 milcheiweißfrei
auch ei- & nussfrei

Folgen Sie dem Rezept links, aber ersetzen Sie die Buttermilch durch Sojajoghurt, Soja-, Hafer- oder Reismilch und tauschen Sie 1 Esslöffel dieser Milch durch 1 Esslöffel Zitronensaft oder Apfelessig, um das Brot zu säuern. Zusätzlich benötigen Sie 3 Esslöffel milcheiweißfreien Milchersatz, um den Teig geschmeidig zu machen. Bei gleichzeitiger Sojaallergie auf sojafreie Produkte ausweichen.

 glutenfrei
auch nussfrei

Folgen Sie dem Rezept links, aber ersetzen Sie das Mehl durch glutenfreies helles Mehl oder je zur Hälfte durch glutenfreie helle Mehlmischung und Buchweizenmehl. Geben Sie zusätzlich 2 Teelöffel Xanthan zusammen mit dem Mehl und 1 großes Ei, das Sie mit der Buttermilch verquirlt haben, in den Teig.

TIPP Durch die Buttermilch und das Weinsteinpulver entsteht das leicht säuerliche Milieu, das Natron benötigt, um seine Wirkung zu entfalten. Als Alternative eignen sich Naturjoghurt oder milcheiweißfreie Varianten, denen Säure zugesetzt wurde, wie oben beschrieben.

Helles Bauernbrot

Dieses Brot schmeckt mit kaltem Braten ebenso gut wie mit Pâté oder Käse. Geben Sie nicht der Versuchung nach, es anzuschneiden, ehe es vollständig ausgekühlt ist, es verliert dann seine wunderbar weiche Konsistenz. Selbst gebackenes Brot hat nicht nur ein unvergleichliches Aroma – es ist zudem frei von den oft zweifelhaften Ingredienzen vieler Fabrikprodukte.

   milcheiweiß-, ei- & nussfrei

550 g Weizenmehl Type 550, plus etwas Mehl zum Bestauben
2 TL Salz
1 EL Zucker
2 TL Trockenhefe
2 EL neutrales, nussfreies Pflanzenöl, plus etwas Öl zum Einfetten
350 ml lauwarmes Wasser oder nach Bedarf

ZUBEREITUNGSZEIT 5–10 Minuten plus Gehzeit
BACKZEIT 30 Minuten
ERGIBT 1 Laib Brot

TIPP Weißbrot lässt sich gut im Backautomaten backen. Füllen Sie zuerst die feuchten, dann die trockenen Zutaten ein. Die Hefe sollte nicht in die Nähe des Zuckers gelangen; das ist besonders von Bedeutung, wenn Sie die Zutaten vorher einfüllen und dann die Zeitschaltuhr stellen. Richten Sie sich nach der Gebrauchsanleitung.

1 Mehl, Salz und Zucker in die Schüssel der Küchenmaschine sieben. Hefe und Öl zufügen und die Zutaten unter portionsweiser Zugabe von lauwarmem Wasser zu einem weichen, aber nicht klebrigen Teig verarbeiten. Den Teig 1 Minute kneten. Oder die Zutaten in einer Schüssel mit einem Löffel vermengen und dann mit den Händen auf einer mit Mehl bestaubten Fläche in etwa 5 Minuten zu einem geschmeidigen Teig kneten.

2 Den Teig in eine eingefettete Schüssel legen und zugedeckt an einem warmen Ort gehen lassen, bis sich sein Volumen verdoppelt hat, etwa 1 Stunde.

3 Eine 900-g-Brotform einfetten und mit Mehl bestauben. Den Teig noch einmal durchkneten, zu einem Quader formen, in die Form legen, mit etwas Wasser bepinseln und mit Mehl bestauben. Die Form locker mit eingeölter Frischhaltefolie bedecken und den Teig an einem warmen Ort noch einmal etwa 30 Minuten gehen lassen.

4 Den Backofen auf 230 °C vorheizen. Das Brot darin 10 Minuten backen, dann die Temperatur auf 200 °C reduzieren und das Brot noch etwa 20 Minuten backen. Es ist fertig, wenn der Boden beim Daraufklopfen hohl klingt.

5 Das Brot auf einem Kuchengitter abkühlen lassen.

glutenfrei
auch milcheiweiß- & nussfrei

400 g glutenfreie helle Mehlmischung, plus etwas Mehl zum Bestauben
1 EL Xanthan
1¼ TL Salz
1¼ TL Demerara-Zucker
1 EL Trockenhefe
4 EL neutrales, nussfreies Pflanzenöl plus etwas Öl zum Einfetten
1 TL Zitronensaft
1 Ei, verquirlt
400 ml lauwarmes Wasser

ZUBEREITUNGSZEIT 5 Minuten plus Gehzeit
BACKZEIT 90 Minuten
ERGIBT 1 Laib Brot

1 Mehl, Xanthan, Salz und Zucker in die Schüssel der Küchenmaschine oder in eine andere Schüssel sieben. Hefe, Öl, Zitronensaft und Ei zugeben.
2 Das Wasser zugießen und alle Zutaten miteinander verrühren. Den Teig mit der Küchenmaschine oder einem Handmixer gut durchkneten, bis er geschmeidig ist.
3 Den Teig in eine eingefettete 900-g-Brotbackform geben und mit etwas glutenfreiem Mehl bestauben. Die Oberfläche glatt streichen. Die Form locker mit eingeölter Frischhaltefolie bedecken und den Teig an einem warmen Ort etwa 30 Minuten gehen lassen, bis sich sein Volumen sichtbar vergrößert hat.
4 Den Backofen auf 200 °C vorheizen.
5 Das Brot im Backofen in etwa 90 Minuten goldbraun backen. Es ist fertig, wenn der Boden beim Daraufklopfen hohl klingt.
6 Das Brot auf einem Kuchengitter abkühlen lassen.

TIPP Für eine ei- und glutenfreie Variante können Sie das Ei durch 2 zusätzliche Esslöffel Wasser ersetzen, aber die Konsistenz ist dann nicht ganz so gut.

»Dieses Brot ist knuspriger und schmeckt besser als das meiste gekaufte Brot.«

Französisches Baguette

Echtes französisches Baguette ist außen knusprig und innen wunderbar luftig, trocknet aber schnell aus. Die hier vorgestellte Variante kann ihm nicht wirklich das Wasser reichen; sie ist nicht so locker, lässt sich aber gut schneiden, schmeckt hervorragend, hält sich ein paar Tage und eignet sich zum Einfrieren. Verwenden Sie das Baguette für Sandwiches, Kanapees und Crostini (S. 72).

   milcheiweiß-, ei- & nussfrei

etwas neutrales, nussfreies Pflanzenöl zum Einfetten
250 g Weizenmehl Type 550
½ TL Salz
½ TL Zucker
1 TL Trockenhefe

150 ml lauwarmes Wasser oder nach Bedarf

ZUBEREITUNGSZEIT 10 Minuten plus Gehzeit
BACKZEIT 25 Minuten
ERGIBT 1 Laib Brot

1 Ein Backblech einfetten.
2 Mehl, Salz und Zucker in die Schüssel der Küchenmaschine sieben. Hefe zugeben. Die Zutaten unter allmählicher Zugabe des Wassers miteinander verquirlen, sodass ein geschmeidiger, aber nicht klebriger Teig entsteht. Den Teig 1 Minute durchkneten. Oder die Zutaten in einer Schüssel mit einem Löffel und mit den Händen vermengen und auf einer mit Mehl bestaubten Oberfläche in etwa 5 Minuten zu einem geschmeidigen Teig verkneten.
3 Den Teig in eine eingefettete Schüssel geben und an einem warmen Ort etwa 40 Minuten gehen lassen, bis er sein Volumen verdoppelt hat.
4 Den Teig auf einer bemehlten Arbeitsfläche noch einmal kurz durchkneten und zu einer langen Stange formen. Das Baguette auf das Backblech legen und, locker mit eingeölter Frischhaltefolie bedeckt, an einem warmen Ort etwa 25 Minuten gehen lassen, bis sich sein Volumen verdoppelt hat. Die Oberfläche mit einem scharfen Messer in gleichmäßigen Abständen schräg einschneiden.
5 Den Backofen auf 200 °C vorheizen und ein feuerfestes Schälchen heißes Wasser auf seinen Boden stellen. Das Brot auf der mittleren Schiene in etwa 25 Minuten goldbraun backen. Es ist fertig, wenn der Boden beim Daraufklopfen hohl klingt. Das Baguette mit etwas Wasser bestreichen und auf einem Kuchengitter auskühlen lassen.

SERVIERVORSCHLAG Baguette lässt sich gut zu Crostini (S. 72) oder Knoblauchbrot verarbeiten. Altbacken gewordene Reste können Sie würfeln, in Olivenöl braten und über Suppen streuen.

»In perforierten Baguetteformen wird Baguette besonders kross.«

glutenfrei
auch milcheiweiß- & nussfrei

etwas nussfreies Pflanzenöl zum Einfetten
150 g Reismehl
30 g Kartoffelmehl, plus etwas Mehl zum Bestauben
50 g Tapiokamehl
1 EL Xanthan
2 TL Zucker
2 TL Salz
1 EL Trockenhefe
1 Ei, getrennt
1 TL Zitronensaft
150 ml lauwarmes Wasser oder nach Bedarf

ZUBEREITUNGSZEIT 8 Minuten plus Gehzeit
BACKZEIT 40 Minuten
ERGIBT 1 Laib Brot

TIPP Glutenfreies Baguette ist etwas schwerer als herkömmliches Stangenweißbrot, doch es lässt sich gut schneiden. Am besten isst man es frisch. Sie können es auch einfrieren.

1 Ein Backblech einfetten.

2 Die Mehlsorten mit Xanthan, Zucker und Salz in die Rührschüssel der Küchenmaschine geben und vermengen. Hefe untermischen.

3 Das Eiweiß zu Schnee schlagen. Eischnee, Zitronensaft und Wasser in die Schüssel geben.

4 Die Zutaten zu einem geschmeidigen, leicht klebrigen Teig verarbeiten und eine Minute durchkneten.

5 Den Teig auf einer gut bemehlten Arbeitsfläche mit den Händen so lange kneten, bis er nicht mehr klebt, zu einer langen Stange formen und auf das Backblech legen. Den Laib mit eingeölter Frischhaltefolie bedecken und an einem warmen Ort etwa 30 Minuten gehen lassen, bis sich sein Volumen verdoppelt hat.

6 In der Zwischenzeit den Backofen auf 200 °C vorheizen. Die Teigoberfläche mit einem scharfen Messer in gleichmäßigen Abständen schräg einschneiden. Eine feuerfeste Schale heißes Wasser auf den Boden des Backofens stellen und das Baguette mit Eigelb bestreichen, damit es schön glänzt. Das Brot im Backofen in etwa 40 Minuten goldbraun backen. Es ist fertig, wenn der Boden beim Daraufklopfen hohl klingt. Das Baguette mit etwas Wasser bestreichen und auf einem Kuchengitter abkühlen lassen.

ACHTUNG Reismehl kann Nussspuren enthalten. Lesen Sie das Etikett!

Focaccia

Dieses italienische Brot mit weicher, schön strukturierter Krume ist außerordentlich vielseitig. Pur schmeckt es genauso gut wie mit würzigen Kräutern, z. B. Rosmarin und Basilikum. Man kann damit auch hervorragende Sandwiches zubereiten. Mit Weizenmehl kann es als Laib oder als Fladen gebacken werden. Die glutenfreie Version geht nicht so stark auf.

   milcheiweiß-, ei- & nussfrei

400 g Weizenmehl Type 550
2 TL Salz
1½ EL Zucker
1 EL Trockenhefe
5 EL Olivenöl, plus etwas Olivenöl zum Einfetten
1 TL Zitronensaft

250 ml lauwarmes Wasser oder nach Bedarf
1 TL grobes Meersalz

ZUBEREITUNGSZEIT 5–10 Minuten plus Gehzeit
BACKZEIT 30 Minuten
ERGIBT 1 runde Focaccia

1. Mehl, Salz und Zucker in eine Schüssel oder die Rührschüssel der Küchenmaschine sieben.
2. Hefe, 3 EL Öl, Zitronensaft und Wasser zugeben. Die Zutaten mit einem Löffel vermengen und dann auf einer leicht bemehlten Arbeitsfläche etwa 5 Minuten kneten, bis ein geschmeidiger Teig entstanden ist oder in der Küchenmaschine verquirlen und 1 Minute lang kneten.
3. Eine Kuchenform (Ø 23 cm) leicht einfetten, den Teig mit angefeuchteten Händen sanft in die Form drücken und mit Wasser besprenkeln, damit die Krume weich bleibt. Die Form mit Frischhaltefolie abdecken und den Teig an einem warmen Ort etwa 30 Minuten gehen lassen, bis sich sein Volumen verdoppelt hat. Wer ein besonders lockeres, voluminöses Brot wünscht, kann den Teig etwas länger gehen lassen.
4. Währenddessen den Backofen auf 220 °C vorheizen.
5. Die Fingerspitzen in Mehl tauchen und vorsichtig Vertiefungen in die Teigoberfläche drücken. Den Laib mit Wasser besprenkeln, mit dem restlichen Öl beträufeln und mit dem groben Salz bestreuen.
6. Das Brot im Backofen in etwa 30 Minuten goldbraun backen. Es ist fertig, wenn der Boden beim Daraufklopfen hohl klingt. Während des Backens zweimal mit Wasser besprenkeln.
7. Den Laib auf ein Kuchengitter legen, mit einem feuchten Tuch bedecken, damit die Krume weich bleibt, und auskühlen lassen.

◀ **Abbildung links** mit milcheiweißfreiem Pesto (S. 211).

 glutenfrei
auch milcheiweiß- & nussfrei

Folgen Sie dem Rezept links, aber ersetzen Sie das Weizenmehl durch glutenfreies helles Mehl. 1 Esslöffel Xanthan und 1 verquirltes Ei zugeben und die Wassermenge auf 330 ml erhöhen. Der Teig ist klebrig. Wenn Sie ihn in die Form gedrückt haben, glätten Sie die Oberfläche mit angefeuchteten Händen. Etwa 45–50 Minuten backen.

VARIANTEN Für eine Rosmarin-Zwiebel-Focaccia folgen Sie dem Rezept links oder oben, aber ersetzen Sie 1 Teelöffel von dem Salz durch 1 Teelöffel Knoblauchsalz. Wenn der Teig in der Form ist, 2 in dünne Ringe geschnittene Zwiebeln 15 Minuten in kaltes Wasser legen, abtropfen lassen, auf dem Teig verteilen und mit gehacktem frischem Rosmarin besprenkeln. Den Laib mit Öl beträufeln, mit Salz bestreuen und backen.

Für eine Focaccia mit Tomaten, Oliven und frischem Basilikum dem Rezept links oder oben folgen, aber den Teig mit 2 Esslöffeln gehacktem frischem Basilikum anreichern. Den Laib mit 4 gehackten getrockneten Tomaten in Olivenöl und 6 entsteinten, in Scheiben geschnittenen Oliven belegen, mit 6 zerzupften Basilikumblättern garnieren und mit Wasser besprenkeln. Mit dem zweiten Teil von Schritt 3 fortfahren.

Mexikanisches Maisbrot

Dieses Maisbrot mit seiner knusprig braunen Kruste und seinem goldfarbenen Teig ist überaus köstlich, vielseitig und schnell gebacken. Es schmeckt pur, mit Butter, mit Chili con Carne (S. 122), mit süßen oder pikanten Zutaten und als Beilage. Es ist von Natur aus glutenfrei.

  gluten- & nussfrei

1 EL fetter Speck oder Schmalz
250 g feines Maismehl
2 EL Zucker
1 TL Backpulver
1 TL Natron
1 TL Salz
2 Eier, verquirlt
500 ml Buttermilch

ZUBEREITUNGSZEIT 5 Minuten
BACKZEIT 20–25 Minuten
FÜR 6 Personen

1 Den Backofen auf 230 °C vorheizen.
2 Den Speck oder das Schmalz in eine große gusseiserne Pfanne oder in eine Backform (Ø 23 cm) geben und im Backofen erhitzen.
3 Maismehl, Zucker, Backpulver, Natron und Salz in einer großen Schüssel vermengen.
4 Eier und Buttermilch miteinander verquirlen und unter die Mehl-Zucker-Mischung rühren. Den Teig schlagen, bis er geschmeidig ist.
5 Den Teig in das erhitzte Fett gießen und im Backofen auf der oberen Schiene goldbraun backen, etwa 20 Minuten. Das Brot ist fertig, wenn der Teig bei leichtem Druck auf die Mitte zurückfedert. In Stücke schneiden und sofort servieren.
Abbildung rechts ▶

milcheiweiß-, ei-, gluten- & nussfrei

Eine Version, die frei ist von allen vier Allergenen, finden Sie auf der übernächsten Seite. Amerikanisches Maisbrot ist süßer und leichter als mexikanisches und wird traditionell in einer Form mit hohem Rand gebacken.

SERVIERVORSCHLÄGE Kosten Sie mexikanisches oder amerikanisches Maisbrot pur, mit Butter oder als Beilage, z. B. zu Eintopfgerichten mit Fleisch. Sie können den Zucker durch Zuckerrohrsirup oder Honig ersetzen (in Schritt 4 zugeben). Auch die Zugabe von gehackter Chilischote (falls verträglich), geriebenem Hartkäse oder sonnengetrockneten Tomaten bietet sich an.

Amerikanisches Maisbrot

 nussfrei

2 EL Maiskeimöl oder 30 g Butter, zerlassen, plus etwas Maiskeimöl zum Einfetten
150 g Maismehl
150 g Weizenmehl Type 405
1½ EL Zucker
2 TL Backpulver
½ TL Natron
½ TL Salz
2 Eier, verquirlt
150 ml Milch
150 ml Buttermilch

ZUBEREITUNGSZEIT 10 Minuten
BACKZEIT 10–12 Minuten für Muffins; 20–25 Minuten für 1 Laib
FÜR 8–10 Personen

1 Den Backofen auf 230 °C vorheizen. Eine Backform (18 x 23 cm) einfetten oder eine 12er-Muffinform mit Papierförmchen auslegen.
2 Maismehl, Mehl, Zucker, Backpulver, Natron und Salz in einer großen Schüssel vermengen.
3 Die Eier mit der Milch und Buttermilch verquirlen, zum Mehl geben und alles gut verrühren.
4 Das Öl oder die Butter unterrühren, sodass ein dickflüssiger Teig entsteht.
5 Den Teig in die Papierförmchen oder in die Backform füllen und im Backofen auf der oberen Schiene goldbraun backen, die »Muffins« etwa 10 Minuten, den Laib etwa 20 Minuten. Das Brot ist fertig, wenn der Teig bei leichtem Druck auf die Mitte zurückfedert. Wenn Sie einen Laib gebacken haben, schneiden Sie ihn in Quadrate. Heiß servieren.

TIPP Am besten schmeckt dieses Brot mit Vollkorn-Maismehl.

 **milcheiweißfrei**
auch nussfrei

Die Milch durch Sojamilch und die Buttermilch durch Sojajoghurt ersetzen (bei gleichzeitiger Sojaallergie auf Ersatzprodukte ausweichen). In Schritt 3 Maiskeimöl oder anderes Pflanzenöl statt der Butter unterrühren. Denken Sie daran, die Backform mit milcheiweißfreiem Fett oder Öl einzufetten. Mit milcheiweißfreiem Käseersatz lässt sich der Geschmack variieren.

 eifrei
auch nussfrei

Die Eier weglassen, im 2. Schritt 2 Essöffel Soja- oder Kartoffelmehl und 1 Esslöffel Backpulver zugeben. Im 3. und 4. Schritt 3 Esslöffel Wasser und 3 Esslöffel nussfreies Pflanzenöl zu den feuchten Zutaten dazugeben. Das Brot wird beim Backen schön knusprig, und die Ränder geraten etwas dunkler als beim Grundrezept.

 glutenfrei
auch nussfrei

Folgen Sie dem Rezept links, aber ersetzen Sie das Weizenmehl durch glutenfreies helles Mehl und fügen Sie 1 Teelöffel Xanthan in Schritt 2 hinzu. Diese Variante bräunt nicht so stark wie die anderen.

Joghurt-Rosinen-Brot

Dieses Brot ähnelt Früchtebrot, wird mit Joghurt statt mit Milch gebacken und erhält dadurch eine besonders frische Note. Ob mit Butter bestrichen oder als »Beilage« z. B. zu den Pochierten Pfirsichen (S. 151) gereicht – es schmeckt einfach köstlich. Auch für ein Picknick im Freien ist es genau das Richtige.

  ei- & nussfrei

etwas nussfreies Öl zum Einfetten
350 g Weizenmehl Type 550, plus etwas Mehl zum Bestauben
1 TL Mixed spice (Asia- oder Bioladen)
½ TL Salz
½ TL Natron
80 g brauner Zucker
1 EL Trockenhefe

50 g Butter oder Margarine
300 g fettarmer Naturjoghurt
120 g Rosinen
etwas Milch zum Glasieren

ZUBEREITUNGSZEIT 15 Minuten plus Gehzeit
BACKZEIT 40 Minuten
ERGIBT 1 Laib Brot

1 Eine 900-g-Brotbackform leicht einfetten und den Boden mit Backpapier auslegen.
2 Mehl, Brotgewürz, Salz und Natron in die Rührschüssel der Küchenmaschine oder eine Schüssel sieben.
3 Zucker und Hefe hinzugeben.
4 Butter oder Margarine in einem kleinen Topf schmelzen. Joghurt unterrühren. Die Mischung erwärmen, aber nicht heiß werden lassen, und zu der Mehlmischung geben.
5 Die Zutaten mit der Küchenmaschine zu einem weichen, leicht klebrigen Teig verarbeiten und 1 Minute durchkneten. Auf eine leicht bemehlte Arbeitsfläche geben und die Rosinen unterkneten. Wenn Sie den Teig mit der Hand zubereiten, die Rosinen mit in die Schüssel geben, die Zutaten mit einem Holzlöffel vermengen und zu einer Kugel formen. Auf einer leicht bemehlten Arbeitsfläche 5 Minuten kneten, bis der Teig geschmeidig ist und nicht mehr klebt.
6 Den Teig in die Form geben, lose mit eingeölter Frischhaltefolie bedecken und an einem warmen Ort etwa 1 Stunde gehen lassen, bis er den oberen Rand der Form fast erreicht hat.
7 In der Zwischenzeit den Backofen auf 200 °C vorheizen. Das Brot mit etwas Milch bestreichen, damit es schön glänzt, und im Backofen in etwa 40 Minuten goldbraun backen. Es ist fertig, wenn der Boden beim Daraufklopfen hohl klingt. Das Backpapier abziehen und das Brot auf einem Kuchengitter auskühlen lassen.

 milcheiweißfrei
auch ei- & nussfrei

Folgen Sie dem Rezept links, aber ersetzen Sie die Butter bzw. Margarine durch milcheiweißfreies Streichfett und Milch und Joghurt durch milcheiweißfreie Milch bzw. Joghurt.

 glutenfrei
auch nussfrei

Folgen Sie dem Rezept links, doch ersetzen Sie das Weizenmehl durch glutenfreies Mehl. Geben Sie 1 Esslöffel Xanthan in Schritt 2 hinzu und zusammen mit dem Joghurt ein verquirltes Ei. Der Teig wird schnell klebrig. Wenn Sie ihn mit der Küchenmaschine rühren, arbeiten Sie die Rosinen erst ganz zum Schluss vorsichtig unter. Der Teig lässt sich nicht mit der Hand kneten; geben Sie ihn direkt mit Hilfe eines Löffels in die Backform. Etwa 1 Stunde gehen lassen, dann goldbraun backen. Das dauert etwas länger als bei den anderen Rezepten, etwa 50–60 Minuten.

Pizza Margherita

Pizzen gehören inzwischen praktisch zu den Grundnahrungsmitteln. Sie können schmackhaft, nahrhaft und vielseitig sein – vor allem, wenn sie selbst gemacht sind. Die klassische »Margherita« wird nur mit Käse und Tomaten belegt. Besonders gut schmeckt sie mit einer Garnierung aus frischem Rucola. Natürlich können Sie den Belag auch üppiger gestalten, z. B. mit Sardellenfilets, Oliven, Schinken und Pilzen.

  ei- & nussfrei

Für den Teig
250 g Weizenmehl Type 550
½ TL Salz
1 TL Zucker
1 TL Trockenhefe
1 EL Olivenöl, plus etwas Olivenöl zum Einfetten
125 ml lauwarmes Wasser

Für den Belag
6 EL (möglichst selbst gemachte) Tomatensauce
125 g Büffelmozzarella, in dünne Scheiben geschnitten
1 TL getrockneter Oregano
3 große Tomaten, in Scheiben geschnitten
1 EL Olivenöl
frisch gemahlener schwarzer Pfeffer
frische kleine Basilikumblätter

ZUBEREITUNGSZEIT 10–15 Minuten plus Gehzeit
BACKZEIT 20 Minuten
ERGIBT 1 große Pizza

1 Ein großes Pizzablech (Ø etwa 30 cm) oder Backblech einfetten.
2 Mehl mit Salz, Zucker, Hefe und Öl in die Rührschüssel der Küchenmaschine geben. Während des Rührens nach und nach soviel Wasser zugeben, bis ein weicher, aber nicht klebriger Teig entsteht. Den Teig 1 Minute durchkneten. Oder alle Zutaten in einer Schüssel mischen und auf einer leicht bemehlten Arbeitsfläche etwa 5 Minuten kneten, bis der Teig geschmeidig ist.
3 Den Teig zu einer runden Platte von etwa 30 cm Durchmesser ausrollen, auf das Pizza- oder Backblech legen und an einem warmen Ort mindestens 20 Minuten gehen lassen.
4 Den Backofen auf 220 °C vorheizen.
5 Den Teig mit der Tomatensauce bestreichen; die Ränder dabei aussparen. Den Käse darauf verteilen und die Pizza mit Oregano bestreuen.
6 Die Tomatenscheiben auf die Pizza legen, mit Olivenöl beträufeln und mit Pfeffer würzen.
7 Die Pizza etwa 20 Minuten im Backofen backen, bis der Boden knusprig und der Käse geschmolzen ist.
8 Einige Basilikumblätter auf der Pizza verteilen.

 milcheiweißfrei
auch ei- & nussfrei

Folgen Sie dem Rezept links, doch ersetzen Sie den Büffelmozzarella durch einen milcheiweißfreien mozzarellaähnlichen Schmelzkäse.

 glutenfrei
auch ei- & nussfrei

Für den Teig
115 g Reismehl
85 g Kartoffelmehl
30 g Tapiokamehl
1 EL Xanthan
1 Prise Salz
1 TL Zucker
1½ TL Trockenhefe
1 EL Olivenöl, plus etwas Öl zum Einfetten
215 ml lauwarmes Wasser
etwas Maismehl zum Bestauben

• Pizza- oder Backblech einfetten. Die Mehle mit Xanthan, Salz, Zucker, Hefe und Öl vermengen.
• Wasser zugeben und alles zu einem geschmeidigen Teig verkneten.
• Den Teig auf einer mit Maismehl bestaubten Arbeitsfläche zu einer Kugel formen.
• Mit Schritt 3 des Rezepts links fortfahren, aber den Teig mit Frischhaltefolie bedecken, damit er beim Aufgehen nicht austrocknet.
◂ Abbildung links

Mürbeteig

Mürbeteig eignet sich sowohl als Grundlage für Obstkuchen wie die Apfeltarte (S. 149) wie auch als »Deckel« für Pies wie die Hähnchenpastete (S. 106). Die folgenden drei Varianten unterscheiden sich in Konsistenz und Farbe, sind aber alle köstlich. Lassen Sie sich nicht nervös machen – Mürbeteig ist keine Hexerei!

  ei- & nussfrei

250 g Weizenmehl Type 405, plus etwas Mehl zum Bestauben
1 Prise Salz
150 g kalte Butter, in Würfel geschnitten
3 EL Eiswasser oder nach Bedarf

ZUBEREITUNGSZEIT 10 Minuten plus Kühlzeit
FÜR 6–8 Personen

1 Das Mehl mit dem Salz in eine Schüssel sieben. Die Butter zugeben. Mehl und Fett mit den Fingern zu einer bröseligen Masse verarbeiten.
2 Mit einer Gabel oder einem Messer so viel Wasser einarbeiten, dass ein weicher, aber nicht klebriger Teig entsteht. Die Masse mit den Händen zusammenschieben.
3 Den Teig auf einer leicht bemehlten Arbeitsfläche rasch glatt kneten, fest in Frischhaltefolie wickeln (damit er nicht austrocknet und beim Ausrollen nicht bricht) und etwa 30 Minuten im Kühlschrank ruhen lassen. Nach Bedarf verwenden. Mürbeteig lässt sich einfrieren.

TIPPS Mürbeteig gelingt nur mit gut gekühltem Fett. Auch Hände, Wasser und möglichst auch die Arbeitsoberfläche (eine Marmorplatte ist ideal) sollten so kühl wie möglich sein.

Mürbeteig lässt sich auch mit der Küchenmaschine herstellen. Das Fett mit dem Mehl rasch zu einer krümeligen Masse verarbeiten. Nach und nach Wasser zugeben und die Maschine sofort abstellen, wenn der Teig sich zu einer Kugel formt. Mürbeteig darf nicht zu lange bearbeitet werden, sonst wird er zäh.

Um den Teig zu süßen, geben Sie 2 Esslöffel feinsten Zucker zum Mehl.

 milcheiweißfrei

auch ei- & nussfrei

Folgen Sie dem Rezept links, aber ersetzen Sie die Butter durch milcheiweißfreies hartes weißes Pflanzenfett.

 glutenfrei

Siehe übernächste Seite.
Abbildung rechts ▶

Mürbeteig Fortsetzung

 **glutenfrei**
auch nussfrei

120 g Reismehl, plus etwas Mehl zum Bestauben
50 g Kartoffelmehl
85 g feines Maismehl
1 gehäufter TL Xanthan
1 Prise Salz
140 g Butter, gewürfelt
1 Ei, mit 2 EL kaltem Wasser verquirlt

ZUBEREITUNGSZEIT 10 Minuten plus Kühlzeit
FÜR 6–8 Personen

1 Reis-, Kartoffel- und Maismehl, Xanthan und Salz in eine Schüssel sieben und gut vermengen. Die Butter dazugeben und alles mit den Fingern zu einer bröseligen Mischung verarbeiten.

2 Eine Mulde in die Mitte drücken und etwa drei Viertel der Ei-Wasser-Mischung hineingießen. Das sollte reichen, um die Zutaten mit einer Gabel zu einem lockeren Teig vermengen zu können. Wenn nötig, etwas mehr Flüssigkeit zugeben – aber nicht zu viel, denn feuchter Teig lässt sich zwar leichter bearbeiten, wird beim Backen aber hart. Den Teig mit den Händen zu einer Kugel formen.

3 Den Teig auf einer leicht mit Reismehl bestaubten Arbeitsfläche etwa 3 Minuten lang kneten, bis er geschmeidig ist. Zu einer Kugel formen, in Frischhaltefolie wickeln und etwa 30 Minuten im Kühlschrank ruhen lassen. Nach Bedarf verwenden. Der Teig kann eingefroren werden.

TIPPS Um den Teig zu süßen, fügen Sie 2 Esslöffel Zucker am Ende von Schritt 1 hinzu.

Beim Backen entsteht eine delikate Kruste. Wenn Sie an die Verarbeitung von »normalem« Mehl gewöhnt sind, wird Ihnen der Umgang mit glutenfreiem Teig womöglich nicht ganz leicht fallen. Geben Sie nicht der Versuchung nach, mehr Wasser zuzufügen, sondern gewöhnen Sie sich daran, mit einem relativ trockenen, krümeligen Teig zu arbeiten. Dies geht am besten mit den Händen; mit der Küchenmaschine hat man den Teig buchstäblich nicht richtig im Griff.

ACHTUNG Reismehl kann Spuren von Nüssen enthalten.

Shortbread

Dieses mürbe Sandgebäck schmeckt eindeutig nach mehr. Wenn Sie feststellen, dass der Vorrat sich schnell erschöpft, backen Sie einfach die doppelte Menge. Shortbread passen ebenso gut zu einer Tasse Tee oder Kaffee wie zu einem Obstdessert. Besonders köstlich sind sie zu Beerenkompott und rotem Obst, z. B. Erdbeeren mit Sahne.

  ei- & nussfrei

140 g weiche Butter
50 g feinster Zucker, plus etwas Zucker zum Darüberstreuen
120 g Weizenmehl Type 405
50 g Reismehl
1 Prise Salz

ZUBEREITUNGSZEIT 25 Minuten plus Kühlzeit
BACKZEIT 25 Minuten
ERGIBT 10 Stück

1 Butter und Zucker schaumig rühren.
2 Die beiden Mehlsorten und das Salz über die Butter-Zucker-Mischung sieben und mit einem Holzlöffel unterarbeiten.
3 Die Masse mit den Händen zu einem Teig zusammendrücken.
4 Den Teig auf einer Arbeitsfläche zu einer Kugel kneten, dann mit den Händen zu einer Wurst (Ø etwa 5 cm) rollen. In Frischhaltefolie wickeln und 1 Stunde im Kühlschrank ruhen lassen.
5 Den Backofen auf 160 °C vorheizen. Ein Backblech mit Backpapier auslegen.
6 Die Teigrolle mit einem scharfen Messer in 10 Scheiben schneiden und diese auf das Backblech legen. Wenn Sie mögen, können Sie die Ränder mit einem Teigrädchen zuschneiden und den überflüssigen Teig entfernen. In der Mitte der Teigscheiben mit einer Gabel ein attraktives Muster einstechen.
7 Die Kekse etwa 25 Minuten im Backofen goldgelb backen, anschließend sofort mit feinstem Zucker bestreuen, 10 Minuten abkühlen lassen, auf ein Kuchengitter legen und ganz auskühlen lassen. Shortbread in einem luftdicht verschließbaren Behälter aufbewahren.

ACHTUNG Reismehl kann Spuren von Nüssen enthalten.

 milcheiweißfrei
auch ei- & nussfrei

Folgen Sie dem Rezept links, aber ersetzen Sie die Butter durch milcheiweißfreies Streichfett und geben Sie zur Verbesserung des Aromas ein paar Messerspitzen gemahlene Vanille dazu.

 glutenfrei
auch ei- & nussfrei

Folgen Sie dem Rezept links, aber ersetzen Sie das Weizenmehl durch eine entsprechende Menge glutenfreies Mehl.

Rosinen-Milchbrötchen

Keine Tea-Time ohne Scones! In England reicht man diese Milchbrötchen mit Marmelade und geschlagener Sahne traditionell zum nachmittäglichen Earl-Grey-Tee. Doch es besteht kein Anlass, dafür die beste Leinentischwäsche auszupacken. Scones sind in einer halben Stunde fertig und können pur oder mit Butter, zum Kaffee oder zum Frühstück oder einfach zwischendurch gegessen werden.

  ei- & nussfrei

50 g Butter sowie Butter zum Einfetten
250 g Weizenmehl Type 405 sowie Mehl zum Bestauben
2 TL Backpulver
1 Prise Salz
30 g Zucker
30 g Rosinen oder Sultaninen
125 ml Milch
2–3 EL Sahne oder Milch zum Glasieren

ZUBEREITUNGSZEIT 20 Minuten
BACKZEIT 10–12 Minuten
ERGIBT 8–10 Stück

1 Den Backofen auf 220 °C vorheizen. Ein Backblech einfetten oder mit Backpapier auslegen.
2 Mehl, Backpulver und Salz in eine mittelgroße Schüssel sieben. Den Zucker unterrühren.
3 Die Butter dazugeben und mit der Mehl-Zucker-Mischung mit den Händen zu einer bröseligen Mischung verarbeiten. Rosinen oder Sultaninen zufügen.
4 Drei Viertel der Milch zugießen und schnell mit einem Löffel unterarbeiten. Die restliche Milch nur verwenden, wenn der Teig zu sehr bröselt. Nicht zu stark kneten, damit die Scones nicht hart werden.
5 Den Teig auf einer leicht bemehlten Arbeitsfläche zu einer 2 cm dicken Platte ausrollen.
6 Mit einem bemehlten Ausstecher (Ø 5 cm) Kreise ausstechen. Teigreste verkneten, ausrollen und ebenfalls ausstechen.
7 Die Scones auf das Backblech legen und mit Sahne oder Milch bestreichen.
8 Die Milchbrötchen auf der oberen Schiene im Backofen etwa 10–12 Minuten goldbraun backen. Sie sind fertig, wenn der Boden beim Daraufklopfen hohl klingt.
Abbildung rechts ▶

TIPP Um eine weiche Kruste zu erhalten, bedecken Sie die Scones direkt nach dem Backen eine Minute lang mit einem sauberen Geschirrhandtuch.

SERVIERVORSCHLAG Heiß oder kalt mit Marmelade und geschlagener Sahne oder einer milcheiweißfreien Alternative servieren.

 milcheiweißfrei
auch ei- & nussfrei

Ersetzen Sie die Butter durch eine entsprechende Menge milcheiweißfreies Hartfett (weiche Streichfette enthalten zu viel Wasser) und die Milch oder Sahne durch Sojamilch oder Sojasahne bzw. bei gleichzeitiger Sojaallergie durch Reismilch.

 glutenfrei
auch nussfrei

Folgen Sie dem Rezept links, und verwenden Sie folgende Zutaten:
60 ml schwarzer Tee
30 g Rosinen
225 g glutenfreie helle Mehlmischung
2 TL Backpulver
1 Prise Salz
½ TL Xanthan
30 g Zucker
45 g Butter
1 Ei, leicht verquirlt
50 ml Milch
2–3 EL Sahne oder Milch zum Glasieren

Da glutenfreies Mehl mehr Flüssigkeit aufsaugt als »normales« Mehl, die Rosinen zunächst mindestens 30 Minuten lang in Schwarztee einweichen. Xanthan mit den trockenen Zutaten vermengen. Abgetropfte Rosinen bei Schritt 3 zugeben. Bei Schritt 4 zuerst das Ei, dann die Milch hinzufügen.

Chocolate-Chip-Cookies

Direkt aus dem Ofen gegessen, schmecken diese dicken, goldfarbenen Chocolate-Chip-Cookies besonders köstlich. Kinder müssen nicht erst überredet werden, sie in ihre Brotzeitdose zu packen, und wenn sie bei einer Geburtstagsparty zu einem hohen Stapel aufgetürmt werden, sieht das einfach großartig aus. Cookies sind leicht zu verstauen und bleiben in einem luftdicht verschließbaren Behälter weich.

 nussfrei

170 g Butter
250 g brauner Zucker
50 g Zucker
300 g Weizenmehl Type 405
½ TL Natron
½ TL Salz
1 großes Ei, verquirlt
1 TL gemahlene Vanille
200 g zart- oder halbbittere nussfreie Schokoladenraspel

ZUBEREITUNGSZEIT 20 Minuten
BACKZEIT 20 Minuten
ERGIBT 18 große oder 24 mittelgroße Cookies

1. Den Backofen auf 180 °C vorheizen. Zwei Backbleche mit Backpapier auslegen.
2. Die Butter in einem kleinen Topf zerlassen. Die beiden Zuckersorten zufügen und mit der Butter glatt rühren.
3. Mehl, Natron und Salz in eine Schüssel sieben.
4. Butter-Zucker-Mischung, Ei und Vanille zugeben und alles zu einem weichen Teig verarbeiten.
5. Die Schokoraspel unterarbeiten.
6. Mit angefeuchteten Händen 18 oder 24 Kugeln aus dem Teig formen und diese mit ausreichendem Abstand auf die Bleche verteilen.
7. Die Cookies etwa 20 Minuten backen, bis sie eine schöne goldene Farbe angenommen haben, aber noch etwas weich sind. Auf dem Blech 10 Minuten abkühlen lassen, dann auf einem Kuchengitter vollständig auskühlen lassen. In einem luftdicht verschließbaren Behälter verstauen.

TIPP Sie können Teig auf Vorrat zubereiten und, zu einer Rolle geformt, einfrieren, sodass Sie ihn später nur noch in Scheiben schneiden müssen.

 milcheiweißfrei
auch nussfrei

Folgen Sie dem Rezept links, aber ersetzen Sie die Butter durch milcheiweißfreies Streichfett, und fügen Sie 30 g Mehl hinzu. Achten Sie auf milcheiweißfreie Schokoraspel.

 eifrei
auch nussfrei

Folgen Sie dem Rezept links, aber ersetzen Sie das Ei durch 1 Esslöffel Kartoffelmehl (in Schritt 3 zugeben) und 3 Esslöffel Sahne, Milch oder Wasser (in Schritt 4 zugeben).

glutenfrei
auch nussfrei

Folgen Sie dem Rezept links, aber ersetzen Sie das Mehl durch eine entsprechende Menge glutenfreies Mehl.

VARIANTE Mit Rohrzucker anstelle von normalem Zucker wird der Teig dünnflüssiger und muss mit einem Löffel aufs Backblech gegeben werden. Die fertigen Cookies sind dunkler und weicher.

Würzige Ingwerkekse

Würzige Ingwerkekse sind wunderbar vielseitig. Sie können warm, mit oder ohne Zuckerguss, mit geschlagener Sahne und etwas gehacktem kandiertem Ingwer oder mit Ingwersirup garniert serviert werden. Mit dicker Zitronenglasur wirken sie sehr festlich und kommen bei jeder Kaffeerunde und jeder Schulfete gut an. Auch für die Brotzeitdose sind sie bestens geeignet.

 nussfrei

etwas neutrales, nussfreies
  Pflanzenöl zum Einfetten
280 g Weizenmehl Type 405
½ TL Natron
½ TL Salz
1 EL gemahlener Ingwer
2 TL gemahlener Zimt
1 TL gemahlener Piment
150 g feinster Zucker
120 g Butter, zerlassen und auf
  Raumtemperatur abgekühlt
225 g Zuckerrohrsirup
250 ml Milch
1 Ei, verquirlt

Zum Servieren
in Sirup eingelegter Ingwer, gehackt
Sahne, geschlagen
Oder Zitronenglasur
250 g Puderzucker
1½ EL Zitronensaft
Zum Garnieren
kandierter oder eingelegter Ingwer
  (nach Belieben)

ZUBEREITUNGSZEIT 10 Minuten
BACKZEIT 50–60 Minuten
ERGIBT etwa 30 Stück

1 Den Backofen auf 180 °C vorheizen.
2 Ein flaches Backblech (18 x 28 cm) dünn einfetten und mit Backpapier auslegen.
3 Mehl, Natron, Salz, gemahlenen Ingwer, Zimt und Piment in eine Schüssel sieben. Zucker unterrühren.
4 Butter, Zuckerrohrsirup, Milch und Ei kurz unter die Mehl-Ingwer-Mischung rühren.
5 Die Mischung auf das Backblech gießen und die Oberfläche, falls nötig, mit einem Palettmesser glätten.
6 Den Teig 50–60 Minuten backen. Er ist fertig, wenn er bei leichtem Druck auf die Mitte zurückfedert. Leicht abkühlen lassen, in Stücke schneiden und lauwarm mit geschlagener Sahne und etwas gehacktem, eingelegtem Ingwer auf einem Teller anrichten. Oder auf einem Kuchengitter auskühlen lassen und anschließend glasieren.
7 Für die Glasur den Puderzucker in eine Schüssel sieben und mit dem Zitronensaft und 1½–2 EL Wasser zu einer streichfähigen Paste verrühren. Die Glasur auf die Teigplatte streichen und mit einem vorher in warmes Wasser getauchten Palettmesser glätten oder dekorativ an den Seiten heruntertropfen lassen. Nach Belieben mit kandiertem Ingwer garnieren und in Stücke schneiden.

 milcheiweißfrei
auch nussfrei

Folgen Sie dem Rezept links, aber ersetzen Sie die Butter durch eine entsprechende Menge milcheiweißfreies Streichfett und die Milch durch Soja- bzw. Hafer- oder Reismilch bei gleichzeitiger Sojaallergie.

 eifrei
auch nussfrei

Folgen Sie dem Rezept links, aber ersetzen Sie das Ei durch 1 Esslöffel Kartoffelmehl plus 3 Esslöffel Wasser. Geben Sie das Kartoffelmehl bei Schritt 3 und das Wasser bei Schritt 4 zu.

 glutenfrei
auch nussfrei

Folgen Sie dem Rezept links, aber ersetzen Sie das Mehl durch eine entsprechende Menge glutenfreie Mehlmischung, oder verwenden Sie Reismehl – die Kekse werden dann etwas krümeliger, schmecken aber sehr gut.

TIPP Schneiden Sie die Teigplatte vor dem Glasieren, denn die Glasur kann beim Schneiden abplatzen.

Fruchtige Haferschnitten

Diese süßen, goldgelben Schnitten stecken voller Vitamine. Mit einer Tasse Tee oder Kaffee oder einfach zwischendurch gegessen, liefern sie Energie, rauben einem aber nicht den Appetit aufs Abendessen. Die Variante mit Hirse erinnert eher an delikates, knuspriges Buttergebäck als an klassische Haferschnitten und ist eine nette Abwechslung, egal, ob Sie glutenfrei essen müssen oder nicht.

  ei- & nussfrei

100 g Butter oder Margarine, plus etwas Fett zum Einfetten
30 g Demerara-Zucker
2 EL heller Zuckerrohrsirup
225 g Haferflocken
½ TL Mixed spice (Asia- oder Bioladen)
30 g Sultaninen
30 g Rosinen
30 g getrocknete Aprikosen, gehackt

ZUBEREITUNGSZEIT 15 Minuten
BACKZEIT 25 Minuten
ERGIBT 16 Schnitten

 milcheiweißfrei
auch ei- & nussfrei

Folgen Sie dem Rezept links, aber ersetzen Sie die Butter oder Margarine durch milcheiweißfreies Streichfett.

 glutenfrei
auch ei- & nussfrei

Folgen Sie dem Rezept links, doch ersetzen Sie die Haferflocken durch Hirse- oder Quinoaflocken.

1 Den Backofen auf 180 °C vorheizen. Ein Backblech (18 x 28 cm) einfetten.
2 In einem großen Topf Butter oder Margarine mit Zucker und Zuckerrohrsirup schmelzen lassen.
3 Alle restlichen Zutaten unterrühren.
4 Die Mischung auf das Backblech streichen und mit der Rückseite eines vorher in Wasser getauchten Löffels fest in die Ecken drücken. Auf der mittleren Schiene goldbraun backen, etwa 25 Minuten. Nach 20 Minuten prüfen, ob die Ränder nicht zu stark bräunen, und gegebenenfalls aus dem Ofen nehmen.
5 Das Gebäck etwas abkühlen lassen, dann in 16 Quadrate schneiden. Die Riegel auf dem Blech vollständig auskühlen lassen und in einem luftdicht verschließbaren Behälter aufbewahren.

Schokokekse

In Puderzucker gewälzt, sehen diese raffinierten kleinen Kekse aus wie Schokotörtchen im »Schneemantel«. Beim Backen knistern sie dramatisch vor sich hin, um nach und nach ihre Schokoladenseite zu enthüllen. Kein Wunder, dass Kinder auf sie fliegen. Sie sind schnell und einfach zuzubereiten, und der Teig muss nur eine halbe Stunde kalt gestellt werden.

  ei- & nussfrei

50 g Zucker
85 g Weizenmehl Type 405
½ TL Backpulver
1 TL Natron
30 g nussfreies Kakaopulver
55 g Butter
2 EL heller Zuckerrohrsirup
40 g Puderzucker zum Bestauben

ZUBEREITUNGSZEIT 20 Minuten plus Kühlzeit
BACKZEIT 10–12 Minuten
ERGIBT 16 kleine oder 8 große Kekse

 milcheiweißfrei
auch ei- & nussfrei

Folgen Sie dem Rezept links, doch verwenden Sie milcheiweißfreies Streichfett statt Butter.

 glutenfrei
auch ei- & nussfrei

Folgen Sie dem Rezept links, doch ersetzen Sie das Mehl durch die entsprechende Menge glutenfreies Mehl und achten Sie darauf, dass Natron, Kakaopulver und Backpulver ebenfalls glutenfrei sind.

1 Den Zucker in eine mittelgroße Schüssel geben. Mehl, Backpulver, Natron und Kakaopulver darübersieben.
2 Die Butter zufügen und mit den Fingern untermengen, bis die Mischung eine bröselige Konsistenz hat. Den Zuckerrohrsirup unterrühren und alles gut miteinander vermengen. Den Teig mit den Händen zu einer Kugel formen.
3 Den Teig in 16 oder in 8 Portionen teilen und diese mindestens 30 Minuten im Kühlschrank ruhen lassen.
4 Den Backofen auf 180 °C vorheizen. Zwei Backbleche mit Backpapier auslegen.
5 Die Teigstücke mit den Händen zu kleinen Kugeln rollen und in Puderzucker wälzen, sodass sie dick umhüllt sind. Die Kekse im Abstand von mindestens 4 cm aufs Backblech legen.
6 Die Kekse im Backofen backen, bis sie oben aufgeplatzt und in der Mitte noch etwas weich sind. Bei kleinen Keksen nach 10 Minuten, bei großen nach 12 Minuten prüfen, ob sie fertig sind.
7 Die Kekse auf dem Backblech fest werden und anschließend auf einem Kuchengitter auskühlen lassen. In einem luftdicht verschließbaren Behälter verstauen.
Abbildung nächste Seite ▸

Kindergeburtstag mit milcheiweiß-, ei- und nussfreien Vanilletörtchen (S. 192), nussfreien Brownies (S. 193) und milcheiweiß-, ei- und nussfreien Schokokeksen (S. 189).

Vanilletörtchen

Vanilletörtchen sind der Renner beim Kindergeburtstag und eignen sich auch prima für die ersten eigenen Backversuche. Da ist es besonders bitter, wenn man wegen einer Lebensmittelunverträglichkeit auf dieses Vergnügen verzichten muss. Meine Varianten sind für kleine und große Leckermäuler geeignet, ob allergisch oder nicht.

   milcheiweiß-, ei- & nussfrei

170 g Weizenmehl Type 405
1 EL Backpulver
1 Prise Salz
140 g brauner Zucker
1 TL gemahlene Vanille
2 EL Maiskeimöl oder anderes neutrales, nussfreies Pflanzenöl
1 EL Weißweinessig

ZUBEREITUNGSZEIT 15 Minuten
BACKZEIT 20 Minuten
ERGIBT 12 Törtchen

1 Den Backofen auf 180 °C vorheizen. 12 Törtchen- oder kleine Muffinformen mit Papierförmchen auskleiden.
2 Mehl, Backpulver und Salz in eine Schüssel geben. Den Zucker untermischen.
3 Die restlichen Zutaten und 250 ml Wasser zugeben und alles zu einem dünnflüssigen Teig verrühren.
4 Die Papierförmchen bis knapp unterhalb des Randes mit Teig füllen. Die Törtchen im Backofen etwa 20 Minuten backen. Sie sollten aufgegangen sein und sich fest anfühlen.
5 Die Törtchen auf einem Kuchengitter abkühlen lassen.
◀ **Abbildung vorherige Seite**

TIPP Wenn Sie mit Kindern backen, füllen Sie den Teig in eine Kanne um, dann lässt er sich leichter in die Förmchen gießen.

SERVIERVORSCHLAG Für ein Kinderfest die Törtchen mit Puderzuckerglasur und einer kandierten Kirsche garnieren: 200 g Puderzucker in eine Schüssel sieben. 2–2½ EL Wasser und, falls gewünscht, ein Paar Spritzer Lebensmittelfarbe zugeben. Die Zutaten zu einer streichfähigen Glasur verrühren.

 glutenfrei
auch nussfrei

3 Eier
140 g brauner Zucker
½ TL gemahlene Vanille
85 g Butter oder Margarine, geschmolzen
85 g Kartoffelmehl
85 g Soja- oder Reismehl
2½ TL glutenfreies Backpulver

• Den Backofen auf 180 °C vorheizen. Papierförmchen in 12 Törtchen- oder kleine Muffinformen stellen.
• Die Eier in eine Schüssel schlagen, den Zucker und die Vanille zufügen und die Mischung mit dem Handmixer oder Schneebesen schaumig schlagen.
• Die geschmolzene Butter oder Margarine in einem dünnen Strahl unter stetigem Rühren zugießen.
• Die Mehlsorten und das Backpulver über die Masse sieben und mit einem Metalllöffel unterziehen. Dabei immer in Form einer Acht rühren.
• Den Teig in die Förmchen füllen und im Backofen 15–20 Minuten backen. Die Törtchen sind fertig, wenn der Teig auf leichten Druck in die Mitte zurückfedert.
• Die Törtchen auf einem Kuchengitter abkühlen lassen.

Brownies

So sollten Brownies sein: üppige, saftige Kuchenschnitten mit aufgebrochener Oberfläche. Mit einer Handvoll Trauben, Sultaninen oder gehackten Walnüssen angereichert, schmecken sie noch interessanter. Genießen Sie sie zum Nachmittagskaffee oder wann immer Sie wollen. Ich esse sie am liebsten warm zum Dessert mit Vanilleeiscreme.

nussfrei

100 g Weizenmehl Type 405
1 EL nussfreies Kakaopulver
1 große Prise Salz
1 TL Backpulver
170 g brauner Zucker
60 g Butter oder Margarine
100 g nussfreie Bitterschokolade
   (mindestens 70 % Kakaoanteil)
1 TL gemahlene Vanille
2 große Eier, verquirlt

ZUBEREITUNGSZEIT 25 Minuten
BACKZEIT 20 Minuten
ERGIBT 15 Brownies

1. Den Backofen auf 180 °C vorheizen. Ein Backblech (18 x 28 cm) mit Backpapier auslegen.
2. Mehl, Kakaopulver, Salz und Backpulver in eine Schüssel sieben.
3. Zucker, Butter oder Margarine, 2 EL Wasser, Schokolade und Vanille in einen Topf geben und unter Rühren vorsichtig erhitzen, bis die Butter geschmolzen ist.
4. Die Mischung in die Schüssel zu dem Mehl gießen, die Eier zufügen und alle Zutaten zu einem weichen Teig verrühren.
5. Den Teig auf das Backblech streichen und im Backofen etwa 20 Minuten backen. Er sollte fest und an der Oberfläche knusprig sein.
6. Die Teigplatte 10 Minuten abkühlen lassen, in 15 Quadrate schneiden und auf dem Backblech vollständig auskühlen lassen. Anschließend in einem luftdicht verschließbaren Behälter verstauen.

◂ **Abbildung Seite 191**

milcheiweißfrei
auch nussfrei

Folgen Sie dem Rezept links, ersetzen Sie das Fett durch milcheiweißfreie Margarine. Achten Sie darauf, dass auch das Kakaopulver kein Milcheiweiß enthält.

eifrei
auch nussfrei

Folgen Sie dem Rezept links bis Schritt 4, doch verwenden Sie 1½ Teelöffel Backpulver. Die Eier weglassen. 15 g Kartoffelmehl und 150 ml Wasser in einem kleinen Topf mischen und unter stetigem Rühren aufkochen, bis eine dickflüssige, klare Masse entsteht. Diese zusammen mit der Butter-Schokoladen-Mischung unter die trockenen Zutaten rühren. Eifreie Brownies sind feuchter und weicher als Brownies mit Ei.

glutenfrei
auch nussfrei

Folgen Sie dem Rezept links, doch ersetzen Sie das Mehl durch glutenfreies Mehl, und verwenden Sie glutenfreies Back- und Kakaopulver.

Marshmallow-Crispies

Süßigkeiten wie diese sind bei jedem Kinderfest willkommen. Durch die Zugabe von Reiscrispies bekommen sie das Aussehen von Bienenwaben. Die milcheiweißfreie Variante empfiehlt sich vor allem für große Feste, denn sie enthält keines der vier großen Allergene.

   gluten-, ei- & nussfrei

etwas nussfreies Pflanzenöl zum Einfetten
115 g Marshmallows (am besten pinkfarben und weiß)
55 g Butter
4 EL Himbeerkonfitüre
140 g Reiscrispies

ZUBEREITUNGSZEIT 10 Minuten plus Kühlzeit
ERGIBT 24 Crispies

 milcheiweißfrei
auch gluten-, ei- & nussfrei

Folgen Sie dem Rezept links, doch ersetzen Sie die Butter durch milcheiweißfreies Streichfett.

1 Ein großes flaches Backblech (18 x 28 cm) dünn einfetten.
2 Marshmallows mit Butter und Konfitüre in einen großen Topf geben und unter stetigem Rühren sanft erhitzen, bis alles geschmolzen ist. Die Masse unter stetigem Rühren 1 Minute kochen.
3 Die Reiscrispies schnell und gründlich unterrühren, sodass die Körner vollständig mit der Masse überzogen sind.
4 Die Mischung auf das Backblech gießen, sorgfältig in die Ecken streichen und mit einem nassen Palettmesser oder der Rückseite eines Löffels fest andrücken. 24 Quadrate markieren. Die Crispies erkalten lassen und über Nacht in den Kühlschrank stellen, damit sie fest werden.
5 Die Crispies in einem luftdicht verschließbaren Behälter aufbewahren.

ACHTUNG Marshmallows, die mit Maltodextrin oder anderen aus Gerste gewonnenen Stoffen gesüßt sind, enthalten Gluten. Manche Marshmallows sind außerdem mit Ei hergestellt. Achten Sie darauf, dass auch die Reiscrispies keine unerwünschten Allergene enthalten.

Zitronen-Polenta-Kuchen

Dieser erfrischende, sattgelbe Kuchen mundet als Dessert ebenso gut wie zum Kaffee. Genießer lassen ihn sich mit frischen Sommerfrüchten, Brombeeren, Blaubeeren oder etwas Chantilly-Sahne (S. 216) auf der Zunge zergehen. Fruchtiger Zitronen- oder herber Rosmarinsirup verleiht ihm zusätzliches Aroma.

 glutenfrei

Für den Kuchen
etwas nussfreies Öl zum Einfetten
140 g Butter
140 g feinster Zucker
2 Eier, verquirlt
140 g gemahlene Mandeln
1 TL gemahlene Vanille
85 g Polenta (Maisgrieß) oder Maismehl
½ TL Backpulver
1 Prise Salz

abgeriebene Schale und Saft von 1 großen, unbehandelten Zitrone

Für den Sirup
4 EL Zitronensaft (Saft von etwa 2 Zitronen)
120 g Puderzucker

ZUBEREITUNGSZEIT 15 Minuten
BACKZEIT 60 Minuten
FÜR 8–10 Personen

1 Den Backofen auf 180 °C vorheizen. Eine Springform (Ø 18 cm) einfetten und mit Backpapier auslegen.
2 Butter und Zucker mit dem Handmixer oder mit einem Holzlöffel schaumig rühren.
3 Nach und nach die Eier zugeben; dabei stets weiterrühren.
4 Die Mandeln und die gemahlene Vanille unterrühren. Maisgrieß oder -mehl, Backpulver und Salz über die Mischung sieben, Zitronenschale und -saft zufügen und mit einem Metalllöffel alles gut miteinander vermengen.
5 Den Teig in die Kuchenform geben und die Oberfläche glatt streichen.
6 Den Kuchen im Backofen etwa 1 Stunde backen. Er sollte außen goldbraun sein und auf Druck nicht mehr nachgeben.
7 Für den Sirup Zitronensaft, 2 EL Wasser und Puderzucker in einem kleinen Topf unter stetigem Rühren sanft erhitzen, bis der Zucker sich aufgelöst hat.
8 Den Kuchen mit einem Holzstäbchen in kleinen Abständen bis fast auf den Boden durchstechen. Den heißen Sirup darüber gießen – keine Angst, er wird vollständig aufgesogen.
9 Den Kuchen in der Form vollständig auskühlen lassen, auf ein Kuchengitter stürzen und das Backpapier abziehen.

 milcheiweißfrei
auch glutenfrei

Folgen Sie dem Rezept links, doch ersetzen Sie die Butter durch milcheiweißfreies Streichfett.

 eifrei
auch glutenfrei

Folgen Sie dem Rezept links, doch verwenden Sie 1 Teelöffel Backpulver, und ersetzen Sie die Eier durch 4 Esslöffel saure Sahne sowie 2 Esslöffel Kartoffelmehl, die mit 2 Esslöffeln Wasser vermengt wurden.

 nussfrei
auch glutenfrei

Folgen Sie dem Rezept links, doch ersetzen Sie die gemahlenen Mandeln durch glutenfreies Mehl, und verwenden Sie glutenfreies Backpulver. Damit der Kuchen nicht zu trocken wird, geben Sie 3 statt 2 Eier zu.

VARIANTE Rosmarinsirup verleiht dem Kuchen ein etwas herberes Aroma. 4 Esslöffel Wasser, 2 Esslöffel Zitronensaft, 85 g Puderzucker und 1 Zweig Rosmarin unter stetigem Rühren erhitzen, bis der Zucker sich auflöst. 1 Minute kochen, dann 5 Minuten abkühlen lassen. Den Kuchen mit Sirup bestreichen und mit frischem Rosmarin garnieren.

Schokoladen-Schichttorte

Was wäre eine Geburtstagsfeier ohne eine üppige Schokoladentorte? Diese mit Ganache oder Schokocreme gefüllte Schichttorte schmeckt wirklich jedem. Die hier abgebildete Variante enthält weder Eier noch Milcheiweiß noch Nüsse. Das Ergebnis ist umso beeindruckender, wenn man weiß, wie fade vegane Kuchenkreationen oft ausfallen.

   milcheiweiß-, ei- & nussfrei

 glutenfrei

Für den Kuchen
350 g Weizenmehl Type 405
400 g feinster Zucker
2 TL Natron
50 g nussfreies Kakaopulver
1 Prise Salz
1½ TL gemahlene Vanille
450 ml ungesüßte Sojamilch oder Wasser
100 ml Maiskeimöl oder anderes nussfreies Pflanzenöl sowie Öl zum Einfetten
1½ EL Weißweinessig

Für die Glasur
1 doppelte Portion Ganache (S. 200) oder 1 Portion Schokoladen-Buttercreme (siehe rechts)

Zum Dekorieren
50 g Schokolade, mit dem Sparschäler geraspelt, oder eine Auswahl frischer Beeren

ZUBEREITUNGSZEIT 25 Minuten
BACKZEIT 40 Minuten
FÜR 10–12 Personen

Siehe übernächste Seite.

ACHTUNG Bei Sojaallergie die Sojamilch ersetzen.

VARIANTE Schokoladen-Buttercreme ist etwas leichter als Ganache. 175 g milcheiweißfreies Streichfett in eine Schüssel geben, 450 g Puderzucker, 6 Esslöffel Kakaopulver (nussfrei, falls erforderlich) und 2 Teelöffel gemahlene Vanille darübersieben und mit einem Holzlöffel unterziehen. Alles zu einer weichen, schaumigen Creme verrühren.

Wer Milchprodukte verträgt, kann Butter oder gewöhnliche Margarine benutzen. Die Fettmenge dann auf 225 g erhöhen. Wahrscheinlich ist die Zugabe von bis zu 4 Teelöffeln Wasser erforderlich, damit die Masse schön cremig wird.

1 Den Backofen auf 180 °C vorheizen. Den Boden von zwei kleinen Springformen (Ø 20 cm) einfetten und mit Backpapier auslegen.
2 Mehl, Zucker, Natron, Kakaopulver, Salz und Vanille in eine große Schüssel sieben. In einer anderen Schüssel Sojamilch oder Wasser, Öl und Essig vermengen. Diese Mischung zu der Mehl-Kakao-Mischung geben und alles zu einem glatten Teig verrühren.
3 Den Teig gleichmäßig auf beide Kuchenformen verteilen und glatt streichen. Etwa 40 Minuten backen, bis der Teig aufgegangen ist und nach leichtem Druck auf die Mitte zurückfedert.
4 Die Kuchen in der Form 10 Minuten abkühlen lassen, dann auf Kuchengitter stürzen und das Backpapier abziehen. Die erkalteten Kuchen horizontal durchschneiden.
5 In der Zwischenzeit eine doppelte Portion Ganache (Schritt 7 des Rezepts auf Seite 200) oder eine Portion Schokoladen-Buttercreme (siehe rechts) zubereiten.
6 Die Tortenböden mit Schokocreme bestreichen und aufeinandersetzen. Für die ersten drei Lagen die Hälfte der Creme verwenden. Ränder und Oberseite der Torte üppig mit der restlichen Creme bestreichen. Den Kuchen mit Schokoraspeln oder frischen Beeren garnieren.

Abbildung rechts ▶

Schokoladen-Schichttorte Fortsetzung

 glutenfrei

etwas neutrales Pflanzenöl zum Einfetten
6 Eier
340 g feinster Zucker
170 g Butter oder Margarine, geschmolzen
½ TL gemahlene Vanille
200 g Sojamehl
125 g Kartoffelmehl
75 g glutenfreies Kakaopulver
1½ EL glutenfreies Backpulver
2 EL Milch

ZUBEREITUNGSZEIT 35 Minuten
BACKZEIT 45 Minuten
FÜR 10–12 Personen

ACHTUNG bei Sojaintoleranz: statt Sojamehl Kichererbsen- oder Reismehl verwenden.

1 Den Backofen auf 160 °C vorheizen. Zwei kleine Springformen (Ø 20 cm) einfetten und den Boden mit Backpapier auslegen.
2 Die Eier mit dem Zucker in eine Schüssel geben und mit dem Handrührgerät im Wasserbad schaumig schlagen. Das dauert einige Minuten. Die Creme ist fertig, wenn sie eine sichtbare Spur zieht, sobald der Quirl aus dem Teig gehoben wird.
3 Die Schüssel vom Topf nehmen. Unter stetigem Rühren Butter oder Margarine in einem dünnen Strahl zugießen. Gemahlene Vanille unterrühren.
4 Die beiden Mehlsorten, Kakao und Backpulver über die Creme sieben. Die Milch zugeben und mit einem Metalllöffel sanft unterziehen. Immer in Form einer Acht rühren.
5 Den Teig gleichmäßig auf die beiden Springformen verteilen und glatt streichen.
6 Die Kuchen etwa 45 Minuten backen. Sie sind fertig, wenn der Teig nach leichtem Druck auf die Mitte zurückfedert.
7 Die Kuchen in der Form 10 Minuten abkühlen lassen, dann auf Kuchengitter stürzen und das Backpapier abziehen. Die erkalteten Kuchen in der Mitte horizontal durchschneiden.
8 In der Zwischenzeit eine doppelte Portion Ganache (Schritt 7 des Rezepts auf Seite 200) oder eine Portion Schokoladen-Buttercreme (siehe S. 196) zubereiten. Die Tortenböden mit Schokocreme bestreichen und aufeinandersetzen. Für die ersten drei Lagen die Hälfte der Creme verwenden. Ränder und Oberseite der Torte üppig mit der restlichen Creme bestreichen. Den Kuchen mit Schokoraspeln oder frischen Beeren garnieren.

»Diese Schokoladentorte passt zu jeder Gelegenheit und gelingt immer.«

Üppiger Obstkuchen

Ein geriebener Apfel macht diesen üppigen Obstkuchen besonders saftig. Besprenkeln Sie ihn vor dem Backen mit Zucker, damit die Oberseite schön knusprig wird. Obstkuchen eignen sich hervorragend für Backexperimente. Folgen Sie Ihren eigenen Ideen, oder lassen Sie sich von den Tipps auf Seite 48–49 und weiter unten inspirieren.

 nussfrei

etwas nussfreies Pflanzenöl zum Einfetten
170 g weiche Butter oder Margarine
170 g brauner Zucker
1 Speiseapfel, mit der Schale gerieben
3 Eier
225 g Weizenmehl Type 405
1 Prise Salz
1½ TL Backpulver
1½ TL Mixed spice (Asia- oder Bioladen)
250 g gemischte Trockenfrüchte, gehackt
50 g kandierte Kirschen, halbiert
1 EL Demerara-Zucker

ZUBEREITUNGSZEIT 10 Minuten
BACKZEIT 1½–1¾ Stunden
FÜR 8–10 Personen

1. Den Backofen auf 160 °C vorheizen. Eine kleine Springform (Ø 18 cm) einfetten und mit Backpapier auslegen.
2. Die Butter oder Margarine mit dem braunen Zucker schaumig schlagen und den geriebenen Apfel unterrühren.
3. Die Eier nacheinander zugeben und jeweils gut unterrühren (dabei kann die Creme etwas gerinnen).
4. Mehl, Salz, Backpulver und Gewürzmischung über die Creme sieben und mit einem Metalllöffel unterziehen, anschließend die Trockenfrüchte und kandierten Kirschen unterheben.
5. Den Teig in die Form geben, die Oberfläche glatt streichen und mit dem Demerara-Zucker bestreuen.
6. Den Kuchen im Backofen 1½–1¾ Stunden backen. Er ist fertig, wenn ein Holzstäbchen, das in die Mitte eingestochen wird, beim Herausziehen sauber bleibt. Den Kuchen 10 Minuten in der Form abkühlen lassen, dann auf ein Kuchengitter stürzen, das Backpapier abziehen und den Kuchen komplett auskühlen lassen. In einem luftdicht verschließbaren Behälter lässt er sich gut aufbewahren.

TIPP Eier lassen sich bei der Zubereitung von Obstkuchen relativ einfach ersetzen: 1 Ei entspricht 1 Esslöffel Kartoffelmehl, mit 3 Esslöffeln Wasser vermengt.

 milcheiweißfrei
auch nussfrei

Folgen Sie dem Rezept links, doch ersetzen Sie die Butter oder Margarine durch milcheiweißfreies Streichfett.

 eifrei
auch nussfrei

Folgen Sie dem Rezept links, doch ersetzen Sie in Schritt 3 die Eier durch 3 Esslöffel neutrales nussfreies Pflanzenöl und 1 Esslöffel Kartoffelmehl, mit 3 Esslöffeln Wasser vermengt. Fügen Sie im 4. Schritt 2 Teelöffel Backpulver zusammen mit den anderen trockenen Zutaten hinzu.

 glutenfrei
auch nussfrei

Folgen Sie dem Rezept links, doch ersetzen Sie das Mehl durch eine entsprechende Menge glutenfreies Mehl oder durch 115 g dunkles Reismehl und 115 g Sojamehl bzw. bei gleichzeitiger Sojaintoleranz durch 230 g Reismehl insgesamt. Verwenden Sie glutenfreies Backpulver.

Schokoladen-Cremetorte

Bei dieser mit Aprikosen- und Schokoladenglasur überzogenen Torte kommt einem sofort die berühmte Sachertorte in den Sinn. Ein dekadenteres Partydessert lässt sich kaum denken. Servieren Sie die Torte pur oder mit steif oder leicht geschlagener Sahne. Am besten verwenden Sie Schokolade mit 70 Prozent Kakaoanteil.

 glutenfrei

Für die Torte
115 g Butter, plus etwas Butter zum Einfetten
170 g Bitterschokolade (mindestens 70 % Kakaoanteil)
115 g Puderzucker, gesiebt
150 g gemahlene Mandeln
5 Eier, getrennt
1 EL Aprikosenkonfitüre

Für die Ganache
120 g Bitterschokolade (mindestens 70 % Kakaoanteil)
120 g Crème double

ZUBEREITUNGSZEIT 45 Minuten
BACKZEIT 30 Minuten
FÜR 8–10 Personen

1 Den Backofen auf 190 °C vorheizen. Eine Springform (Ø 20 cm) einfetten und den Boden mit Backpapier auslegen.
2 Die Schokolade in Stücke brechen, in eine Schüssel geben und über einem Topf mit heißem Wasser schmelzen lassen. Dabei immer wieder umrühren und darauf achten, dass die Schüssel nicht mit dem heißen Wasser in Berührung kommt.
3 Butter und Puderzucker schaumig schlagen. Mandeln, Eigelbe und geschmolzene Schokolade unterrühren.
4 Die Eiweiße steif schlagen und unter die Creme ziehen.
5 Die Creme in die Backform gießen, die Oberfläche glatt streichen und den Kuchen etwa 30 Minuten im Backofen backen (Garprobe durchführen). 10 Minuten in der Form abkühlen lassen, dann auf ein Kuchengitter stürzen und das Backpapier abziehen. Den Kuchen vollständig auskühlen lassen.
6 Die Konfitüre erhitzen und durch ein Sieb streichen.
7 Die Ganache zubereiten: Die Schokolade in Stücke brechen und zusammen mit der Crème double in einen Topf geben. Die Masse unter Rühren sanft erhitzen, bis eine dickflüssige Creme entsteht. Abkühlen lassen, bis die Creme streichfähig ist.
8 Den Kuchen auf eine Kuchenplatte setzen und die Oberfläche mit der erwärmten Konfitüre bestreichen. Anschließend die Ganache auf der Oberfläche und an den Seiten verteilen. Die Torte eine Weile ruhen lassen, aber nicht kalt stellen.

TIPP Sie können die Torte auch auf dem Kuchengitter mit Schokocreme überziehen und anschließend vorsichtig auf die Kuchenplatte setzen.

 milcheiweißfrei
auch glutenfrei

Folgen Sie dem Rezept links, doch ersetzen Sie die Butter durch milcheiweißfreies Streichfett. Für die Ganache verwenden Sie 140 g Schokolade und 5 Esslöffel Sojasahne statt der Crème double. Achten Sie auf milcheiweißfreie Schokolade. Wenn Sie keine Sojaprodukte vertragen, bereiten Sie eine Schokoladenglasur zu: 85 g Schokolade mit 15 g milcheiweißfreiem Streichfett und 3 Esslöffeln Wasser schmelzen. Nach und nach 225 g gesiebten Puderzucker unterziehen.

 eifrei
auch glutenfrei

Folgen Sie dem Rezept links, doch ersetzen Sie die Eiweiße durch 3 Esslöffel Kartoffelmehl, das Sie mit 1 Teelöffel Xanthan und 150 ml Wasser zu einer dicken Creme verrühren. Anstelle der Eigelbe fügen Sie zusammen mit den Mandeln 2 Teelöffel glutenfreies Backpulver zu.

 nussfrei
auch glutenfrei

Folgen Sie dem Rezept links, doch ersetzen Sie die Mandeln durch 100 g nussfreie Semmel- oder Biskuitbrösel.

Käsekuchen mit Pfirsichsaft

Dieser indische Käsekuchen erinnert mit seinem glänzenden, fruchtigen Belag ein wenig an Götterspeise. Er wird nicht gebacken, lässt sich schnell und einfach zubereiten und problemlos variieren. Von Kokosnuss-Biskuit mit Mangonektar-Belag bis Ingwerbiskuit mit Beeren – die Kombinationsmöglichkeiten sind schier grenzenlos. Sie müssen nur darauf achten, dickflüssige Fruchtsäfte zu verwenden.

  ei- & nussfrei

Für den Boden
75 g Butter, zerlassen, plus etwas Butter zum Einfetten
170 g Vollkornkekse (nussfrei & eifrei)

Für den Belag
1 EL gemahlene Gelatine
250 ml Pfirsichsaft
120 g feinster Zucker
400 g Doppelrahm-Frischkäse
1 Vanilleschote
1 EL Zitronensaft, frisch gepresst
250 g Crème double

Für die Glasur
1 EL Maisstärke
1 EL Zucker
2 TL Zitronensaft, frisch gepresst
250 ml Pfirsichsaft

ZUBEREITUNGSZEIT 20 Minuten plus Kühlzeit
FÜR 6–8 Personen

1. Eine Springform (Ø 20 cm) einfetten und den Boden mit Backpapier auslegen. Die Kekse in der Küchenmaschine zu Krümeln verarbeiten, geschmolzene Butter zugeben und beides kurz miteinander vermengen. In die Kuchenform drücken und 30 Minuten kalt stellen.
2. Den Belag zubereiten. Die Gelatine in einer Schüssel mit 5 Esslöffeln Pfirsichsaft verrühren und 5 Minuten quellen lassen. Die Gelatine im Wasserbad unter Rühren auflösen. Den restlichen Pfirsichsaft einrühren. Abkühlen lassen.
3. Zucker und Frischkäse in eine große Schüssel geben und mit dem Handmixer verquirlen. Die Vanilleschote der Länge nach aufschlitzen und das Mark in die Schüssel kratzen. Zitronensaft und die Pfirsich-Gelatine-Mischung zugießen und alles gut miteinander verquirlen. Die Crème double schlagen, bis weiche Spitzen stehen bleiben, wenn man den Schneebesen herauszieht, und mit einem Metalllöffel unterheben. Die Creme auf den Tortenboden streichen und den Kuchen mindestens 4 Stunden, am besten über Nacht, kalt stellen.
4. Für die Glasur Maisstärke und Zucker in einem kleinen Topf mit Zitronensaft und Pfirsichsaft verrühren. Die Mischung unter stetigem Rühren aufkochen lassen und etwa 1 Minute köcheln, bis sie eindickt. Die Glasur sofort vom Herd nehmen, leicht abkühlen lassen und auf den Kuchen streichen.
5. Den Kuchen vor dem Servieren noch einmal kalt stellen.

 milcheiweißfrei
auch ei- & nussfrei

Folgen Sie dem Rezept links, doch ersetzen Sie die Butter durch eine entsprechende Menge milcheiweißfreies Streichfett, den Frischkäse durch Seidentofu und die Crème double durch Sojasahne (die sich allerdings nicht so dick aufschlagen lässt). Verwenden Sie 1½ Esslöffel bzw. 2 Esslöffel Gelatine, wenn der Belag besonders fest werden soll. Bei gleichzeitiger Sojaallergie ist das Rezept nicht geeignet.

 glutenfrei
auch ei- & nussfrei

Folgen Sie dem Rezept links, aber verwenden Sie glutenfreie Kekse.

TIPP Diesen Kuchen sollten Sie an einem heißen Tag nicht im Freien stehen lassen – er verwandelt sich schnell in Fruchtcreme. Vor dem Servieren gut kühlen!

Möhrenkuchen

Ein Möhrenkuchen wie dieser, mit Muskatnuss, Piment und Zimt aromatisiert und mit Ananas, Kokosnuss und Sultaninen angereichert, ist üppig genug für große Feste und mit oder ohne klassische Vanilleglasur einfach köstlich. Wenn Sie sowohl gekochte als auch rohe Möhren verwenden, wird der Kuchen besonders saftig. Die Walnüsse können Sie bei Bedarf durch Pinienkerne ersetzen.

 nussfrei

Für den Kuchen
450 g Weizenmehl Type 405
4½ TL Backpulver
2 TL gemahlener Zimt
¼ TL geriebene Muskatnuss
½ TL gemahlener Piment
225 g Rohrzucker
250 ml neutrales, nussfreies Pflanzenöl
3 Eier, leicht verquirlt
250 g gekochte Möhren, püriert
100 g rohe Möhren, gerieben
120 g Sultaninen
50 g Ananasstücke aus der Dose, abgetropft und zerkleinert
abgeriebene Schale von 1 unbehandelten Orange
50 g Kokosraspeln (nach Belieben)
120 g Pinienkerne (nach Belieben), leicht geröstet und grob gehackt

Für die Glasur
250 g Doppelrahm-Frischkäse
500 g Puderzucker
180 g Butter
1 TL gemahlene Vanille

Zum Dekorieren
in feine Streifen geschnittene Schale von 1 unbehandelten Orange
gemahlener Zimt zum Bestauben

ZUBEREITUNGSZEIT 15 Minuten
BACKZEIT 75–90 Minuten
FÜR 12 Personen

1 Den Backofen auf 180 °C vorheizen. Eine Springform (Ø 23 cm) mit Backpapier auslegen.
2 Mehl, Backpulver, Zimt, Muskatnuss und Piment in eine Schüssel sieben. Zucker zugeben und alles gut vermengen.
3 Öl, Eier, Möhrenpüree, geraspelte Möhren, Sultaninen, Ananas, Orangenschale, Kokosraspel und Pinienkerne zugeben und zu einem dickflüssigen Teig verarbeiten.
4 Den Teig in die Springform geben und im Ofen 75–90 Minuten backen. Der Kuchen ist gar, wenn ein in die Mitte eingestochener Holzspieß beim Herausziehen sauber bleibt.
5 Den Kuchen in der Form 15 Minuten abkühlen lassen, dann auf ein Kuchengitter stürzen, das Backpapier entfernen und den Kuchen vollständig auskühlen lassen.
6 Für die Glasur alle Zutaten mit der Küchenmaschine in etwa 1 Minute zu einer Creme verrühren. Den Kuchen rundum mit der Glasur bestreichen und mit Orangenschale und gemahlenem Zimt garnieren. Eventuell kühlen, damit die Glasur fest wird.

 milcheiweißfrei
auch nussfrei

Der Kuchen ist milcheiweißfrei. Für die Glasur (Abbildung links) Frischkäse durch Seidentofu und Butter durch milcheiweißfreies Streichfett ersetzen. Evtl. mehr Puderzucker zugeben. Im Kühlschrank aufbewahren, denn die Glasur wird bei Raumtemperatur schnell weich. Bei gleichzeitiger Sojaallergie auf die Glasur verzichten und den Kuchen mit Puderzucker bestreuen.

 eifrei
auch nussfrei

Folgen Sie dem Rezept links, doch ersetzen Sie die Eier durch 3 Esslöffel Kartoffelmehl, das Sie mit 6 Esslöffeln Wasser vermengen. Verwenden Sie 2 Esslöffel Backpulver, und geben Sie Saft und Schale von der Orange dazu.
◀ **Abbildung links**
Eine milcheiweißfreie Glasur ist die vegane Alternative.

 glutenfrei
auch nussfrei

Folgen Sie dem Rezept links, doch ersetzen Sie das Mehl durch glutenfreies Mehl, und verwenden Sie 3 Esslöffel glutenfreies Backpulver.

Obst-Sahne-Kuchen

Freunde und Familie werden diesen Dessertkuchen zu schätzen wissen. Er besteht aus mehreren Tortenböden mit Vanillearoma, die mit süßer Sahne, Pfirsichen und Feigen belegt werden. Als Belag eignet sich aber auch jedes andere weiche Obst der Saison – Beeren passen besonders gut. Wie bei der Schoko-Schichttorte (S. 196) werden die Tortenböden in zwei Formen gebacken und anschließend halbiert.

  ei- & nussfrei

Für den Kuchen
400 g Weizenmehl Type 405
400 g feinster Zucker
1¾ TL Natron
1 Prise Salz
2 TL gemahlene Vanille
100 ml neutrales, nussfreies Öl sowie Öl zum Einfetten
1½ EL Weißweinessig
450 ml Milch

Für Belag und Garnierung
350 g Sahne
2 EL Puderzucker, plus Puderzucker zum Bestauben
3 große reife Pfirsiche, entsteint und in Scheiben geschnitten
1 reife Feige, geviertelt

ZUBEREITUNGSZEIT 35 Minuten
BACKZEIT 40 Minuten
FÜR 10–12 Personen

 milcheiweißfrei
auch ei- & nussfrei

Folgen Sie dem Rezept links, doch ersetzen Sie die Milch durch Soja- bzw. Reis- oder Hafermilch (bei gleichzeitiger Sojaallergie) und die Sahnefüllung durch 1½ Portionen milcheiweißfreier Chantilly-Sahne (S. 216).

 glutenfrei
auch nussfrei

Siehe übernächste Seite.

VARIANTE Auch Obstsorten wie Himbeeren und Nektarinen eignen sich als Belag. Mit Physalis (Kapstachelbeeren) garniert, sieht der Kuchen besonders hübsch aus.

1 Den Backofen auf 180 °C vorheizen. Zwei Springformen (Ø 20 cm) einfetten und den Boden mit Backpapier auslegen.
2 Mehl, Zucker, Natron, Salz und Vanille in eine große Schüssel sieben. Öl, Essig und Milch in einer anderen Schüssel vermengen und dann mit der Mehl-Zucker-Mischung zu einem relativ dünnflüssigen, geschmeidigen Teig verrühren.
3 Den Teig gleichmäßig auf beide Springformen verteilen und im Backofen etwa 40 Minuten backen, bis der Teig aufgegangen ist und zurückfedert, wenn man mit dem Finger leicht auf die Kuchenmitte drückt.
4 Die Kuchen in der Form 10 Minuten abkühlen lassen, dann auf ein Kuchengitter stürzen, das Backpapier abziehen und die Kuchen vollständig auskühlen lassen.
5 Die Sahne mit dem Puderzucker gerade so steif schlagen, dass sie nicht verläuft.
6 Etwa ein Drittel der Pfirsichspalten zur Dekoration beiseitelegen.
7 Die beiden Kuchen in der Mitte horizontal durchschneiden. Einen Boden auf eine Kuchenplatte setzen und mit einem Viertel der Sahne und einem Drittel der verbliebenen Pfirsiche belegen. Auf diese Weise fortfahren, bis alle Kuchenböden verbraucht sind. Den obersten Boden mit der restlichen Sahne und den zur Dekoration vorgesehenen Pfirsichen und der Feige garnieren. Den Kuchen bis zum Servieren kalt stellen.
Abbildung rechts ▶

Obst-Sahne-Kuchen Fortsetzung

 **glutenfrei**
auch nussfrei

Für den Kuchen
neutrales, nussfreies Öl zum Einfetten
6 Eier
340 g feinster Zucker
170 g Butter oder Margarine, zerlassen
½ TL gemahlene Vanille
225 g Sojamehl
170 g Kartoffelmehl
1½ EL glutenfreies Backpulver
2 EL Milch

ZUBEREITUNGSZEIT 35 Minuten
BACKZEIT 45 Minuten
FÜR 10–12 Personen

ACHTUNG Bei Sojaintoleranz: statt Sojamehl Kichererbsen- oder Reismehl verwenden.

1 Den Backofen auf 160 °C vorheizen. Zwei kleine Springformen (Ø 20 cm) einfetten und den Boden mit Backpapier auslegen.

2 Die Eier und den Zucker in eine feuerfeste Schüssel geben und im Wasserbad mit dem Handrührgerät schaumig schlagen. Das dauert einige Minuten. Die Creme ist fertig, wenn sie eine sichtbare Spur zieht, sobald der Quirl aus dem Teig gehoben wird.

3 Die Schüssel vom Topf nehmen. Unter stetigem Rühren die geschmolzene Butter oder Margarine in einem dünnen Strahl zugeben. Gemahlene Vanille unterrühren.

4 Die Mehlsorten und das Backpulver über die Mischung sieben. Die Milch zugeben. Die Zutaten mit einem Metalllöffel vorsichtig unterziehen. Dabei in Form einer Acht rühren.

5 Den Teig gleichmäßig auf die beiden Springformen verteilen und die Oberfläche glatt streichen. Die Kuchen im Backofen backen, bis sie aufgegangen sind und die Mitte bei leichtem Fingerdruck zurückfedert, etwa 45 Minuten.

6 Die Kuchen in der Form 10 Minuten abkühlen lassen, auf Kuchengitter stürzen, das Backpapier abziehen und die Kuchen vollständig auskühlen lassen.

7 Belag und Garnierung zubereiten, wie auf Seite 204 beschrieben. Die Kuchen aufschneiden, Böden und Belag aufeinandersetzen und garnieren.

8 Den Kuchen bis zum Servieren kalt stellen. Falls gewünscht, direkt vor dem Servieren mit Puderzucker bestauben.

Schokoladentrüffeln

Wegen ihres etwas herben Geschmacks sind diese Trüffeln aus Bitterschokolade eher etwas für Erwachsene. Köstlicher kann man eine Mahlzeit kaum ausklingen lassen. Servieren Sie sie auf einem hübschen Teller oder in Petit-four-Papierförmchen. In buntes Glitzerpapier gewickelt, eignen sie sich wunderbar als Geschenk – z. B. zusammen mit einer Flasche Likör.

   ei-, gluten- & nussfrei

225 g Bitterschokolade (mindestens 70 % Kakaoanteil) – nussfrei und/oder glutenfrei, falls erforderlich
125 g Crème double
1 EL Likör, z. B. Grand Marnier, oder Weinbrand (nach Belieben)
50 g Puderzucker, gesiebt
30 g Kakaopulver – nussfrei und/oder glutenfrei (falls erforderlich)

ZUBEREITUNGSZEIT 15–20 Minuten
GARZEIT 5 Minuten
ERGIBT 20 Stück

 milcheiweißfrei
auch ei-, gluten- & nussfrei

Folgen Sie dem Rezept links, doch achten Sie darauf, milcheiweißfreie Schokolade und gegebenenfalls milcheiweißfreien Likör zu verwenden. Ersetzen Sie die Crème double durch Sojasahne bzw. ein sojafreies Ersatzprodukt bei gleichzeitiger Sojaallergie.

ACHTUNG bei Spirituosen, die allergene Substanzen enthalten, z. B. Nüsse oder Mandeln wie Amaretto, Gluten wie z. B. Getreideschnäpse (Whisky und Wodka) oder Milcheiweiß wie Cremeliköre (z. B. Baileys). Für Ei-Allergiker sind Trüffeln mit Eierlikör tabu.

1 Die Schokolade in 5 mm große Stücke hacken. Die Stücke in eine feuerfeste Schüssel geben.
2 Die Crème double in einem Topf bis knapp unter den Siedepunkt erhitzen und über die Schokoladenstückchen gießen. 5 Minuten stehen lassen.
3 Die Mischung mit dem Handrührgerät glatt rühren. Likör oder Weinbrand (nach Belieben) und Puderzucker unterrühren. Die Creme abkühlen lassen und in den Kühlschrank stellen.
4 Die Creme aus dem Kühlschrank nehmen, wenn sie fest zu werden beginnt. Mit einem Teelöffel walnussgroße Portionen abstechen und zu Kugeln formen. Die Trüffeln in Kakaopulver wälzen und auf einen Teller oder in Petit-four-Förmchen setzen. In den Kühlschrank stellen, bis sie fest geworden sind.

TIPP Ich verwende am liebsten klare Liköre, denn sie schmecken intensiver als Cremeliköre.

Béchamelsauce

Klassische französische Béchamelsauce ist ein unentbehrlicher Bestandteil vieler Gerichte – von Lasagne (S. 136) bis Moussaka (S. 128). Es lohnt sich, etwas Zeit und Mühe auf die Zubereitung zu verwenden. Die Sauce schmeckt aromatischer, wenn man Zutaten wie Nelken und Gemüse zunächst in der Milch ziehen lässt. Die Sauce lässt sich problemlos im Kühlschrank aufbewahren.

  ei- & nussfrei

450 ml Milch
1 Zwiebel, geschält, halbiert und mit 2 Nelken gespickt
6 Pfefferkörner
4 Stängel Petersilie
45 g Butter
30 g Weizenmehl
2 EL Sahne
Salz und frisch gemahlener schwarzer Pfeffer

ZUBEREITUNGSZEIT 20 Minuten
GARZEIT 10–15 Minuten plus 20 Minuten Ziehzeit
FÜR 4–6 Personen

 milcheiweißfrei
auch ei- & nussfrei

Folgen Sie dem Rezept links, doch ersetzen Sie die Butter durch milcheiweißfreies Streichfett, die Milch durch Soja-, Reis- oder Hafermilch und die Sahne durch Sojasahne. Bei gleichzeitiger Sojaallergie auf sojafreie Ersatzprodukte ausweichen.

 glutenfrei
auch ei- & nussfrei

Folgen Sie dem Rezept links, doch ersetzen Sie das Mehl durch 30 g helle glutenfreie Mehlmischung oder durch Reis- und Maismehl zu gleichen Teilen.

1 Milch, gespickte Zwiebel, Pfefferkörner und Petersilie in einen Topf geben. Zum Kochen bringen, 10 Minuten köcheln lassen, vom Herd nehmen und 20 Minuten ziehen lassen. Die aromatisierte Milch durch ein Sieb in einen zweiten Topf gießen und das Gemüse wegwerfen.

2 Die Butter bei schwacher Hitze in einem Topf zerlassen. Das Mehl unterrühren und etwa 2 Minuten anschwitzen. Darauf achten, dass das Mehl nicht bräunt. Die Milch wieder zum Köcheln bringen.

3 Die Milch nach und nach zu der Mehlschwitze geben und mit einem Schneebesen unterrühren. Wenn die gesamte Milch aufgebraucht ist, die Sauce kurz aufkochen und bei sehr schwacher Hitze unter stetigem Rühren mit einem Holzlöffel 8–10 Minuten köcheln lassen, damit der Mehlgeschmack verschwindet.

4 Die Sahne unterrühren und die Sauce mit Salz und Pfeffer abschmecken. Wenn sie nicht sofort verwendet wird, mit zu einem Kreis ausgeschnittenem, angefeuchtetem Pergamentpapier bedecken.

TIPPS Wenn Sie es eilig haben, verzichten Sie auf das Aromatisieren der Milch und geben Sie in Schritt 3 vor dem Aufkochen der Sauce ein Bouquet garni zu. Mit warmer Milch oder Gemüsebrühe lässt sich die Sauce verdünnen.

Aïoli mit Tofu

Auch wenn auf der nächsten Seite ein klassisches Mayonnaise-Rezept abgedruckt ist – eine praktisch allergenfreie Aïoli ist einfach zu gut, um darauf zu verzichten. Sie lässt sich wie jede andere Knoblauchsauce oder -mayonnaise verwenden: für Sandwiches, Dips, zum Aromatisieren von gebratenem Gemüse oder Suppen. Mit dem gerösteten Knoblauchpüree können Sie auch Crostini (S. 72–73) zubereiten.

    milcheiweiß-, ei-, gluten- & nussfrei

Für das Knoblauchpüree
4 Knoblauchknollen
1 TL frischer Thymian (nach Belieben)
1 Lorbeerblatt (nach Belieben)
100 ml Olivenöl oder Gemüse- bzw. Hühnerbrühe

Für die Aïoli
¼ Portion Knoblauchpüree (siehe oben)
400 g Seidentofu
2 EL helles Miso
120 ml Zitronensaft
1–2 EL Wasser oder Olivenöl zum Verdünnen
Salz und frisch gemahlener schwarzer Pfeffer

ZUBEREITUNGSZEIT 5 Minuten plus 60–90 Minuten Backzeit (Knoblauch)
ERGIBT etwa 500 ml

TIPPS Aïoli ist etwas sämiger als mit Eiern zubereitete Mayonnaise. Wenn Sie Olivenöl zum Backen der Knoblauchknollen verwenden, bewahren Sie es auf: Es eignet sich wunderbar zum Braten von Kartoffeln oder Gemüse.

ACHTUNG Brühwürfel können Spuren von Milcheiweiß, Gluten und Sellerie enthalten. Bei Sojaintoleranz den Seidentofu durch ein sojafreies Ersatzprodukt ersetzen.

1 Den Backofen auf 180 °C vorheizen.
2 1 cm vom oberen Ende der Knoblauchknollen abschneiden und wegwerfen.
3 Die Knoblauchknollen in eine feuerfeste Form setzen, nach Belieben mit Thymian bestreuen und ein Lorbeerblatt dazwischenstecken und alles mit Öl oder Fond übergießen.
4 Die Form fest verschließen und in den Ofen schieben.
5 Den Knoblauch 60–90 Minuten backen, bis er durchgegart ist.
6 Die Knoblauchknollen aus dem Backofen nehmen und abkühlen lassen.
7 Den Knoblauch aus den Schalen drücken und im Mixer zu Püree verarbeiten. Er kann in einem verschließbaren Behälter im Kühlschrank eine Woche lang aufbewahrt werden.
8 Für die Aïoli Knoblauchpüree, Tofu, Misopaste und Zitronensaft im Mixer zu einer mayonnaiseartigen Creme verrühren. Falls notwendig mit Wasser oder Olivenöl verdünnen.
9 Die Aïoli mit Salz und Pfeffer abschmecken.

Mayonnaise

Da viele Fertigmayonnaisen Milcheiweiß, Gluten und sogar Nüsse enthalten, habe ich ein allergiker-freundliches Mayonnaiserezept in dieses Buch aufgenommen.

   milcheiweiß-, gluten- & nussfrei

1 Ei
1 TL Dijon-Senf
1 Prise Salz
5 EL Olivenöl
5 EL nussfreies Pflanzenöl

1 TL Zitronensaft
1 TL Weißweinessig

ZUBEREITUNGSZEIT 10 Minuten
ERGIBT etwa 250 ml

1. Ei, Senf und Salz in die Rührschüssel der Küchenmaschine geben und kurz vermengen.
2. Das Öl in einen Messbecher geben und bei laufender Maschine etwa drei Viertel davon in einem dünnen Strahl zugießen. Die Masse wird zunächst flüssig und dickt dann ein. Zuerst Zitronensaft und Essig, anschließend das restliche Öl in einem etwas kräftigeren Strahl zugeben. Die Mayonnaise abschmecken und, falls nötig, nachsalzen.
3. Die Mayonnaise lässt sich in einem luftdicht verschließbaren Behälter bis zu 3 Tage im Kühlschrank aufbewahren. Nach Wunsch verwenden.

 eifrei
auch milcheiweiß-,
gluten- & nussfrei

2 EL Kartoffelmehl
½ TL Xanthan
¼ TL Dijon-Senf
125 ml Olivenöl
1 EL Zitronensaft
1 TL Weißweinessig
½ TL feinster Zucker
Salz und weißer Pfeffer

Kartoffelmehl, Xanthan und 4 EL Wasser verquirlen. Den Senf unterziehen. Mit Schritt 2 des Rezepts links fortfahren. Zucker, Salz und Pfeffer mit Zitronensaft und Essig zugeben.

Vietnamesischer Dip

Diese Sauce zum Würzen und Dippen ist in Vietnam ungeheuer populär – ihr kräftiges, süß-saures Aroma macht regelrecht süchtig.

    milcheiweiß-, ei-, gluten- & nussfrei

2 EL frischer Limettensaft
2 EL Zucker, am besten Palmzucker
4 EL Reisessig
4 EL thailändische Fischsauce
2 Knoblauchzehen, zerdrückt

½ rote Chilischote, von den Samen befreit und gehackt

ZUBEREITUNGSZEIT 5 Minuten
ERGIBT etwa 175 ml

1. Alle Zutaten mit der Küchenmaschine oder im Mixer etwa 30–45 Sekunden verquirlen. Wenn sich Schaum bildet, gießen Sie die Sauce in eine Schüssel und den Schaum in den Ausguss.
2. Die Sauce in kleinen Schüsseln servieren.

VARIANTE Für ein schmackhaftes orientalisches Pickle 1 Möhre und ½ Daikon (japanischen Rettich) schälen, in schmale Streifen schneiden und mit der Sauce vermengen.

ACHTUNG Manche Menschen vertragen keine Chilischoten.

Pesto

Diese berühmte Genueser Spezialität aus Basilikum, Öl und Pinienkernen ist vielseitig verwendbar – z. B. als Sauce für Nudeln, Reissalat oder Sandwiches. Sie schmeckt auch ohne Käse gut.

   **ei-, gluten- & nussfrei**

50 g frische Basilikumblätter
45 g Pinienkerne
2 Knoblauchzehen, zerdrückt
25 g Parmesan, gerieben
240 ml bestes Olivenöl
Salz und Pfeffer

ZUBEREITUNGSZEIT 10 Minuten
ERGIBT etwa 350 g

1 Basilikumblätter, Pinienkerne, Knoblauch und Parmesan im Mixer zu einer Paste vermengen.
2 Bei laufender Maschine das Öl in einem dünnen Strahl zugeben und alles zu einer dickflüssigen Creme verrühren. Bei Bedarf 1–2 EL mehr Öl zugeben. Pesto mit Salz und Pfeffer würzen.

 milcheiweißfrei
auch ei-, gluten- & nussfrei

Folgen Sie dem Rezept links, doch ersetzen Sie den Parmesan durch eine entsprechende Menge milcheiweißfreien Käseersatz, oder lassen Sie ihn einfach weg (vgl. S. 172).

ACHTUNG bei Pinienkernen. Die meisten, aber nicht alle Menschen, die gegen Baum- und Erdnüsse allergisch sind, vertragen Pinienkerne.

Paprika-Dip

Grundlage für diesen Dip ist die syrisch-türkische Spezialität Muhammara. Er passt zu Fladenbrot, Salat und Gemüse und kann als Sauce zu gegrilltem Fleisch serviert werden.

  milcheiweiß- & eifrei

3 rote Paprikaschoten, von den Samen befreit
2 EL nussfreies Öl zum Rösten
1 kleine Chilischote, von den Samen befreit
1 Scheibe Brot (45 g)
85 g Walnusskerne
½ Knoblauchzehe, geschält
1½ EL Granatapfelsirup
2 TL Zitronensaft

½–1 TL Salz
½ TL gemahlener Kreuzkümmel
5 EL Olivenöl
Wasser zum Verdünnen (nach Belieben)
1 EL fein gehackte frische Petersilie, zum Garnieren

ZUBEREITUNGSZEIT 5 Minuten plus Garzeit (für die Paprika)
FÜR 6 Personen

1 Den Backofen auf 180 °C vorheizen. Die Paprikaschoten mit dem Öl in einer feuerfesten Form 40 Minuten im Backofen rösten.
2 Die Paprikaschoten mit sämtlichen Zutaten außer dem Wasser und der Petersilie im Mixer zu einer Creme verarbeiten. Eventuell mit Wasser verdünnen und mit Petersilie garnieren.

 nussfrei
auch milcheiweiß- & eifrei

Folgen Sie dem Rezept links, doch ersetzen Sie die Walnusskerne durch geröstete Pinienkerne (falls verträglich).

 glutenfrei
auch milcheiweiß- & eifrei

Folgen Sie dem Rezept links, doch verwenden Sie eine entsprechende Menge glutenfreies Brot.

ACHTUNG Manche Menschen reagieren empfindlich auf Chili.

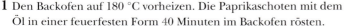

SAUCEN, DRESSINGS & SONSTIGES

Asiatischer Krautsalat

Dieser Krautsalat hat es in sich: Geraspelter Kohl und Möhren werden mit einem kräftigen süß-sauren Dressing zubereitet und mit Minze garniert. Vietnamesen essen den Salat am liebsten mit Hähnchen oder als Snack zwischendurch. Sie können ihn auch auf japanischen Reiscrackern, mit Koriandergrün garniert, anrichten. Er ist auf Seite 125 mit Vietnamesischem Rindfleischtopf abgebildet.

    milcheiweiß-, ei-, gluten- & nussfrei

Für das Dressing
1 EL Reisessig
2 EL Zucker oder Palmzucker
3 EL Limettensaft, frisch gepresst
2 Knoblauchzehen, zerdrückt
½ rote Chilischote, von den Samen befreit und fein gehackt
3 EL thailändische Fischsauce
4 EL neutrales, nussfreies Öl
frisch gemahlener schwarzer Pfeffer

Für den Salat
200 g Chinakohl oder Weißkohl, geraspelt
100 g Möhren, gerieben oder mit einem Kartoffelschäler in dünne Streifen geschnitten
2 Frühlingszwiebeln, in feine Ringe geschnitten
3 EL gehackte frische Minzeblätter
Koriandergrün zum Garnieren (nach Belieben)

ZUBEREITUNGSZEIT 10 Minuten
FÜR 4 Personen als Beilage

1 Reisessig, Zucker, Limettensaft, Knoblauch, Chili und Fischsauce 30 Sekunden im Mixer verrühren, bis der Zucker sich aufgelöst hat. Öl und Pfeffer zugeben und kurz unterrühren.

2 Kohl und Möhren kurz vor dem Servieren in eine Schüssel geben, mit dem Dressing übergießen und alles gut mischen. Die Frühlingszwiebeln und die Minzeblätter unterheben und den Salat mit einem Korianderzweig garnieren.

SERVIERVORSCHLÄGE Mit gegrilltem Hähnchen angerichtet und mit Sesam (falls verträglich) bestreut, ergibt der Salat ein leichtes Mittag- oder Abendessen. Dazu Baguette (S. 170–171) reichen.
Den Salat auf Reis- oder Krabbencrackern oder als Beilage zu Vietnamesischem Rindfleischeintopf (S. 124) oder anderen orientalischen Schmor- oder Grillgerichten servieren.

ACHTUNG Nicht jeder verträgt Chilischoten.

»Dieser pikante, frische Salat ist genau das Richtige für dunkle Wintertage.«

Raita

Raita ist eine indische Sauce auf Joghurtbasis und wird zu pikanten Gerichten serviert. Diese Raita enthält Gurke und Kreuzkümmelsamen und passt gut zu gegrilltem Fleisch, Fisch und Currys.

   ei-, gluten- & nussfrei

2 TL Kreuzkümmelsamen
ein 10 cm großes Stück Gurke, geschält und fein gewürfelt
300 g Naturjoghurt oder griechischer Joghurt
Salz und frisch gemahlener schwarzer Pfeffer

ZUBEREITUNGSZEIT 10 Minuten
FÜR 4–6 Personen

 milcheiweißfrei
auch ei-, gluten- & nussfrei

Folgen Sie dem Rezept links, doch ersetzen Sie den Joghurt durch Sojajoghurt. Nicht geeignet bei gleichzeitiger Sojaallergie.

SERVIERVORSCHLAG Mit Tandoori-Fisch (S. 98) servieren.

1 Die Kreuzkümmelsamen in einer Bratpfanne mit schwerem Boden bei mittlerer Hitze etwa 2 Minuten trocken rösten, bis sie ihr Aroma entfalten. Auf einen Teller geben und abkühlen lassen.
2 Gurke und Joghurt in einer kleinen Schüssel vermengen, mit Salz und Pfeffer abschmecken und mit den gerösteten Kreuzkümmelsamen bestreuen.

Estragon-Dressing

Dieses einfache, cremige Dressing passt gut zu Salat mit Hähnchen, Fisch oder Gemüse – z.B. zu einem Salat aus Hähnchenfleisch, Avocado und jungem Blattspinat.

   ei-, gluten- & nussfrei

6 EL Olivenöl
1 Knoblauchzehe (nach Belieben), zerdrückt
2 TL Zucker
fein geriebene Schale und Saft von 1 unbehandelten Zitrone
4 EL Sahne

3 EL gehackter frischer Estragon
je 1 große Prise Salz und frisch gemahlener schwarzer Pfeffer

ZUBEREITUNGSZEIT 10 Minuten plus Kühlzeit
ERGIBT etwa 200 ml

 milcheiweißfrei
auch ei-, gluten- & nussfrei

Folgen Sie dem Rezept links, doch ersetzen Sie die Sahne durch Sojasahne bzw. bei gleichzeitiger Sojaallergie durch ein sojafreies Ersatzprodukt.

1 Alle Zutaten in ein sauberes Glas mit Schraubverschluss geben.
2 Das Glas verschließen und schütteln, bis alle Zutaten sich gut vermengt haben. Das Dressing mindestens 1 Stunde kalt stellen, damit die Aromen sich entfalten. Es hält sich im Kühlschrank bis zu 1 Woche.

Maronenfüllung

Eine üppige, aromatische Maronencreme ist die perfekte Füllung für einen festlichen Geflügelbraten. Maronen gehören botanisch zu den Nussfrüchten, werden aber von den meisten Menschen mit Nussallergie vertragen. Im Zweifel probieren Sie einfach die zum Schluss genannte Variante aus.

  ei- & nussfrei

115 g gekochte Maronen, geschält
170 g Brät von Schweinsbratwürsten
50 g frische Weißbrotbrösel
2 Schalotten oder 1 kleine Zwiebel, sehr fein gehackt
2 EL gehackte frische Petersilie
½ TL Salz
1 Prise Muskatnuss
frisch gemahlener schwarzer Pfeffer
30 g Butter, geschmolzen
2–3 EL Sahne

ZUBEREITUNGSZEIT 10 Minuten
GARZEIT 15–20 Minuten
FÜR 4–6 Personen

1 Die Maronen im Mixer pürieren.
2 Das Püree mit den restlichen Zutaten vermengen und mit der Sahne zu einer cremigen Mischung verrühren. Den Vogel (z. B. Pute) am Halsende füllen. (Die Füllung niemals in die Bauchhöhle geben, weil dann aufgrund zu geringer Luftzirkulation Vogel oder Füllung nicht richtig durchgaren.) Sie können die Füllung auch zu 10–15 walnussgroßen Bällchen verarbeiten und auf einem leicht eingefetteten Backblech im Backofen 15–20 Minuten backen. Einmal wenden.

VARIANTEN Statt Maronen können Sie auch eine entsprechende Menge Aprikosen oder eine Mischung aus getrockneten Aprikosen und Pflaumen verwenden.
    Wenn Sie kein Wurstbrät mögen, bereiten Sie die Füllung einfach mit der doppelten Menge Maronen und Brotbrösel zu. Diese Variante lässt sich allerdings schlecht zu Bällchen formen.

 milcheiweißfrei
auch ei- & nussfrei

Folgen Sie dem Rezept links, doch ersetzen Sie die Butter durch milcheiweißfreies Streichfett und die Sahne durch Sojasahne bzw. ein sojafreies Ersatzprodukt bei Sojaallergie.

 glutenfrei
auch ei- & nussfrei

Folgen Sie dem Rezept links, doch ersetzen Sie die Brotbrösel durch eine glutenfreie Variante. Achten Sie darauf, dass auch das Wurstbrät kein Gluten enthält. Da glutenfreies Brot kompakter ist als »normales« Brot, erhalten Sie mit derselben Menge Zutaten eine geringere Menge Füllung.
◀ Abbildung auf den Seiten 112–113

TIPP Ich verwende gekochte Maronen für dieses Rezept – sie sind entweder vakuumverpackt oder in der Dose erhältlich –, doch Sie können Maronen natürlich auch selbst garen. Sie benötigen etwa 500 g. Die Schale jeweils an einer Seite kreuzförmig einritzen und die Maronen etwa 20 Minuten in Wasser kochen, bis sie weich sind. Die Maronen im Topf etwas abkühlen lassen, dann eine nach der anderen herausnehmen und Außenschale und Haut entfernen.

Gemüsesauce

Wenn Sie eine leckere Sauce benötigen, aber kein Bratensaft als Basis zur Verfügung steht, ist diese Variante genau das Richtige. Gebratenes Gemüse und herzhafte Gewürze verleihen ihr Substanz und Aroma. Die Sauce enthält keines der vier großen Allergene und ist vegetarisch.

    milcheiweiß-, ei-, gluten- & nussfrei

- 1 EL neutrales, nussfreies Pflanzenöl
- 1 Zwiebel, gehackt
- 1 Möhre, gehackt
- 1 Stange Staudensellerie, gehackt
- 1 TL Rohrzucker
- 1 Lorbeerblatt
- 1 TL Senfpulver
- 1 TL Worcestershire-Sauce
- 450 ml Gemüsebrühe oder Wasser mit 2 TL Instant-Gemüsebrühe vermischt
- 1–2 EL Maisstärke
- Salz und frisch gemahlener schwarzer Pfeffer

ZUBEREITUNGSZEIT 15 Minuten
GARZEIT 18 Minuten
FÜR 4 Personen

1 Das Öl in einem Topf erhitzen. Das Gemüse zugeben und unter stetigem Rühren 3 Minuten leicht bräunen.

2 Den Zucker zugeben und alles unter stetigem Rühren bei mittlerer Hitze 5 Minuten weiterbraten, bis es goldbraun ist. Nicht anbrennen lassen.

3 Lorbeerblatt, Senfpulver und Worcestershire-Sauce, Gemüsebrühe oder Wasser mit der Instant-Gemüsebrühe zugeben und zum Kochen bringen. Immer wieder umrühren. Die Hitze reduzieren und alles etwa 10 Minuten leicht köcheln lassen, bis das Gemüse richtig weich ist.

4 Die Sauce durch ein Sieb gießen und in den ausgespülten Topf zurückgeben. Die Maisstärke mit 1–2 EL Wasser verquirlen und unterrühren (nehmen Sie weniger, wenn Sie eine dünnere Sauce bevorzugen). Die Sauce aufkochen, unter Rühren 1 Minute köcheln lassen und abschmecken.

ACHTUNG bei Worcestershire-Sauce, Senfpulver und Instant-Gemüsebrühe – sie können Gluten, letztere auch Milcheiweiß und Sellerie enthalten.

Bei Sellerieallergie Staudensellerie weglassen und am Ende 2 Esslöffel gehackte frische glatte Petersilie zugeben.

Chantilly-Sahne

Chantilly-Sahne ist eigentlich mit Vanille aromatisierte Schlagsahne. Die unten stehende Variante vertragen sogar Milcheiweißallergiker. Sie kann als Ersatz für geschlagene Sahne verwendet werden.

    milcheiweiß-, ei-, gluten- & nussfrei

2 TL gemahlene Gelatine
250 ml Sojasahne
2 EL Puderzucker, gesiebt
1 TL gemahlene Vanille

ZUBEREITUNGSZEIT 10 Minuten plus Kühlzeit
ERGIBT etwa 300 g

VARIANTE »Normale« Chantilly-Sahne ist ei-, gluten- und nussfrei. 250 g Schlagsahne schlagen. Sobald sie cremig wird, 1 Esslöffel gesiebten Puderzucker und ½ Teelöffel gemahlene Vanille zugeben. Die Sahne steif schlagen.

ACHTUNG Bei Sojaallergie sojafreies Ersatzprodukt für die Sojasahne verwenden.

1 Die Gelatine in einer kleinen feuerfesten Schüssel mit 5 TL Wasser vermengen und 5 Minuten quellen lassen. Die Schüssel in einen Topf mit siedendem Wasser stellen und rühren, bis sich die Gelatine vollständig aufgelöst hat.
2 Die Sojasahne schlagen.
3 Nacheinander Puderzucker, Gelatine und gemahlene Vanille unterrühren. Die Sahne 40 Minuten kalt stellen, bis sie zu stocken beginnt. Kurz vor dem Servieren erneut aufschlagen.
Abbildung rechts ▶

Cashewcreme

Mit dieser schmackhaften Creme können Sie frisches Obst und Desserts garnieren oder Suppen andicken. Sie hat die Konsistenz von Crème double, ist aber milcheiweißfrei.

   milcheiweiß-, ei- & glutenfrei

Für die Cashewcreme
60 g ungesalzene Cashewkerne
125 ml Wasser
Für süße Cashewcreme
½ TL gemahlene Vanille
¼ TL Ahornsirup

ZUBEREITUNGSZEIT 5 Minuten
ERGIBT etwa 185 ml

TIPP Die Creme bei Bedarf mit zusätzlichem Wasser verdünnen.

1 Die Cashewkerne mit der Hälfte des Wassers im Mixer zu einer dicken Paste verarbeiten (dauert etwa 2 Minuten).
2 Nach und nach das restliche Wasser zugeben und alles zu einer geschmeidigen Creme verrühren (etwa 2 Minuten). Für süße Cashewcreme gemahlene Vanille und Ahornsirup unterrühren.

Adressen & Bezugsquellen

Bauckhof Demeter Naturkost
Duhenweitz 4
29571 Rosche
Tel.: (0 58 03) 98 73-0
www.bauckhof.de

Hammermühle Diät GmbH
Hauptstrasse 181
67489 Kirrweiler
Tel.: (0 63 21) 95 89-0
www.hammermuehle-shop.de

Haus Rabenhorst O. Lauffs GmbH & Co. KG
Scheurener Str. 4
53572 Unkel
Tel.:(0 22 24) 1 80 51 00
www.haus-rabenhorst.de

InterTee Handelsgesellschaft Gesing & Company mbH
Gutenbergring 65–67
22848 Norderstedt
www.spinnrad.de
Unter anderem Versand von Xanthan.

**Natura-Werk
Gebr. Hiller GmbH & Co. KG**
Neanderstraße 5
30165 Hannover
Tel.: (05 11) 3 58 96 25
www.natura.de

ProZölia GmbH & Co. KG
Gutterstätt 8
85665 Moosach
Tel.: (0 80 91) 30 88
www.prozoelia.de

PureNature
Zur Rothheck 14
55743 Idar-Oberstein
Tel.: (01 80) 5 80 85 85
www.purenature.de
Versand allergikerfreundlicher Produkte.

Querfood – Glutenfrei leben
Otto-Hahn-Str. 11c
85521 Riemerling
Tel.: (089) 61 18 06 88
www.querfood.de
Großer Online-Shop und Lagerverkauf.

Riesal AG
Kreuzmühle
CH-6314 Unterägeri
Tel.: (041) 7 50 24 72
www.riesal.ch
Online-Shop für glutenfreie Produkte.

Vegan Versand
Adenauerallee 50
52066 Aachen
Tel.: (02 41) 9 51 33 81
www.vega-trend.de
Versand milcheiweißfreier Produkte, unter anderem Käse, saure Sahne.

www.gourmondo.de
Internet-Anbieter für internationale Spezialitäten.

Organisationen
und Vereinigungen

DEUTSCHLAND

ÄDA (Ärzteverband Deutscher Allergologen e.V.)
ÄDA-Geschäftsstelle
Blumenstr. 14
63303 Dreieich
www.aeda.de

ADIZ (Allergie-Dokumentations- und Informationszentrum)
Arminiuspark 11
33175 Bad Lippspringe
Tel.: (0 52 52) 95 45 02
www.adiz.de

**aid infodienst
Verbraucherschutz Ernährung
Landwirtschaft**
Friedrich-Ebert-Str. 3
53177 Bonn
Tel.: (02 28) 84 99-0
Fax: (02 28) 84 99-177

Deutsche Gesellschaft für Ernährung e.V.
Godesberger Allee 18
53175 Bonn
Tel.: (02 28) 37 76-600
Fax: (02 28) 37 76-800
webmaster@dge.de
www.dge.de

Deutscher Allergie- und Asthmabund e.V. (DAAB)
Fliethstraße 114
41061 Mönchengladbach
Tel.: (0 21 61) 81 49 40
Fax: (0 21 61) 8 14 94 30
info@daab.de
www.daab.de

Deutsche Zöliakie-Gesellschaft (DZG) e.V.
Filderhauptstr. 61
70599 Stuttgart
Tel.: (07 11) 45 99 81-0
www.dzg-online.de

Europäisches Verbraucherzentrum Kiel
Willestr. 4–6
24103 Kiel
Tel.: (04 31) 9 71 93 50
Fax: (04 31) 9 71 93 60
info.kiel@evz.de
www.evz.de

ÖSTERREICH

Österreichische Arbeitsgemeinschaft Zöliakie
Anton-Baumgartner-Str. 44/C5/2302
A-1230 Wien
www.zoeliakie.or.at

Österreichische Gesellschaft für Ernährung (ÖGE)
Zaunergasse 1–3
A-1030 Wien
Tel.: (01) 7 14 71 93
www.oege.at

SCHWEIZ

aha! Schweizerisches Zentrum für Allergie, Haut und Asthma
Gryphenhübeliweg 40
Postfach 378
CH-3000 Bern 6
Tel.: (031) 3 59 90 00
Fax: (031) 3 59 90 90
www.ahaswiss.ch

IG Zöliakie der deutschen Schweiz
Birmannsgasse 20
CH-4055 Basel
Tel.: (061) 2 71 62 17
www.zoeliakie.ch

Schweizerische Vereinigung für Ernährung (SGE)
Effingerstr. 2
Ch-3001 Bern
Tel.: (031) 3 85 00 00
www.sve.org

Register

Kursiv gesetzte Seitenzahlen verweisen auf Abbildungen.

A

Aïoli mit Tofu 209
Algen
    Gurken-Wakame-Salat 91
    Kalifornisches Temaki-Sushi 34, 74, *75*
Allergiediagnose & -tests 15–16, *17*
Allergiekarte 31
Antigene 15
Äpfel
    Apfeltarte *148*, 149
    Apfel-Zimt-Muffins *61*, 62
    Ente mit Äpfeln und Sellerie 115
Apfeltarte *148*, 149
Apfel-Zimt-Muffins *61*, 62
Aprikosen
    Aprikosen-Mango-Drink *20*, 59, *60*
    Pfirsiche, Pochierte (Varianten) 151
Aprikosen-Mango-Drink *20*, 59, *60*
Auberginen
    Auberginen-Pilz-Crostini 72
    Moussaka 128, *129*
Auberginen-Pilz-Crostini 72
Avocados
    Guacamole 77
    Kalifornisches Temaki-Sushi 34, 74, *75*
    Party-Dip *82*, 83
    Salsa 70

B

Backen *siehe auch* Brot, Kekse, Kuchen
    Apfeltarte *148*, 149
    Hähnchenpastete 106, *107*
    Mürbeteig 180–182, *181*
    Speck-Zwiebel-Quiche 84
Baguette, Französisches 170–171
Bananen-Hafer-Smoothie *20*, 59, *60*
Basmatireis-Pilaw 144
Bauernbrot, Helles 168–169
Baumnüsse *siehe* Nüsse
Béchamelsauce 208
Beeren-Smoothie *20*, 59, *60*
Blaubeer-Muffins *61*, 63
Bohnen
    Chili con Carne 122, *123*
    Heilbutt in Kartoffelkruste 102
    Party-Dip *82*, 83
Bohnen, grüne (Heilbutt in Kartoffelkruste) 102
Brathähnchen in Olivenöl *113*, 114
Brot mit Natron 167

Brot
    Amerikanisches Maisbrot 176
    Baguette, Französisches 170–171
    Brot mit Natron 167
    Crostini 72–73
    Dunkles Vollkornbrot 164–166, *165*
    Focaccia *172*, 173
    glutenfreie Mehlmischung 43, 45, 49
    Helles Bauernbrot 168–169
    Indisches Fladenbrot 35
    Joghurt-Rosinen-Brot 177
    Mehle 43, 49
    Mexikanisches Maisbrot *21*, 174, *175*
    Pizzateig 179
    siehe auch Croissants, Pain au chocolat (Schokoladenbrötchen)
Brownies *17*, *191*, 193
Bulgur (Tabbouleh) 91
Butternuss-Kürbis 86

C

Cashewcreme 216
Chantilly-Sahne 216, *217*
Chili con Carne 122, *123*
Chilisauce 103
Chocolate-Chip-Cookies 186
Couscous 33, *134*, 135
Crêpes 162, *163*
Croissants 54–55
    Pain au chocolat (Schokoladenbrötchen) *64*, 65–66
Crostini 72–73
Currys *19*, *110*, 111, 131

D

Desserts 46, 47, 49, 146–163
Diagnostik 15–16, *17*
Dips 71, *82*, 83, 103, 210, 211
Dressings 91, 209, 210, 212, 213

E

»echte« Nahrungsmittelallergien 14–16
Eier 9, 18, 42
    internationale Küche 22, 32, 34, 35
    Indisches Fischcurry mit Eiern 67
    Speck-Zwiebel-Quiche 84
    Vorratshaltung 43, *46*, 46
    Zutaten ersetzen 48–49
Einkaufen (Lebensmittel) 36–39
Eiscreme 156, *157*, 158
Ente mit Äpfeln und Sellerie 115

Erdnüsse 16, 18–19, 31, 34, 40, 41, 47, 48
Essen, auswärts 29, 30, 32–35
Estragon-Dressing 213
Etikettierung von Lebensmitteln 38–39

F

Fenchel (Schweinebraten mit Fenchel) 127
Fisch 18, 43
    Fischauflauf 96, *97*
    Heilbutt in Kartoffelkruste 102
    Indischer Fisch in Joghurtmarinade 98
    Indisches Fischcurry mit Eiern 76
    Kalifornisches Temaki-Sushi 34, 74, *75*
    Marinierte Lachsfilets *100*, 101
    Marinierte Schwertfischsteaks 99
    Schellfisch-Spinat-Auflauf 139
    Vitello tonnato 120
    siehe auch Meeresfrüchte; Räucherlachs
Fisch in Joghurtmarinade, Indischer 98
Fischauflauf 96, *97*
Fischcurry mit Eiern, Indisches 67
Focaccia *172*, 173
Focaccia mit sonnengetrockneten Tomaten 173
Frühlingsrollen, Frische 90
Frühstück 45, 47, 49, 52–67

G

Garnelen
    Fischauflauf 96, *97*
    Frische Frühlingsrollen 90
    Garnelenpäckchen 103
    Kalifornisches Temaki-Sushi 34, 74, *75*
    Meeresfrüchte mit würzigen Linsen *104*, 105
Garnelenpäckchen 103
Gazpacho 85
Gelegenheiten, besondere 30
Gemüsesauce 215
Gluten 9, 40
Gremolata 118
Grüntee-Eis 156, *157*
Guacamole 77
Gurke
    Gurken-Wakame-Salat 91
    Orientalischer Salat 92, *93*
    Raita 213
Gurken-Wakame-Salat 91

H

Hackbraten 121
Hackfleisch-Lasagne 136–138, *137*
Haferschnitten, Fruchtige 188
Hähnchen
  Brathähnchen in Olivenöl *113*, 114
  Hähnchenpastete 106, *107*
  Mexikanische Hähnchenrollen 77
  Oliven-Kichererbsen-Hähnchen 108
  Pikante Hähnchenkeulen *78*, 79
  Thailändisches Hähnchencurry *19*, *110*, 111
  Zitronen-Thymian-Hähnchen 109
Hähnchencurry, Thailändisches *19*, *110*, 111
Hähnchenkeulen, Pikante *78*, 79
Hähnchenpastete 106, *107*
Hähnchenrollen, Mexikanische 77
Heilbutt in Kartoffelkruste 102
Himbeersauce 59
Histamine 15, 18
Hoisin-Sauce 126
Honiglamm, Walisisches 132, *133*
Hühnereiallergie 18
Hühnerleber (Sauce Bolognese) 117
Hyposensibilisierung 16

I

IgE-Antikörperbestimmung 16
Immunsystem 14–16
Immuntherapien, spezifische 16
Ingwer
  Nudelsuppe mit Ingwer *34*, 142, *143*
  Würzige Ingwerkekse 187
Ingwerkekse, Würzige 187

J

Joghurt 46, 48
Joghurt-Rosinen-Brot 177

K

Kalb
  Ossobuco 118, *119*
  Vitello tonnato 120
Kalbsleber auf venezianische Art 116
Kalmar, Knuspriger *88*, 89
Kartoffelgratin, Walisisches 94
Kartoffeln
  Fischauflauf 96, *97*
  Heilbutt in Kartoffelkruste 102
  Herzhafte Kartoffelpfanne 58
  Lamm-Kartoffel-Auflauf 130
  Ofenkartoffeln mit Knoblauch 95, *112*
  Rösti 58
  Walisisches Kartoffelgratin 94

Kartoffelpfanne, Herzhafte 58
Käse
  Moussaka 128, *129*
  Party-Dip *82*, 83
  Pizza Margherita *178*, 179
  siehe auch Rahmkäse
Käsekuchen mit Pfirsichsaft 201
Kedgeree (Indisches Fischcurry mit Eiern) 67
Kekse 45
  Chocolate-Chip-Cookies 186
  Fruchtige Haferschnitten 188
  Marshmallow-Crispies 194
  Schokokekse *17*, 189, *191*
  Shortbread 183
  Würzige Ingwerkekse 187
Kennzeichnung von Nahrungsmitteln 9, 38–39
Kichererbsen (Hähnchen mit Oliven und Kichererbsen) 108
Kinder(n), Nahrungsmittelallergien bei 8, 16, 18, 19, 21, 26–28
Kirschkompott *160*, 161
Klassischer Milchreis 150
Knuspermüsli *52*, *53*
Kokossorbet 159
Kräuterdip 71
Kräuterdip-Paprika-Füllung 68
Krautsalat, Asiatischer 212
Kreuzreaktionen 17–18, 19
Küche, chinesische 34
Küche, französische 35
Küche, indische 34–35
Küche, internationale 32, 33, 34, 35
Küche, italienische 32
Küche, japanische 33, 219
Küche, mexikanische 32–33
Küche, südostasiatische 34
Kuchen 45, 46
  Brownies *17*, *191*, 193
  Käsekuchen mit Pfirsichsaft 201
  Möhrenkuchen *202*, 203
  Obst-Sahne-Kuchen 204–206, *205*
  Schokoladen-Schichttorte 196–198, *197*
  Üppiger Obstkuchen 199
  Vanilletörtchen *17*, *190*, 192
  Würzige Ingwerkekse 187
  Zitronen-Polenta-Kuchen 195
Kürbis (Lauch-Kürbis-Suppe) 86, *87*

L

Lachsfilets, Marinierte *100*, 101
Laktoseintoleranz 19–20
  siehe auch Milcheiweiß

Lamm
  Lammcurry mit Spinat und Joghurt 131
  Lamm-Kartoffel-Auflauf 130
  Lamm-Ragout *33*, *134*, 135
  Moussaka 128, *129*
  Walisisches Honiglamm 132, *133*
Lammcurry mit Spinat und Joghurt 131
Lamm-Kartoffel-Auflauf 130
Lamm-Ragout *33*, *134*, 135
Lasagne, Hackfleisch-Lasagne 136–138, *137*
Latexallergie 38
Lauch
  Hähnchenpastete 106, *107*
  Lauch-Kürbis-Suppe 86, *87*
  Walisisches Kartoffelgratin 94
Lauch-Kürbis-Suppe 86, *87*
Lebensmittelzusatzstoffe 17–18
Leber (Kalbsleber auf venezianische Art) 116
Linsen
  Indisches Fischcurry mit Eiern 67
  Meeresfrüchte mit würzigen Linsen *104*, 105
Lupinen 38

M

Mais, Maismehl & Maisstärke 43
  Amerikanisches Maisbrot 176
  gegrillte Maiskolben (Pikante Hähnchenschlegel) *78*, 79
  Mexikanisches Maisbrot *21*, 174, *175*
  Nudelsuppe mit Ingwer *34*, 142, *143*
  Tortillas 68, *69*
  siehe auch Polenta
Maisbrot, Amerikanisches 176
Maisbrot, Mexikanisches *21*, 174, *175*
Mango
  Aprikosen-Mango-Drink *20*, 59, *60*
  Mango-Joghurt-Eis 158
Mango-Joghurt-Eis 158
Maronen
  Maronenfüllung *113*, 214
  Süße Maronenterrine 155
Maronenfüllung *113*, 214
Maronenterrine, Süße 155
Marshmallow-Crispies 194
Matcha (Grüntee-Eis) 156, *157*
Mayonnaise 210
  Aïoli mit Tofu 209
Meeresfrüchte 17, 18 *siehe auch* Fisch, Garnelen, Muscheln, Weichtiere

Meeresfrüchte mit würzigen Linsen *104*, 105
Mehl 43, 49
Melonen-Trauben-Birnen-Drink *20*, 59, *60*
Milch, milcheiweißfreier Ersatz 20, 43, 46, 48
Milcheiweiß 9, 17, 19–20, 42
    Küche, internationale 32, 33, 34, 35
    Vorratshaltung 43, 46–47, *47*
    Zutaten ersetzen 48–49
Milcheiweißallergie 19
Milchreis, Klassischer 150
Mixgetränke *20*, 59, *60*
Möhrenkuchen *202*, 203
Moussaka 128, *129*
Muffins *61*, 62–63
Mürbeteig 180–182, *181*
Mürbeteig, süßer 180
Muscheln
    Indisches Fischcurry mit Eiern 67
    Meeresfrüchte mit würzigen Linsen *104*, 105

N

Nahrungsmittelallergien 14–17, 22–25
    bei Kindern 8, 16, 18, 19, 21, 26–28
    Ernährungs- und Symptomtagebuch 15
    essen, auswärts 29–35
    klassische 14–16
    Kreuzreaktionen 17–18, 19
    Schock, anaphylaktischer 15, 18, 19
    Symptome und Reaktionen 15, 18, 19, 20, 21
    Tipps, praktische 22–23, 31
Nahrungsmittelallergien, klassische 14–16
Nahrungsmittelintoleranz 14, 17–18, 19–20, 21, 24–25
    idiopathische 18
Notfallplan 28
Nudeln *siehe* Pasta
Nudelsuppe mit Ingwer *34*, 142, *143*
Nüsse 9, 16, 18–19, 40–41
    internationale Küche 32, 33, 34, 35
    Vorratshaltung & Zutaten ersetzen 43, 47, 48

O

Obstkuchen, Üppiger 199
Obst-Sahne-Kuchen 204–206, *205*
Ofenkartoffeln mit Knoblauch 95, *112*

Oliven
    Focaccia mit sonnengetrockneten Tomaten 173
    Oliven-Kichererbsen-Hähnchen 108
    Party-Dip *82*, 83
    Tapenade 73
Oliven-Kichererbsen-Hähnchen 108
Orientalischer Salat 92, *93*
Ossobuco 118, *119*

P

Pain au chocolat (Schokoladenbrötchen) *64*, 65–66
Pak choi (Nudelsuppe mit Ingwer) *34*, 142, *143*
Panna cotta *160*, 161
Paprika
    Chili con Carne 122, *123*
    Mexikanische Hähnchenrollen 77
    Paprika-Dip 211
    Paprika-Zucchini-Tomaten-Crostini 73
    Party-Dip *82*, 83
    Thailändisches Hähnchencurry *19*, *110*, 111
    Tortillas mit Kräuterdip-Paprika-Füllung 68
Paprika-Dip 211
Paprika-Zucchini-Tomaten-Crostini 73
Party-Dip *82*, 83
Pasta 32, 45, 46, 49
    Hackfleisch-Lasagne 136–138, *137*
    Nudelsuppe mit Ingwer *34*, 142, *143*
    Pasta mit Rucola *140*, 141
    Pastateig 138
    Sauce Bolognese 117
    Schellfisch-Spinat-Auflauf 139
Pasta mit Rucola *140*, 141
Pasteten
    Fischauflauf 96, *97*
    Hähnchenpastete 106, *107*
    Lamm-Kartoffel-Auflauf 130
    Moussaka 128, *129*
Pesto 211
Petits pots au chocolat *152–153*, 154
Pfannkuchen
    Amerikanische Pfannkuchen *19*, *56*, 57
    Crêpes 162, *163*
    mit Räucherlachs 76
Pfannkuchen mit Räucherlachs 76
Pfannkuchen, Amerikanische *19*, *56*, 57

Pfirsiche
    Pochierte Pfirsiche 151
    Obst-Sahne-Kuchen 204–206, *205*
Pfirsiche, Pochierte 151
Pflastertest 16
Pflaumen
    Pflaumencrumble 146, *147*
    Pochierte Pfirsiche (Varianten) 151
Pflaumencrumble 146, *147*
Pilaw, Basmatireis- 144
Pilze
    Auberginen-Pilz-Crostini 72
    Hähnchenpastete 106, *107*
    Nudelsuppe mit Ingwer *34*, 142, *143*
Pinienkerne 10, 17, 43, 47, 48
Pizza 32, 45, 49
Pizza Margherita *178*, 179
Polenta
    Gegrillte Polenta-Schnitten 81
    Zitronen-Polenta-Kuchen 195
    siehe auch Mais, Maismehl & Maisstärke
Polenta-Kuchen mit Rosmarinsirup 195
Polenta-Schnitten, Gegrillte 81
Prick-Test 16, 17
Produkte, probiotische 16

Q

Quinoa
    Safran-Quinoa-Couscous 135
    Tabbouleh (Variante) 91

R

(Rahm-)Frischkäse 48
    Käsekuchen mit Pfirsichsaft 201
    Kräuterdip 71
Ragout
    Lamm-Ragout *33*, *134*, 135
Raita 213
    Indischer Fisch in Joghurtmarinade 98
RAST (IgE-Antikörperbestimmung) 16
Räucherlachs
    Pfannkuchen mit Räucherlachs 76
    Räucherlachsfüllung (Tortillas) 68
Räucherschellfisch
    Fischauflauf 96, *97*
    Indisches Fischcurry mit Eiern 67
    Schellfisch-Spinat-Auflauf 139
Reaktionen & Symptome 15, 18, 19, 20, 21, 28
Regeln, goldene 25
Reis
    Basmatireis-Pilaw 144

Kalifornisches Temaki-Sushi *34*, 74, *75*
Indisches Fischcurry mit Eiern 67
Klassischer Milchreis 150
Risotto alla milanese 145
Reisen 31–35
Rezepte & Adaptionen 10–11, 18, 43, 48–49
Rhabarberauflauf 146
Rhabarbersorbet 159
Rind
   Chili con Carne 122, *123*
   Hackbraten 121
   Hackfleisch-Lasagne 136–138, *137*
   Sauce Bolognese 117
   Vietnamesischer Rindfleischtopf 124, *125*
Rindfleischtopf, Vietnamesischer 124, *125*
Risotto alla milanese 145
Rosinen-Milchbrötchen 184, *185*
Rosmarin-Zwiebel-Focaccia 173
Rote Beten, geschmort 102
Rucola (Pasta mit Rucola) *140*, 141

S

Safran-Quinoa-Couscous 135
Salate
   Asiatischer Krautsalat 212
   Dressings 91, 209, 210, 212, 213
   Gurken-Wakame-Salat 91
   Orientalischer Salat 92, *93*
   Tabbouleh 91
Salsa verde, Asiatische 99
Salsas 70, 99
Samen 9, 17, 43, 47, 48
Sardellenfilets
   Tapenade 73
   Vitello tonnato 120
Sauce Bolognese 117
   Hackfleisch-Lasagne 136–138, *137*
Saucen
   Béchamelsauce 208
   Dressings 91, 209, 210, 212, 213
   Hoisin-Sauce 126
   Pesto 211
   Sauce Bolognese 117
   Vanillesahne 155
Schellfisch-Spinat-Auflauf 139
Schock, anaphylaktischer 15, 18 19
Schokokekse *17*, 189, 191
Schokolade
   Brownies *17*, *191*, 193
   Chocolate-Chip-Cookies 186
   Pain au chocolat (Schokoladenbrötchen) *64*, 65–66

Petits pots au chocolat 152–153, *154*
Schokokekse *17*, 189, 191
Schokoladen-Buttercreme 196
Schokoladen-Cremetorte 200
Schokoladen-Schichttorte 196–198, *197*
Schokoladenbrötchen (Pain au chocolat) *64*, 65–66
Schokoladentrüffeln 207
Schokoladenbrötchen (Pain au chocolat) *64*, 65–66
Schokoladen-Buttercreme 196
Schokoladen-Cremetorte 200
Schokoladen-Schichttorte 196–198, *197*
Schokoladentrüffeln 207
Schule 26–28
Schwein
   Chinesische Spareribs 126
   Frische Frühlingsrollen 90
   Hackbraten 121
   Schweinebraten mit Fenchel 127
   Vitello tonnato (Variante) 120
Schweinebraten mit Fenchel 127
Schwertfischsteaks, Marinierte 99
Sellerie (Ente mit Äpfeln und Sellerie) 115
Sensibilisierung 15
Shortbread 183
Soja 9, 18, 43, 46, 48
Sorbets 159
Spareribs, Chinesische 126
Speck-Zwiebel-Quiche 84
Spinat
   Lammcurry mit Spinat und Joghurt 131
   Schellfisch-Spinat-Auflauf 139
Supermärkte 36, 39
Suppen *34*, 85–86, *87*, 142, *143*
Sushi 33
   Kalifornisches Temaki-Sushi *34*, 74, *75*

T

Tabbouleh 91
Tapenade 73
Temaki-Sushi, Kalifornisches *34*, 74, *75*
Thunfisch (Vitello tonnato) 120
Tofu 43, 49
   Aïoli mit Tofu 209
   Indisches Fischcurry mit Eiern 67
   Kräuterdip 71
Tomaten
   Chili con Carne 122, *123*
   Focaccia mit sonnengetrockneten Tomaten 173

Gazpacho 85
Hackfleisch-Lasagne 136–138, *137*
Mexikanische Hähnchenrollen 77
Orientalischer Salat 92, *93*
Ossobuco 118, *119*
Paprika-Zucchini-Tomaten-Crostini 73
Party-Dip *82*, 83
Pizza Margherita *178*, 179
Sauce Bolognese 117
Tomaten-Basilikum-Crostini 72
Tomaten-Basilikum-Crostini 72
Tortillas 32, 49, 68, *69*
   Mexikanische Hähnchenrollen 77
Tortilla-Chips 70

V

Vanillesahne 155
Vanilletörtchen *17*, *190*, 192
Vietnamesischer Dip 210
Vitello tonnato 120
Vollkornbrot, Dunkles 164–166, *165*
Vorratshaltung & Zutaten ersetzen 43, *44*, 45, 49

W

Weichtiere 17, 38
Weizenallergie 21
Weizenintoleranz 21
Wurst & Wurstbrät
   Hackbraten 121
   Maronenfüllung *113*, 214
   Würstchen im Soja-Honig-Mantel 80
Würstchen im Soja-Honig-Mantel 80

X

Xanthan 43, 45, 49

Z

Zitronen-Polenta-Kuchen 195
Zitronen-Thymian-Hähnchen 109
Zöliakie 14, 20–21
   siehe auch Gluten
Zucchini (Paprika-Zucchini-Tomaten-Crostini) 73
Zusatzstoffe 17–18
Zutaten ersetzen 43, 48–49
Zwiebeln
   Kalbsleber auf venezianische Art 116
   Rosmarin-Zwiebel-Focaccia 173
   Speck-Zwiebel-Quiche 84
zytotoxische Bluttests 16

Dank

Ich danke meiner Familie: Archie, der allergisch ist, und Ben, der es nicht ist, Guy, meiner Mutter Lily, die mir das Kochen beigebracht hat, und meiner Schwiegermutter Mollie, die es auf sich genommen hat, nach Lebensmitteln zu suchen, die Archie verträgt. Dank an Lucy, der intelligentesten und wissbegierigsten Köchin, die ich kenne, Michelle und Tony, die den Betrieb am Laufen halten, dem Professor für italienische Akzente und Kindergeschichten sowie den Kit-Cat-Girls dafür, dass sie uns eine gute Zeit beschert haben.

Dr. Adam Fox möchte ich für seine Beratung in medizinischen Fragen danken, dem Allergie-Team am St Mary's Hospital, dem Westminster Community Children's Nursing Team, Mrs. Hampton und der Connaught House School für die gute Betreuung, die sie Archie angedeihen lassen. Dank gebührt auch der Anaphylaxis Campaign wegen ihres unermüdlichen Einsatzes für Menschen mit schweren Allergien und natürlich Allergy UK, die dieses Buch unterstützt haben. Ich danke außerdem Professor Lesley Regan, die mich der tapferen Maggie Pearlstine vorgestellt hat.

Ich danke Mary-Clare Jerram dafür, dass sie dieses Buch in Auftrag gab, Esther Ripley für ihre mit Ruhe und Geschick durchgeführte Redaktion, dem gesamten Team bei DK, insbesondere Penny Warren, Marianne Markham, Anne Fisher, Vicky Read und Helen Murray sowie Carolyn Humphries für ihre kenntnisreiche Unterstützung. Großer Dank gebührt auch dem Foto- und Designteam: dem Art Director Luis Peral, der Fotografin Kate Whitaker, der Set-Stylistin Chloe Brown und der Food-Stylistin Sarah Tildesley.

Alice Sherwood

Danksagung des Verlags
Dorling Kindersley dankt Carolyn Humphries für das Ausprobieren der Rezepte und für ihre wertvollen Ratschläge, Chloe Brown für das Set-Styling, Sue Bosanko für das Register, Katie Hardwicke für die Fahnenkorrektur, den Lektoratsassistentinnen Angela Baynham und Zia Allaway sowie Jack Fisher und Stevie Hope, die sich als Models zur Verfügung stellten (S. 27).

Bildnachweis
Der Verlag dankt Corbis für die freundliche Abdruckgenehmigung (Fotos auf Seite 15 und 28).